ATLAS HISTÓRICO DEL

MUNDO ISLÁMICO

EDIMAT Libros

ATLAS HISTÓRICO DEL
MUNDO ISLÁMICO

David Nicolle

ATLAS HISTÓRICO DEL MUNDO ISLÁMICO

Publicado por primera vez en Gran Bretaña bajo el título
HISTORICAL ATLAS OF THE ISLAMIC WORLD

Texto y diseño ©THALAMUS PUBLISHING 2003

© Copyright lengua castellana EDIMAT LIBROS
C/ Primavera, nº 35 - Pol. Ind. EL MALVAR
28500 Arganda del Rey - MADRID - ESPAÑA
Telf. (+34) 918 719 088 - Fax (+34) 918 719 071

E-mail: edimat@edimat.es

Traducido por: Traducciones Maremagnum

ISBN: 84-9764-645-2
Depósito legal: M-8547-2005

De Thalamus Publishing:
Editor del proyecto: Warren Lapworth
Mapas y diseño: Roger Kean
Ilustraciones: Oliver Frey
Reprografía: Proskanz, Ludlow, Inglaterra

IMPRESO EN ESPAÑA – PRINTED IN SPAIN

Frontispicio:

Mausoleo Gor-i Mir de Timur-i Lenk, Samarcanda, Uzbekistán, de principios del siglo XV. La arquitectura y las artes decorativas alcanzaron su máximo esplendor bajo la dinastía Timúrida.

Portada:

Uno de los grandes centros de influencia islámica durante la época medieval, El Cairo («Madre del Mundo»), contemplado en la época actual desde la muralla de la ciudad, al norte de la mezquita de Hakim.

Derecha:

El minarete de Vabkent, Uzbekistán. (en la Pág. 5).

Contenido

Introducción

En pocas ocasiones, la cultura islámica ha estado en un primer plano del interés público occidental como lo está actualmente. Por desgracia, la mayor parte de lo que la opinión pública cree saber sobre el Islam es incorrecto y está basado en mitos o prejuicios muy extendidos. Por supuesto que algunos de esos mitos son realimentados con demasiada frecuencia por las actividades de un puñado de fanáticos que dicen obrar en nombre del Islam. En la mayoría de los casos, sus acciones van totalmente en contra de los principios fundamentales de una noble religión que predica la tolerancia, la paz, la justicia, el amor, y el carácter sagrado de la vida y de la dignidad del hombre.

El interés actual por el Islam justificaría por sí solo la publicación de un libro como éste. Sin embargo, la religión, la cultura, la civilización y las artes del Islam son tan ricas y fascinantes por sí mismas que merecen ser mejor conocidas, no sólo por los no musulmanes, sino también por bastantes musulmanes, la mayoría de los cuales poseen una noción sorprendentemente estrecha e inexacta de varios aspectos de su propia historia cultural.

Por ejemplo, tanto entre musulmanes como no musulmanes existe la creencia generalizada de que la Fe Islámica surgió en una parte atrasada, primitiva y aislada del mundo de la baja Edad Media: Arabia. No obstante, recientes descubrimientos arqueológicos han demostrado que la Arabia antigua, o al menos las zonas más densamente pobladas de esa península, eran «primitivas» sólo en lo concerniente a sus creencias religiosas. Incluso eso puede resultar exagerado, pues tanto el judaísmo como el cristianismo contaban con un número significativo de seguidores en Arabia, al igual que el zoroastrismo persa, mientras que las religiones de la India pudieron ejercer cierta influencia aún sin contar con seguidores.

En otros aspectos, Arabia constituía una parte vital del mundo antiguo, estando vinculada con sus vecinos de los cuatro puntos cardinales mediante la cultura y el comercio.

Es algo comúnmente aceptado y ampliamente difundido el hecho de que la denominada «Edad de Oro» del principio de la civilización islámica desempeñó un papel fundamental en la conservación, la difusión y la transmisión de las ciencias clásicas griegas, entre otras, a la Europa de finales de la Edad Media y del Renacimiento. Pero es mucho menos conocido y entendido cómo se realizó.

Asimismo, es escasamente valorado el hecho de que muchas partes de lo que es actualmente el mundo islámico fueran convertidas pacíficamente por misioneros que eran a la vez comerciantes. Con frecuencia, la opinión pública occidental considera al Islam como una religión difundida mediante la fuerza, mientras que la conversión

forzosa está, por el contrario, expresamente prohibida por la ley islámica.

Cabría añadir sólo una cosa más. Este libro se centra en la historia del Islam desde los tiempos del Profeta Mahoma hasta el comienzo del siglo XVI. Sin embargo, estrictamente hablando, los musulmanes mantenían que su religión era la primera de todas, en lugar de ser la última en aparecer. Era, según la interpretación islámica de la historia religiosa, la fe de Adán y Eva, queriendo decir en términos modernos que es el *din* o religión «natural» de la humanidad, y por lo tanto de cada recién nacido antes de que caiga bajo la influencia de sus padres y su sociedad. Los musulmanes sostienen que esa fe «original» y sumamente antigua fue olvidada o corrompida por las primeras civilizaciones, algunas de las cuales se alejaron de ella más que otras. El Profeta Mahoma condujo a sus seguidores «de regreso al Islam».

A través de Mahoma, Dios o Alá entregó el Corán a la humanidad, libro que los musulmanes consideran como la palabra incorrupta de Dios. Ésa sería la última revelación de Dios, y Mahoma era el Final de los Profetas, el último de los innumerables profetas o mensajeros que Dios había enviado a la humanidad desde el alba de los tiempos.

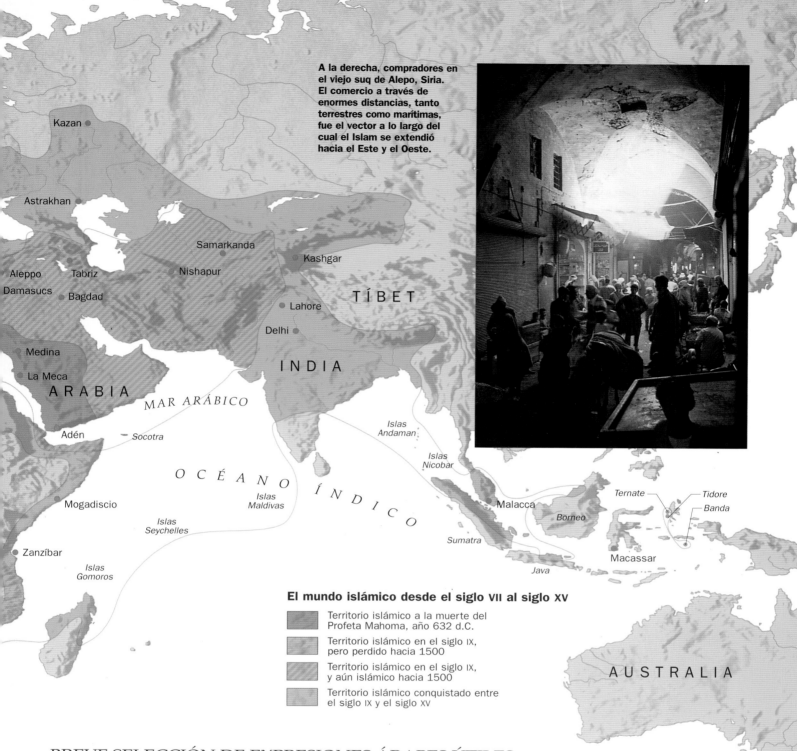

A la derecha, compradores en el viejo suq de Alepo, Siria. El comercio a través de enormes distancias, tanto terrestres como marítimas, fue el vector a lo largo del cual el Islam se extendió hacia el Este y el Oeste.

El mundo islámico desde el siglo VII al siglo XV

Territorio islámico a la muerte del Profeta Mahoma, año 632 d.C.

Territorio islámico en el siglo IX, pero perdido hacia 1500

Territorio islámico en el siglo IX, y aún islámico hacia 1500

Territorio islámico conquistado entre el siglo IX y el siglo XV

BREVE SELECCIÓN DE EXPRESIONES ÁRABES ÚTILES

Ahl al-Bayt: descendientes del Profeta Mahoma
Ahl al-Dhimma: «pueblo protegido», es decir, el Pueblo del Libro
Atabeg: «figura paternal» o consejero
Barid: servicio postal del gobierno
Beylik: pequeño estado turco
Da'i: misionero
Diwan: ministerio del gobierno
Diwan al-jaysh: ministerio del ejército
Furusiyah: ejercicios militares
Ghaza: combate
Gulam: soldado reclutado como esclavo
Haj: la peregrinación anual de los musulmanes a La Meca
Hamam: baño comunal
Haram: zona sagrada
Harim: aposentos familiares en un palacio o edificio residencial

Hégira/Hijra: huida de Mahoma a Medina
Imam: jefe espiritual
'Itaqah: certificado de libertad
Jahilya: «Edad de la Ignorancia» antes del Islam
Jizya: impuesto a los no musulmanes
Jund: división regional del ejército islámico
Kashan: tipo de alfarería
Kumiss: bebida alcohólica
Kuttub: estudiantes
Litham: velo que llevan los nómadas del desierto
Majolica: tipo de cerámica
Mamluk: soldado reclutado como esclavo
Maydan: campo de entrenamiento
Minai: colores variados en poesía
Musta'a'riba: «aquellos que se convirtieron en árabes»

Nayib al-qala'a: comandante de una fortaleza
Nayib al-sultana: virrey
Nazir al-juysh: oficial
Niyabas: unidades territoriales
Qibla: orientación del rezo
Quwwad: oficiales de regimiento
Ribat: puesto fronterizo islámico
Shadd al-dawawin: oficial superior
Shadd al-muhimatt: ayudante del Sultán
Shahnamah: poema épico persa
Shurta: fuerza policial
Sufism: misticismo islámico
Suras: capítulos del Corán
Tabaqah: escuela militar
Tekke: lugar de encuentro religioso
Thugur: provincia militar fronteriza
Wadi: río estacional
Wali: autoridad del gobierno
Wilaya: unidad territorial

Arabia, del paganismo al Islam

La tierra del Profeta, entre dos imperios

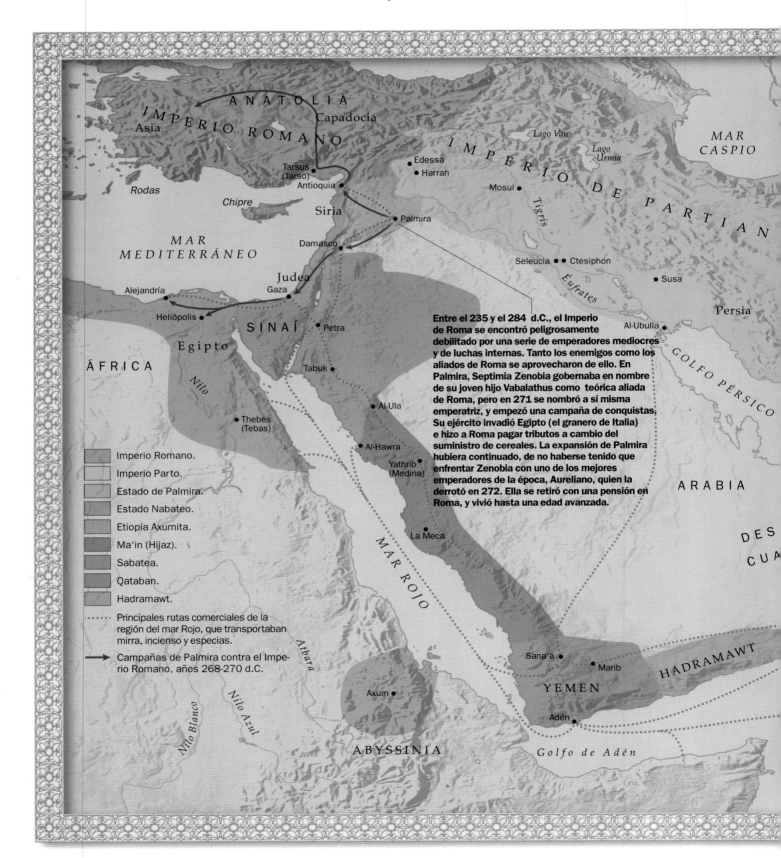

Entre el 235 y el 284 d.C., el Imperio de Roma se encontró peligrosamente debilitado por una serie de emperadores mediocres y de luchas internas. Tanto los enemigos como los aliados de Roma se aprovecharon de ello. En Palmira, Septimia Zenobia gobernaba en nombre de su joven hijo Vabalathus como teórica aliada de Roma, pero en 271 se nombró a sí misma emperatriz, y empezó una campaña de conquistas. Su ejército invadió Egipto (el granero de Italia) e hizo a Roma pagar tributos a cambio del suministro de cereales. La expansión de Palmira hubiera continuado, de no haberse tenido que enfrentar Zenobia con uno de los mejores emperadores de la época, Aureliano, quien la derrotó en 272. Ella se retiró con una pensión en Roma, y vivió hasta una edad avanzada.

Leyenda del mapa:

- Imperio Romano.
- Imperio Parto.
- Estado de Palmira.
- Estado Nabateo.
- Etiopía Axumita.
- Ma'in (Hijaz).
- Sabatea.
- Qataban.
- Hadramawt.
- Principales rutas comerciales de la región del mar Rojo, que transportaban mirra, incienso y especias.
- Campañas de Palmira contra el Imperio Romano, años 268-270 d.C.

La antigua Arabia era el hogar de diversos pueblos semíticos que, a lo largo de la Historia, se fueron extendiendo hacia el Norte desde la península Arábiga, hacia lo que se conoce como el Creciente Fértil. Allí ellos y sus descendientes, que hablaban diversas lenguas semíticas emparentadas, desarrollaron varias civilizaciones antiguas. Sin embargo, durante el siglo VI a.C. pareció como si la energía semítica se hubiera agotado temporalmente, y otros pueblos se hicieron con el dominio del Oriente Medio.

Los nuevos imperios que fueron alzándose y cayendo estaban dominados por pueblos no semíticos, entre los que se encontraban los Persas y otros pueblos iranios procedentes del Este, y los griegos o los romanos del Oeste. Hacia el siglo I de la era cristiana, el Oriente Medio y la mayoría de las regiones vecinas estaban bajo el dominio de alguno de esos dos imperios. La mitad oriental formaba parte del imperio Parto, centrado en Irán, pero que tenía su feudo económico y cultural en el Irak semítico.

La mitad occidental llevaba mucho tiempo incorporada al mundo grecorromano, representado entonces por el Imperio Romano. Esta región tenía sus centros económicos y culturales en Italia y Grecia, incluyendo lo que actualmente es Turquía occidental. No obstante, tenía un tercer centro de poder económico, cultural y religioso en una de sus provincias fronterizas occidentales, en la semítica Siria. Bilad al-Sham, como llegaría a ser conocida entre los que hablaban árabe, abarcaba los actuales Líbano, Siria, Jordania, Palestina-Israel, y parte del sur de Turquía.

Despreciada al parecer por los puristas griegos y latinos de los otros dos centros del Imperio, Siria, no obstante, desempeñaba un papel cada vez más importante en la vida cultural, económica y política del Imperio Romano. Allí, bajo un barniz de civilización grecorromana, los cristianos, los judíos y los denominados paganos semitas nunca perdieron el contacto con su ancestral herencia cultural. Con la llegada de los árabes musulmanes en el siglo VII d.C, el barniz grecorromano, que ya estaba de por sí profundamente influenciado por la cultura semítica, incluyendo el cristianismo, fue rápidamente dejado de lado. El mundo semítico estaba, de hecho, reafirmándose.

SUMA DE MUCHAS PARTES

Por supuesto, un mileno de dominio grecorromano había dejado una huella realmente indeleble en Siria, Egipto, Turquía, y muchos otros países que posteriormente se volvieron musulmanes o incluso árabes. Durante aquellos siglos, la civilización grecorromana influyó también profundamente en las vecinas Irán y la península Arábiga, a pesar del hecho de que, aparte de algunos estrepitosos fracasos de los romanos al intentar conquistar la península, Arabia nunca fue gobernada ni por Alejandro Magno, ni por sus sucesores helenísticos, ni por los romanos. No fueron las legiones romanas, sino el comercio, la cultura, el arte y la religión los que atrajeron a Arabia a la órbita de la civilización grecorromana.

Un proceso paralelo puede observarse en las relaciones de Arabia con su otro poderoso vecino, Irán. Allí, el Imperio Parto, que surgió en las fronteras centroasiáticas del mundo iranio en el siglo III a.C, había sido reemplazado por el imperio persa-iranio de los Sasánidas en el siglo III d.C. Éste sobreviviría como superpotencia hasta que, ante el asombro de sus contemporáneos y de muchos historiadores modernos, se hundió al ser desafiado por un ejército bastante reducido de árabes musulmanes en el siglo VII d.C.

Los historiadores occidentales se han ocupado tradicionalmente de las relaciones entre el mundo grecorromano y Arabia antes de la repentina aparición de los árabes como factor decisivo en los asuntos mundiales. Sin embargo, la influencia del imperio Sasánida en la Arabia preislámica, y la relación entre Arabia y el Irak dominado por los Sasánidas, tendieron a ser pasadas por alto. De hecho, esas relaciones eran igual de importantes que las de Arabia y el mundo mediterráneo. Es más, sería Irán quien finalmente aportaría el modelo para muchos aspectos de la civilización medieval islámica.

En 224-26 d.C., el Imperio Parto, debilitado por décadas de lucha contra el Imperio Romano, fue derribado por el virrey de Persia, Ardashir I (reinó de 220 a 240), quien fundó la dinastía Sasánida. Los Sasánidas llevaron a cabo una política exterior más agresiva que los partos. En 244, el rey Shapur I (reinó de 240 a 272) derrotó y mató al emperador romano Filipo en el campo de batalla, y capturó al emperador romano Valentino en 260. El poder Sasánida duró más de 400 años, hasta que sucumbió ante las fuerzas del Islam.

Golfo de Omán

Sohar

OMÁN

O DEL VACÍO

Salalah

MAR ARÁBIGO

Socotra

Mercaderes y campesinos

A pesar de la impresión que frecuentemente se tiene, la Arabia preislámica no estaba habitada únicamente por nómadas que asaltaban a sus vecinos sedentarios en cuanto tenían la oportunidad. En realidad, las regiones al sur del Creciente Fértil estaban pobladas por una notable diversidad de culturas.

Las culturas árabes primitivas se basaban en modos de vida y sistemas económicos y político-sociales distintos, y también hablaban (en fecha tan avanzada como el siglo VI d.C.) lenguas diferentes. El norte de Arabia, incluidos los desiertos de lo que actualmente son Siria, Irak y Jordania, lindaba con las «superpotencias» que controlaban las costas de Siria, Anatolia e Irak.

De hecho, fue la aridez de su territorio lo que permitió a los habitantes árabes y arameos de esas regiones conservar su independencia. A veces eran conquistados, pero más a menudo sobrevivían como clientes o aliados de los imperios Persa o Romano. A cambio, los pueblos del norte de Arabia mantenían abiertas las rutas comerciales, respetaban al imperio con el que se hubiesen aliado, y se contentaban con asaltarse los unos a los otros, o al imperio rival, o a los socios de éste.

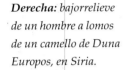

Derecha: bajorrelieve de un hombre a lomos de un camello de Duna Europos, en Siria.

Los pueblos del norte de Arabia guiaban y protegían a las caravanas de mercancías entre las escasas fuentes de agua. También dominaban las artes militares en el desierto. En resumen, aquellos pueblos del desierto, ya fueran ciudadanos de complejos estados basados en oasis cultivados con grandes ciudades, o procedieran de simples tribus, eran útiles para sus imperiales vecinos.

Al mismo tiempo, los pueblos del desierto no sólo contaban entre sus filas con guerreros, campesinos y pastores, sino también con mercaderes. Algunos de estos últimos se enriquecieron ostensiblemente y, al igual que sus gobernantes, se convirtieron en mecenas del arte, la literatura y la arquitectura. Además, los mercaderes eran la gente más entendida en lo que a tierras lejanas se refería, y como tal debieron ser probablemente la fuente de mucha de la información geográfica encontrada en los textos griegos y romanos.

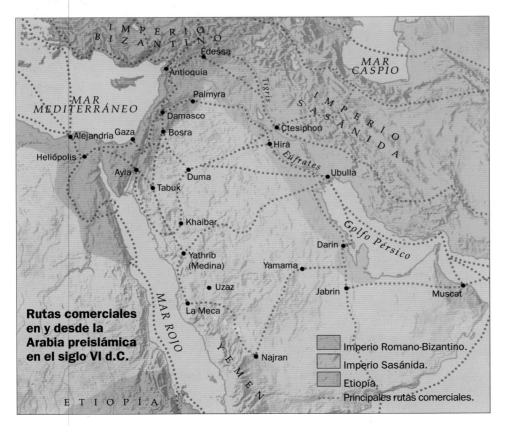

Rutas comerciales en y desde la Arabia preislámica en el siglo VI d.C.

Imperio Romano-Bizantino.
Imperio Sasánida.
Etiopía.
Principales rutas comerciales.

SUSTENTO DE LEYENDAS

Entre los estados desérticos que mantenían una precaria independencia en el norte de Arabia y el desierto de Siria, se encontraban los nabateos con su asombrosa capital Petra, en Jordania. La mayoría de los restos encontrados de la arquitectura nabatea consisten en templos y tumbas excavadas en la piedra, como los que provocaron que a Petra se la describiera como «la ciudad roja y rosa, tan vieja como la mitad del tiempo».

Por supuesto, los nabateos no eran los únicos creadores de sofisticadas civilizaciones del de-

Arriba: Una tumba nabatea excavada en la roca en Madani Saleh, Arabia Saudí.

Centro: Doradas al atardecer, las ruinas de Palmira en Siria se extienden entre los oasis de alrededor.

Debajo: las ruinas de Hatra en Irak.

sierto. Palmira, en los desiertos de Siria, también se basaba en los oasis y las rutas comerciales. A primera vista, esta ciudad era similar a las que se encuentran en Grecia o en Roma, pero un examen más detallado pone de relieve varias características diferenciadas, como son las torres funerarias. Dichos monumentos, y diversos restos de los acaudalados pueblos del desierto que los crearon, tendrán un lugar destacado en la mitología árabe posterior.

En el occidente del desierto, en lo que hoy es Irak, surgieron estados cuyas relaciones con los imperios persas se asemejarían a las de Petra y Palmira con Roma. Entre ellos estaba Hatra, cuyas ruinas persisten en el noroeste de Irak.

Los beduinos

Algunos historiadores sugieren que la nomadización de Arabia es un fenómeno relativamente reciente, con relación a la larga historia de Oriente Medio. No obstante, la mayoría de los arqueólogos piensa que estos pueblos beduinos han tenido una presencia constante en Arabia durante miles de años.

Derecha: Petroglifos antiguos en Wadi Aday, Omán, representando jinetes e inscripciones.

Debajo: Unos beduinos cuidan de sus ovejas en una llanura entre Sukhne y el río Éufrates, en Siria.

Casi todo lo que sabemos de los antiguos beduinos proviene inevitablemente de los relatos de sus vecinos sedentarios y, en consecuencia, los nómadas rara vez salen favorecidos. El estudio de las culturas nómadas antiguas es dificultoso, pues dejaron muy pocas cosas que los arqueólogos puedan estudiar. No obstante, está claro que los beduinos nómadas y semi-nómadas o trashumantes poseían culturas dinámicas, de ningún modo invariables. Esto era cierto en lo tocante a sus artes y sus lenguas, y más aún en lo concerniente a sus estructuras políticas o sociales. Las tribus y confederaciones tribales que existían en el siglo V d.C. no eran las mismas que las que había algunos siglos antes.

La organización de las tribus estaba basada en familias o clanes que crecían o menguaban según las circunstancias políticas, económicas, ecológicas o de otra índole. Cambios similares caracterizaban las relaciones entre las tribus, muchas de las cuales tenían (o afirmaban tener) lazos de parentesco entre sí. El más poderoso apoyaba al más débil para ganar aliados, mientras que el débil buscaba protección contra el fuerte.

No obstante, las relaciones entre las tribus árabes eran tan volátiles como las que había entre los estados vecinos. Las tensiones políticas entre las tribus preislámicas a menudo eran un reflejo de la interferencia de los imperios Romano o Sasánida. Estos imperios querían extender su hegemonía sobre una re-

gión de gran importancia estratégica y económica, pues Arabia se encontraba en el eje del comercio interregional. A cambio, las tribus árabes intentaban utilizar la gran rivalidad entre las superpotencias para favorecer sus intereses locales.

Con el paso de los años, esas maniobras políticas produjeron el surgimiento de dos grandes asociaciones de tribus árabes, las cuales padecían muchas luchas internas. A uno de los grupos se le llamaba en general el de los «sureños», las autodenominadas tribus yemeníes, aunque algunas en realidad ocupaban territorios en el centro y norte de Arabia. A los del otro grupo se les llamaba «norteños», aunque también se les podía encontrar en otras partes de la península.

MOTIVO DE ORGULLO

El guerrero beduino montado en un camello y fuertemente armado del imaginario popular, ni estaba suficientemente armado ni tenía la organización social necesaria para formar ejércitos poderosos. En lugar de eso, por lo general desempeñaba el papel de mero auxiliar, propenso al saqueo, y con tendencia a marcharse a su casa cuando las condiciones se volvían desfavorables.

No obstante, los beduinos ocupan un lugar destacado en la cultura árabe preislámica, siendo considerados, por lo general, como la encarnación de las virtudes árabes, en contraste con los blandos y corruptos habitantes de los imperios vecinos. La lengua, la poesía, las leyendas y el código de honor individual de los beduinos eran motivo de orgullo entre los otros pueblos de lengua árabe, ya fueran seminómadas, urbanos, o incluso campesinos que cultivaban palmeras datileras en los oasis.

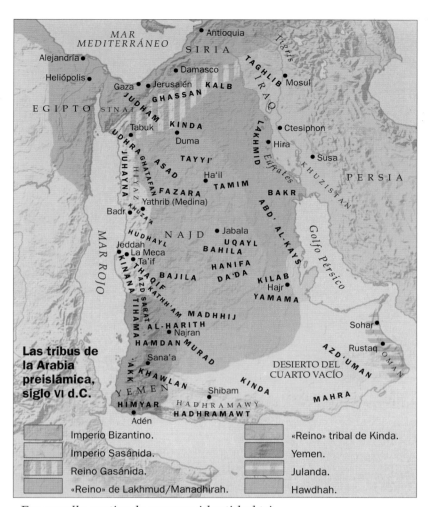

Las tribus de la Arabia preislámica, siglo VI d.C.

Imperio Bizantino.	«Reino» tribal de Kinda.
Imperio Sasánida.	Yemen.
Reino Gasánida.	Julanda.
«Reino» de Lakhmud/Manadhirah.	Hawdhah.

Ese orgullo motivado por una identidad tribal real o adoptada sobreviviría mucho tiempo después de la aparición del Islam, a pesar de que la estructura tribal en que se basaba iba a sufrir cambios fundamentales durante los dos primeros siglos de historia islámica.

Una talla copta del siglo VI d.C. de un jinete montando un camello.

Una tierra de poetas

Los pueblos de Arabia eran famosos por sus tradiciones orales mucho antes de que se escribiera el Corán. Se cree que los gobernantes y la aristocracia tribal de los Kinda fueron los iniciadores de la rica tradición árabe de poesía oral.

La confederación tribal conocida como los Kinda transmitía la información de generación en generación, mediante la tradición oral, ya que la escritura aún no había arraigado en la región. Los Kinda crearon un reino que pervivió, bajo distintas formas, durante cinco siglos. Su territorio abarcaba la mayor parte de lo que hoy es Arabia central, desde Yemen al sur hasta los reinos tribales pro-bizantinos y pro-sasánidas del norte. Sin embargo, los Kinda no dominaban las regiones costeras al borde del mar Rojo, al oeste, ni tampoco las costas del golfo Pérsico al este.

Aún sin acceso al mar, el reino tribal de los Kinda y sus tribus subordinadas o aliadas era lo bastante poderoso como para desempeñar un papel importante en el Oriente Medio.

Dentro de su territorio había varias pequeñas ciudades y numerosos oasis habitados por sociedades de campesinos y mercaderes. Su capital estaba probablemente en Dat Kahl, que ha sido identificada como la actual Quaryat al-Faw, en el suroeste de Arabia Saudí.

Quaryat al-Faw era un importante asentamiento en un cruce de varias rutas comerciales. Celebraba una feria comercial con regularidad, y la agricultura de irrigación contribuía a su riqueza. Entre las ruinas de Qaryat al-Faw, existe un notable mercado fortificado que más bien parece una fortaleza de las legiones romanas. Las pinturas murales y otros objetos encontrados allí demuestran que los Kinda, o al menos su elite dirigente, eran refinados y cultos además de ricos. Importaban artículos de lujo del Mediterráneo y de otros lugares, mientras que sus vestidos, sus gustos artísticos y su forma de vida estaban influenciados por Yemen, Irán, e incluso la India.

Sin embargo, la impresión general sobre la civilización de los Kinda es que, en muchos sentidos, este pueblo árabe tribal permaneció fiel a muchas tradiciones semíticas antiguas.

Se puede ver a una familia noble en un banquete en esta pintura mural del siglo I-V d.C. de Qaryat al-Faw, en Arabia Saudí.

UNA TRADICIÓN VIVIENTE

La mayoría de los versos árabes antiguos no se escribieron hasta que el Islam introdujo a fondo la alfabetización en Arabia. Sin embargo, la sociedad tradicional árabe apreciaba sobremanera la poesía, la cual se transmitía de generación en generación por medios orales.

Existen buenas razones para creer que la poesía que finalmente se escribió entre los siglos VII y IX d.C. era prácticamente idéntica en sus palabras a la que los poetas árabes preislámicos habían compuesto cientos de años antes. Esta tradición viviente hizo que muchos musulmanes medievales, e incluso modernos, fueran capaces de memorizar todo el Corán, una hazaña que parece increíble en la sociedad occidental actual.

Por supuesto, la elite de los Kinda no estaba sola en su papel de mecenas de los poetas. Casi todo hombre o mujer de cierta posición aspiraba a hacer lo mismo. A cambio, el rico mecenas esperaba que su fama fuese inmortalizada por los poetas.

Muchos miembros de la elite árabe eran ellos mismos poetas. Uno de los poetas preislámicos más importante, Imru-al-Qays, era hijo de un rey de los Kinda. Despojado de su herencia por un usurpador que asesinó a su padre y ocupó el trono, Imru'l-Qays fue a buscar ayuda a Roma en compañía de otro rey poeta llamado Samaw'al.

Desgraciadamente, se cree que Imru'l-Qays se enamoró de la hija del emperador, y en consecuencia el emperador ordenó su muerte. Samaw'al, no obstante, permaneció fiel a su promesa de apoyar a Imru'l-Qays, y cuando posteriormente fue desafiado por el usurpador del trono de Kinda, Samaw'al prefirió sacrificar la vida de su hijo antes que traicionar sus compromisos.

Esta narración épica probablemente contenga elementos históricos reales, pero, lo más importante es que refleja los valores culturales y éticos de la sociedad que produjo a dichos poetas. Ésta exigía que un hombre se mantuviese fiel a sus promesas, y que estuviese dispuesto a viajar muy lejos para alcanzar la fama o la justicia.

Además, estos poemas ponían énfasis en el amor romántico entre un hombre y una mujer en una época en que otras civilizaciones consideraban las relaciones entre hombres y mujeres como un medio para consolidar la propiedad, engendrar niños y controlar los apetitos sexuales.

Estatuilla de bronce de una diosa pagana, fechada entre los siglos I y V d.C., hallada en Qayrat al-Faw.

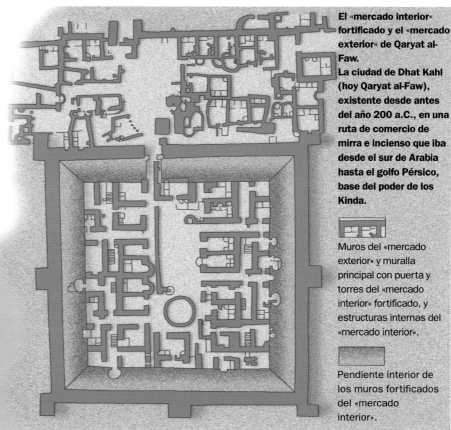

El «mercado interior» fortificado y el «mercado exterior» de Qaryat al-Faw

ARABIA

MAR ROJO

• La Meca

Qaryat al-Faw

• Sana'a

Golfo de Adén

El «mercado interior» fortificado y el «mercado exterior» de Qaryat al-Faw.
La ciudad de Dhat Kahl (hoy Qaryat al-Faw), existente desde antes del año 200 a.C., en una ruta de comercio de mirra e incienso que iba desde el sur de Arabia hasta el golfo Pérsico, base del poder de los Kinda.

Muros del «mercado exterior» y muralla principal con puerta y torres del «mercado interior» fortificado, y estructuras internas del «mercado interior».

Pendiente interior de los muros fortificados del «mercado interior».

La tierra de Saba

El sur de Arabia era diferente al resto de la península. Allí se había producido el ascenso y la caída de varias refinadas civilizaciones urbanas, e incluso hoy en día los Qara conservan la lengua y las costumbres preislámicas.

Escenas de comercio y negocios en una estela de alabastro del siglo II d.C. encontrada en Saba, Yemen.

La mayoría de las sociedades sureñas habían prosperado gracias al comercio de larga distancia que pasaba por sus costas, entre la India y África y los poderosos imperios del Oriente Medio antiguo. Sus lenguas predominantes eran semíticas, aunque había comunidades significativas que hablaban lenguas que pertenecían a la familia hamítica o africana.

Muchos aspectos de la civilización del sur de Arabia eran bastante singulares, pero Yemen tenía estrechos lazos comerciales con civilizaciones distantes. Como consecuencia de ello, pueden encontrarse rasgos de las culturas grecorromana, persa e india, junto a objetos procedentes de tierras lejanas. Esos bienes de consumo eran importados por una población urbana acomodada atraída por los lujos extranjeros.

Al mismo tiempo, las civilizaciones del Yemen entraban en dos categorías. Las de la costa eran muy conocidas por los mercaderes de Egipto, Grecia, India, e incluso China, y sin embargo, no eran necesariamente las más ricas. Algunos de los estados más destacables del sur de Arabia estaban en la otra vertiente de las montañas, situados en valles cultivables cuyos ríos de régimen estacional no desembocaban en el mar sino en el desierto. Sin embargo, antes de que se evaporasen en pantanos o llanuras de sal, esas corrientes de agua sostenían una refinada agricultura de terrazas o de irrigación. En varios lugares, sus aguas eran retenidas por grandes presas, una de las cuales, la presa de Marib, era tan famosa que su rotura supuestamente causó la decadencia de la civilización del sur de Arabia.

Además de tener su propia cultura, su arte, su arquitectura, su lengua, y probablemente, una literatura actualmente desaparecida, las civilizaciones preislámicas yemeníes también tenían sus propias religiones. Tenían, al igual que los distintos paganismos del Oriente Medio, sus sacerdotes y quizás sus sabios, los cuales, dado el culto lunar predo-

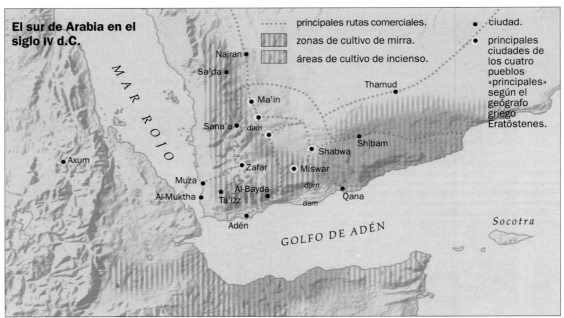

El sur de Arabia en el siglo IV d.C.

········· principales rutas comerciales.

zonas de cultivo de mirra.

áreas de cultivo de incienso.

• ciudad.

• principales ciudades de los cuatro pueblos «principales» según el geógrafo griego Eratóstenes.

MAR ROJO

Najran
Sa'da
Ma'in
Sana'a • *dam*
Zafar
Muza
Al-Muktha
Ta'izz
Al-Bayda
Adén
Axum
Shabwa
Miswar
dam
Shibam
Qana
dam
Thamud
GOLFO DE ADÉN
Socotra

minante en el sur de Arabia, seguramente preservaron un conjunto de conocimientos astronómicos comparable al de la antigua Mesopotamia. Aquí habría que subrayar que el paganismo de culto lunar de la Siria precristiana y preislámica sobrevivió en Harran hasta bien entrado el siglo XI d.C.

A salvo tras los muros de contención del centro y norte de Arabia, las civilizaciones del antiguo Yemen no sufrieron apenas la amenaza de la intrusión de las superpotencias de Roma y Persia. Los romanos llevaron a cabo un fallido intento de ocupación, pero después de aquello, los árabes del sur pudieron seguir desempeñando con bastante tranquilidad el papel de mercaderes e intermediarios en el comercio internacional entre el Mediterráneo, la India, África oriental y el Extremo Oriente.

EL DECLIVE

Durante miles de años, el sur de Arabia y el Cuerno de África habían obtenido considerables ingresos del cultivo de incienso y mirra. Estas dos resinas aromáticas eran esenciales para las prácticas religiosas de las civilizaciones antiguas y clásicas del Mediterráneo y el Oriente Medio.

Sin embargo, con el triunfo del cristianismo, el mercado de la mirra y el incienso se desplomó, lo que tuvo un gran impacto sobre las economías de los reinos del sur de Arabia.

Las rutas comerciales se desplazaron a otros lugares, junto con la riqueza que aportaban, mientras que el hundimiento del Imperio Romano de Occidente, y las dificultades padecidas por sus rivales sasánidas, influyeron en los cambios políticos y económicos en el sur de Arabia.

Como consecuencia, la Arabia del sur que existía en el siglo VI y principios del VII, inmediatamente antes de la aparición del Islam, era un pálido reflejo de su pasado esplendor. Muchas zonas estaban habitadas por tribus que hablaban el árabe del centro y norte de Arabia, en lugar del sabateo y otras lenguas antiguas del sur. No obstante, algunos grupos seguían utilizando lenguas no árabes, e incluso no semíticas.

Algunos continúan haciéndolo en la actualidad, por ejemplo, los Qara de Dhufar, entre el Hadhramawt y Omán. Este pueblo todavía habla shahari, al que se considera relacionado con los dialectos del nordeste de África. El pastoreo es la base de la vida de los Qara, junto con algunas supersticiones preislámicas que parecen rememorar los ritos paganos del sur de Arabia, en los que el toro representaba a Sin, el dios de la Luna. Otras creencias apuntan a una conexión cultural olvidada con los hinduistas de India.

Un relieve preislámico de unos guerreros con lanzas, del sur de Arabia.

La antigua ciudad de Marib, en el sur de Arabia, era famosa por su presa, que encauzaba las aguas de varios ríos estacionales del interior para regadíos.

Imperios vecinos

Los estados del norte de Arabia habían sido casi siempre los más poderosos. Este equilibrio de poder cambiaría únicamente con la llegada del Islam, e incluso entonces, el centro del poder islámico pronto se desplazaría hacia el norte, fuera de Arabia.

Edificios medievales islámicos rodean las ruinas grecorromanas del templo de Baco en Baalbek, en el Líbano.

Tras el hundimiento del reino helenístico seleúcida en Irán e Irak durante el siglo III a.C., el territorio al oeste, norte y este de Arabia fue dividido entre dos potencias rivales. El noroeste era el aparentemente eterno Imperio Romano, el cual, desde el siglo VI d.C. en adelante, es llamado por los historiadores Imperio Romano de Oriente o Imperio Bizantino. Éste dominaba la mayor parte de Anatolia (Turquía en la actualidad), Siria y Egipto, mientras que Nubia, Sudán y Etiopía estaban bajo su zona de influencia.

Al nordeste, se extendía el Imperio Persa representado al principio por el de los partos, y luego, desde el siglo III de la era cristiana en adelante, por el de los Sasánidas. Dominaba Irán, Irak, la mayor parte de la región del Cáucaso, y a veces las provincias orientales de lo que hoy forma Turquía. A pesar de las frecuentes y a veces épicas guerras entre estas dos superpotencias, las fronteras entre ellas rara vez se desplazaban

mucho. Por otra parte, pequeños estados como Armenia y Georgia conseguían ocasionalmente mantener una precaria independencia entre estos dos gigantescos estados.

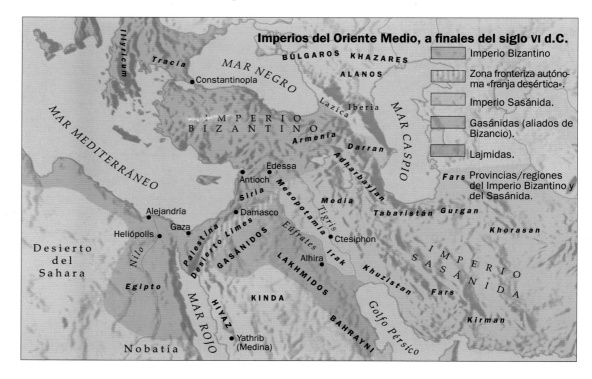

Imperios del Oriente Medio, a finales del siglo VI d.C.

- Imperio Bizantino
- Zona fronteriza autónoma «franja desértica».
- Imperio Sasánida.
- Gasánidas (aliados de Bizancio).
- Lajmidas.
- *Fars* Provincias/regiones del Imperio Bizantino y del Sasánida.

ENTRE DOS MUNDOS

La estepa y el desierto que se extendía al sur de la frontera entre el Imperio Romano y el Persa estaba por lo general controlada por estados tribales árabes o arameos. Los que controlaban normalmente la parte occidental de aquellas estepas y desiertos eran aliados federados o dependencias del Imperio Romano, mientras que los que dominaban la parte oriental estaban ligados al Imperio Parto o al Sasánida. El grado de autonomía del que disfrutaban aquellos vasallos del desierto dependía del poder y de la voluntad de sus dominadores.

A veces, aquellos reinos desempeñaban un papel casi independiente en los conflictos de poder de su época. Petra, la ciudad nabatea, trataba con las autoridades imperiales romanas casi en términos de igualdad, mientras que Zenobia, la gobernante de Palmira, intentó incluso reemplazar al dominio romano en el este durante el segundo tercio del siglo III d.C. Esos planes sólo fueron viables mientras el poder de Roma estuvo en su punto más bajo, y el enérgico emperador Aureliano acabó con sus pretensiones.

Los vasallos árabes de los persas en las franjas desérticas de Irak nunca intentaron nada tan ambicioso. Allí, el reino tribal de los Lajmidas era normalmente un leal ayudante del Imperio Sasánida, y su capital al-Hira estaba de hecho en territorio sasánida. No obstante, el estado lajmida tuvo un papel fundamental en el ámbito árabe durante el período preislámico, y había crecido mucho hacia el siglo VI d.C., aprovechando el declive del predominio sasánida.

Pero antes de que los lajmidas pudieran desafiar el poder del Imperio Sasánida en Irak, los sasánidas derrocaron a la dinastía lajmida y tomaron directamente el control sobre aquella frontera desértica. Ese error estratégico facilitaría mucho la posterior invasión árabe-islámica de Irak.

Sus rivales, los gasánidas, desempeñaron un papel similar a lo largo de la frontera opuesta con el Imperio Romano primero y el Imperio Bizantino después, compitiendo con los lajmidas por la hegemonía en el interior de Arabia. Su supuesta capital, al igual que la de los lajmidas, estaba en el territorio de su protector, en lo que hoy es la meseta Siria del Golán.

Una de las armas más eficaces con que contaban los bizantinos y los gasánidas era la religión, pues en aquella época la conversión al cristianismo indicaba por lo general lealtad política y cultural. Este factor iba a ser muy significativo en los temas relacionados con los árabes durante el período preislámico.

Ruinas del palacio sasánida de Ctesifonte, río abajo de Bagdad, Irak.

c.450 A.C. El reino cristiano de Axum en Etiopía, en la cumbre de su poder.

c.500–583. Los gasánidas (aliados de Bizancio) y los lacamidas (aliados de los sasánidas entran en guerra).

505 La invasión de los hunos a través del Cáucaso une a Bizancio y a los sasánidas.

522 Ocupación axumita de Yemen.

534 Los bizantinos controlan el norte de África tras derrotar al reino de los vándalos.

539–562 Segunda guerra bizantino-sasánida bajo el emperador Justiniano I.

570 Los axumitas invaden Hiyaz pero no consiguen tomar La Meca.

570 Nacimiento del Profeta Mahoma en La Meca, el 20 de agosto.

Lazos con el este

La mayoría de los mercaderes que surcaban los océanos entre Oriente Medio y la India durante el período preislámico eran al parecer persas, griegos que vivían en Egipto, o hindúes. Los árabes sólo desempeñaban un papel secundario, pero su influencia se extendió al compás del ascenso de los sasánidas.

Debajo a la derecha: Placa de terracota de un guerrero hindú con espada y escudo. Las espadas indias eran muy apreciadas en Arabia.

Debajo: Talla de un guerrero con uniforme iraní o del Oriente Medio, con figura subsidiaria de dios hindú.

La mayoría de los mercaderes procedían al parecer del Golfo y del sur de Irak, y muchos de ellos debían ser súbditos de lengua árabe del Imperio Persa. Países árabes como Omán y Yemen, que posteriormente controlarían el comercio de larga distancia a través del océano Índico, sólo comerciaban en pequeños grupos. Sin embargo, está claro que algunas comunidades de mercaderes árabes se establecieron en África en tiempos preislámicos.

Las regiones costeras de Omán se incorporaron al Imperio persa Sasánida a mediados del siglo III d.C., y los sasánidas ocuparían también Yemen unos 300 años después. El comercio con la India, el sureste de Asia y el este de África ya era importante para esas zonas de Arabia, tuvieran o no los mercaderes y navegantes árabes un papel significativo.

Algunas de las naves empleadas eran grandes, bajeles de tres mástiles capaces de transportar grandes cargas. Cruzaban los océanos utilizando los vientos predecibles y estacionales del monzón. Una de esas naves aparece en un fresco poco conocido en un complejo de templos excavados en la roca en Ajanta, al nordeste de Bombay, en la India. Data aproximadamente del año 600 d.C.

Un dibujo más detallado de un barco similar fue grabado en una pared de yeso en Siraf, en la costa iraní del Golfo, algunos siglos más tarde. Por supuesto, era una época en la que los marineros griegos y romanos raramente se aventuraban en alta mar. El arte de la navegación de altura estaba claramente más desarrollado en el este, donde los conocimientos náuticos de los capitanes estaban basados, hasta cierto punto, en las notablemente avanzadas.

ASCENSO DE OMÁN

El declive del sur de Arabia y de las rutas comerciales del mar Rojo iba asociado a un incremento de la importancia de Omán y el golfo Pérsico como arterias principales del comercio. El Imperio Sasánida mostraba más interés en promover el comercio internacional que el que habían mostrado sus predecesores partos. Ésa fue una de las razones por la que los sasánidas pusieron tanto empeño en dominar ambas costas del golfo Pérsico. Impusieron su dominio directo sobre lo que hoy son Bahrein y Qatar, y en toda la costa de Omán, que llamaban Mazun.

El puerto omaní de Sohar adquirió una gran importancia y sus navegantes, tanto árabes como persas, competían con la famosa ruta de la seda que atravesaba Asia central en la importación de seda y otras mercancías exóticas procedentes del este. La mayor parte de sus viajes no pasaban del suroeste de la India y la isla de Sri Lanka, pero algunos barcos comerciaban con Kalah, en lo que hoy es Malasia. Ocasionalmente, algunos osados mercaderes y marinos se aventuraban hasta Vietnam e incluso hasta el sur de China. Mientras, los navíos chinos llegaban hasta Sri Lanka, pero no parece que alcanzasen Arabia, al menos no de manera regular.

Dadas estas pautas de comercio de larga distancia claramente establecidas, no es sorprendente descubrir que las espadas indias eran muy apreciadas en Arabia y ocuparon un lugar destacado en la poesía preislámica árabe. Las mejores estaban hechas de acero hindú, que en aquella época estaba considerado como el mejor en Oriente Medio. Pero no está claro si eran importadas usualmente como hojas ya completas, o si eran forjadas en Arabia a partir de lingotes de acero indio llamados *wootz*.

El comercio entre Arabia, India y las Indias no sólo consistía en pequeñas cantidades de productos de gran valor como fardos de seda u hojas de espadas. Además, también había un gran volumen de comercio en mineral de hierro, hierro, y lingotes de acero, e incluso de caballos. Esos animales eran enviados en barco desde Arabia y el golfo Pérsico hasta la India cruzando el océano, una hazaña náutica que hubiera asombrado a los marineros del mundo grecorromano. Paradójicamente, las leyendas derivadas que se desarrollaron en la India y que hablaban de «caballos que venían del mar» fueron enviadas de vuelta al mundo árabe, donde se las puede encontrar en *Las mil y una noches*.

Izquierda: Pintura mural de un barco partiendo para el océano, parte de la detallada decoración de la cueva de Ayanta, cerca de Bombay, India. Ca. 600 d.C.

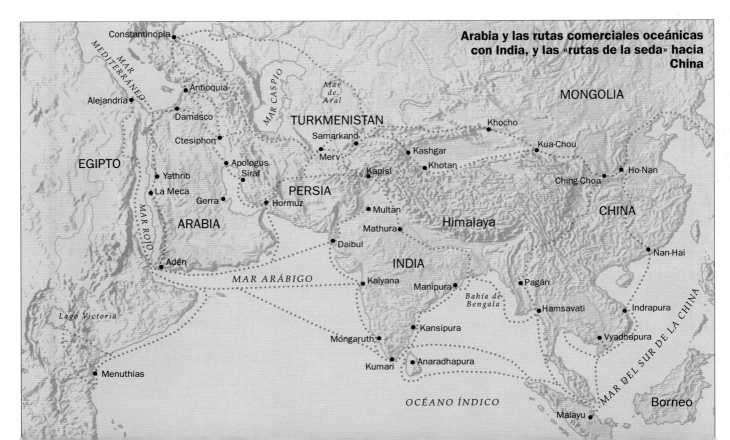

Arabia y las rutas comerciales oceánicas con India, y las «rutas de la seda» hacia China

El judaísmo en la Arabia preislámica

Muchos historiadores creen que la población judía del sur de Mesopotamia era una de las más significativas numérica y culturalmente desde la cautividad en Babilonia del pueblo judío en el siglo VI a.C. Los judíos de lo que hoy es Irak implantaron el culto con asistencia a la sinagoga, y fueron muy influyentes en el imperio Persa.

Abajo en la otra página: las presuntas tumbas de Ester y Mordecai en su mausoleo de Hamadan, Irán.

Debajo: «Batalla entre israelitas y filisteos por la posesión del Arca de la Alianza»; pintura mural de las ruinas del siglo III d.C. de la sinagoga de la fortaleza fronteriza romana del Éufrates, en Duran Europus.

Hacia los siglos V y VI d.C., el principal centro de población judía no estaba en Palestina sino en Irak. Este pueblo tendría una importancia fundamental en el desarrollo del judaísmo hacia el modelo que existe en la actualidad. También había poblaciones judías significativas en Egipto, Siria, Anatolia (hoy Turquía) y Persia (el oeste de Irán), y también en otros lugares del Imperio Romano. Otras comunidades judías más pequeñas florecieron en países más lejanos, más allá de las fronteras de los imperios Romano y Persa. Mientras existía todavía, por supuesto, una minoría judía en las provincias romanas primero y bizantinas después de Palestina, su importancia era religiosa y quizá simbólica más que numérica o económica.

Otro aspecto pocas veces reconocido del judaísmo durante el principio de la era cristiana era el hecho de que se había convertido en una religión proselitista, dando la bienvenida e incluso buscando de hecho la conversión de otros pueblos, tanto semitas del Oriente Medio como no semitas de Europa, Asia y África. La notable expansión del judaísmo no fue simplemente el resultado de la dispersión de una nación que había sido exiliada de su patria en Palestina, primero por los babilonios y después por los romanos tras las revueltas judías de los siglos I y II d.C. Tras esos levantamientos, los romanos no expulsaron a los judíos de la Palestina rural, sino sólo de las ciudades.

DESARROLLO DEL TALMUD

Irak era también el lugar donde, desde el siglo VI a.C., la práctica judía había ido evolucionando hasta llegar a ser como hoy la conocemos (basada en la asistencia a la sinagoga, en vez de enfocada al sacrificio en el templo de Jerusalén). También allí, surgió una elite religiosa y erudita de rabinos como alternativa a

la antigua casta sacerdotal judía. Ellos y otros eruditos de Palestina habían codificado las leyes judías como la base del corpus de aprendizaje conocido hoy como el Talmud.

Pero, lo que es aún más sorprendente, las grandes comunidades judías de lo que hoy es Irak y el oeste de Irán ejercieron una influencia considerable sobre los imperios Persas. Los de Irak incluso suministraron tropas para los ejércitos de los reyes Herodianos en Palestina durante el siglo I a.C. y al siglo I d.C.

Por el contrario, las tribus judías o judaizadas del oeste de Arabia no eran famosas por sus eruditos. En lugar de eso, desempeñaron un importante aunque localizado papel político, económico y militar. La propia dinastía herodiana procedía de los idumeos, una antigua tribu árabe del sur de Palestina. Fueron asimilados primero por la cultura siria aramea, y luego por la judaica, absorbiendo muchos aspectos de la civilización no semita grecorromana antes de regresar a sus raíces tras la caída de la dinastía herodiana. Se cree que entonces reaparecieron como la tribu árabe de Judham del sur de Palestina, en el período inmediatamente anterior a la aparición del Islam.

Más al sur, otras tribus de lengua árabe de la región de Hijaz, en lo que hoy es el sudoeste de Arabia, también descendían de conversos locales, y de algunos colonos judíos. Eran lo bastante ricos y poderosos como para plantar un serio desafío al comienzo del ascenso del Islam en esa zona.

Mientras que las tribus judías del oeste de Arabia fueron finalmente absorbidas por la sociedad árabe-islámica, la amplia población judía de Yemen continuó prosperando hasta la época actual, cuando fue persuadida para que emigrara al nuevo estado de Israel. Los judíos del Yemen preislámico fueron por un breve período de tiempo el poder dominante local, habiendo sido involucrados como aliados sasánidas en la rivalidad entre los imperios Persa y Romano.

Fue entonces cuando el personaje épico de Dhu-Nuwas se convirtió al judaísmo, se apoderó del trono de Yemen, y declaró la guerra a los aliados locales del imperio Bizantino. Es recordado como una figura heroica en las leyendas árabes, siendo al final derrotado por un ejército cristiano etíope que invadió Yemen como aliado del Imperio Bizantino.

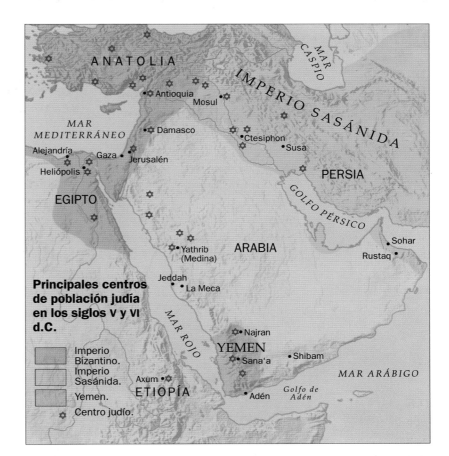

Principales centros de población judía en los siglos V y VI d.C.

Imperio Bizantino.
Imperio Sasánida.
Yemen.
Centro judío.

El cristianismo en la Arabia preislámica

Los cristianos del sur y el este de la península Arábiga difundieron su religión en diferentes direcciones con las sectas Monofisita y Nestoriana. Los monofisitas actuaban en África, Yemen y la frontera de Siria, mientras que los nestorianos tenían éxito en Irán y Asia central.

La distribución de los pueblos cristiano y judío en la Arabia preislámica muestra una aparente paradoja. Los judíos, cuyos lazos políticos y culturales les unían con los imperios persas de Irak, habitaban principalmente al oeste de la península Arábiga. Los cristianos, cuyos vínculos se supone deberían ser con el Imperio Romano-Bizantino, es-

taban concentrados en el sur de la península y en la zona fronteriza de Siria. Esta situación era producto de la forma en que se expandió el cristianismo en los primeros tiempos.

La conversión de los pueblos vecinos árabes, iranios y africanos no fue llevada a cabo por misioneros de la Iglesia Ortodoxa, como podría suponerse. La separación de la Iglesia

Derecha: Relieve grabado copto del siglo VI-VII d.C. representando a un hombre que conduce a un camello cargado, «Labores del mes».

Debajo: Ruinas de la catedral de San Sergio y Baco en Bosra, Siria.

Griega Ortodoxa de la Iglesia Católica o Latina no había sucedido aún en esa época.

Sin embargo, la Iglesia había sufrido varias divisiones como consecuencia de algunos desacuerdos anteriores. Los monofisitas, por ejemplo, sostenían que Cristo tenía una sola naturaleza, y que era una equivocación considerar que tenía aspectos tanto humanos como divinos. Esta postura fue considerada extremista por los ortodoxos y por los católicos. Por contraste, los nestorianos representaban la actitud opuesta en ese debate. Sostenían que Cristo era un hombre que había sido inspirado por Dios y que, como tal, tenía dos naturalezas diferenciadas. Ese punto de vista nestoriano sobre Cristo está bastante próximo al punto de vista islámico, pues los musulmanes consideran a Cristo como un profeta inspirado por Dios, como los del Antiguo Testamento y como el propio Mahoma.

Los detalles de la fe religiosa eran tan importantes en el mundo romano-bizantino que aquellas opiniones divergentes provocaron importantes problemas sociales y políticos. Mientras que los monofisitas eran tolerados por lo general por las autoridades imperiales, siendo más numerosos en Armenia, Egipto y el sur de Palestina, los nestorianos no eran aceptados, y por tanto sus centros principales estaban situados fuera de las fronteras romano-bizantinas, pero dentro de la de los imperios persas rivales.

CONVERSIÓN A GRAN ESCALA

Los misioneros monofisitas convirtieron a las tribus árabes de la frontera Siria, así como a los pueblos africanos de Sudán, Nubia y Etiopía. Desde allí, el cristianismo monofisita llegó hasta Yemen. Mientras tanto, los misioneros nestorianos difundían su credo por la mayor parte de Irán, adentrándose profundamente en Asia central, y llegando probablemente hasta el sur de la India. Más cerca de sus orígenes, los cristianos nestorianos pudieron quizás haberse convertido en la fe mayoritaria en el Irak preislámico, e hicieron

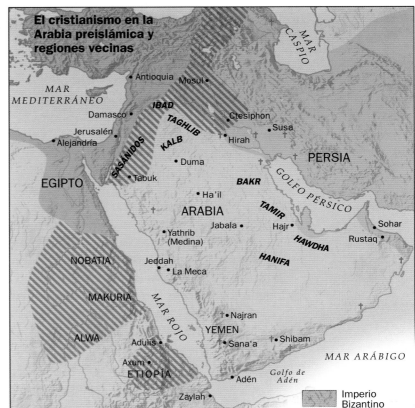

El cristianismo en la Arabia preislámica y regiones vecinas

MAR MEDITERRÁNEO · Antioquia Mosul · MAR CASPIO
Damasco · IBAD Ctesiphon · Susa ·
Jerusalén · TAGHLIB · Hirah
Alejandría KALB PERSIA
SASÁNIDOS · Duma GOLFO PÉRSICO
· Tabuk BAKR
EGIPTO · Ha'il TAMIR · Sohar
ARABIA Jabala · Hajr · Rustaq ·
· Yathrib (Medina) HAWDHA
NOBATIA Jeddah HANIFA
MAKURIA · La Meca
MAR ROJO
ALWA · Najran
Adulis · YEMEN · Shibam
Axum · · Sana'a
ETIOPÍA · Adén Golfo de Adén
Zaylah · MAR ARÁBIGO

Imperio Bizantino (cristiano).

Imperio Sasánida (oficialmente zoroastriano).

Regiones del Imperio Sasánida que probablemente tenían mayoría cristiana hacia fines del siglo VI d.C.

Cristianizado hacia fines del siglo VI d.C.

† Otras comunidades cristianas importantes.

IBAD Tribus árabes sustancialmente cristianizadas.

numerosas conversiones entre las tribus árabes del este de Arabia.

El cristianismo practicado por las tribus iletradas de la Arabia preislámica era de un tipo poco desarrollado e incluso herético. Ésa es probablemente la razón de que los personajes religiosos cristianos mencionados en los primeros textos islámicos sean diferentes de los que aparecen en la mayoría de las iglesias cristianas. No obstante, las historias y las creencias cristianas, junto con sus equivalentes judías, eran ampliamente conocidas en Arabia en la época de Mahoma, y tuvieron una influencia significativa en su propia Revelación.

El cristianismo en Yemen era más mayoritario, aunque seguía siendo monofisita, probablemente porque aquí se desarrolló una jerarquía eclesiástica estable y una organización sistematizada. Fue esa estructurada comunidad cristiana la que se involucró en las ambiciones del Imperio Romano-Bizantino en el extremo sur del mar Rojo.

Al contrario que la significativa población judía de Yemen, la iglesia Yemení no sobrevivió, y quedan pocos restos de su existencia. Sin embargo, algunos aspectos de su historia están registrados en confusos relatos sobre algunos de sus mártires, incluidos los asesinados en Najran por Dhu-Nuwas al principios del siglo VI d.C.

Izquierda: Estela con grabados arquitectónicos en Axum, Etiopía.

El paganismo árabe preislámico

Los dioses y diosas paganos tenían mucho en común con las religiones paganas de las civilizaciones semíticas antiguas del norte. Tenían elementos de creencias pasadas y futuras, con deidades relacionadas con el panteón griego, y La Meca como centro de peregrinación.

La mayoría de lo que sabemos acerca del paganismo preislámico procede de los textos escritos por autores hostiles a aquellas prácticas y creencias. Sólo unos pocos grabados e inscripciones han sido hallados por los arqueólogos, pero esos objetos son pocos. No obstante, se conoce la naturaleza general de la religión árabe, y el panteón de dioses que adoraban.

Al igual que los pueblos paganos de la Siria pre-cristiana, los árabes paganos, incluidos los de Yemen, a veces asociaban sus deidades con las del panteón grecorromano cuando el dios o la diosa en cuestión poseía características similares. Ésa puede ser la razón de que algunos grabados en piedra y al-

Derecha: una estela con inscripciones del siglo III d.C., dedicada a la deidad lianita de Thu Hgebbat, y que ahora se exhibe vuelta del revés en al-Ulla.

gunas estatuillas de bronce encontradas en Arabia se parezcan tanto al arte helenístico. Algunas de ellas puede que hayan sido importadas del mundo mediterráneo.

No queda nada de las estatuas paganas que había en la Kaaba, en el centro de La Meca. Sin embargo, las descripciones de aquellos ídolos, basadas en escritos anterio-

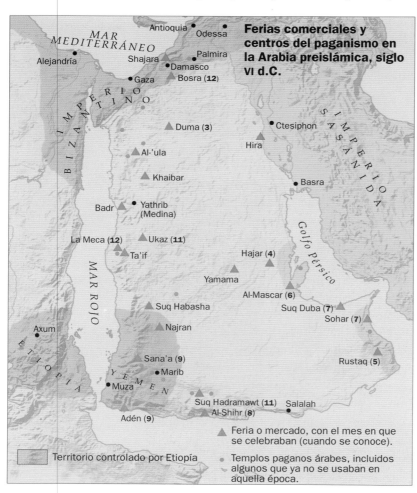

Ferias comerciales y centros del paganismo en la Arabia preislámica, siglo VI d.C.

MAR MEDITERRÁNEO
Antioquia • Odessa
Alejandría • Shajara • Palmira
• Gaza • Damasco
Bosra (**12**)

IMPERIO BIZANTINO

▲ Duma (**3**)
▲ Al-'ula
▲ Khaibar

• Ctesiphon
Hira ▲

IMPERIO SASÁNIDA

• Basra

Badr • Yathrib (Medina)
La Meca (**12**) ▲ Ukaz (**11**)
▲ Ta'if
Hajar (**4**) ▲
Yamama
Al-Mascar (**6**) ▲
Suq Duba (**7**) ▲
Sohar (**7**) ▲

Golfo Pérsico

MAR ROJO

Axum
▲ Suq Habasha
▲ Najran

ETIOPÍA

Sana'a (**9**) ▲
• Marib
Rustaq (**5**) ▲
• Muza

YEMEN

Suq Hadramawt (**11**) Salalah
Al-Shihr (**8**)
Adén (**9**)

▲ Feria o mercado, con el mes en que se celebraban (cuando se conoce).

☐ Territorio controlado por Etiopía

• Templos paganos árabes, incluidos algunos que ya no se usaban en aquella época.

res perdidos, sugieren que algunos tenían características en común con las estatuas de los templos paganos árabes de Petra, Palmira y Dura Europus. Por ejemplo, un dios de la guerra vestía armadura, y algunos portaban dos espadas, o una espada y una larga daga, como es habitual en obras similares encontradas en Irán e Irak.

Los dioses más importantes eran al-Lat, al-Uzza, Manat y Hubal. Los tres primeros se consideraban hijos de Alá, el Dios Supremo. Puesto que podían intervenir ante Él en favor de los humanos, estaban en el núcleo de muchos cultos populares. Al-Lat era también adorado en la Siria pagana, pero se le representaba mediante símbolos diferentes: en Arabia, como una piedra completamente blanca, en Petra, como el Sol, y en Palmira, como un león.

Al-Uzza era adorado bajo la forma de tres palmeras, y era la deidad protectora de los Quraysh, la tribu del propio Mahoma. Manat era la diosa del destino y la muerte, mientras que Hubal era el dios de la fertilidad, la primavera y la agricultura. Su culto probablemente fue introducido desde Siria, donde también era conocido como Baal, Adonis o Tammuz.

Al-Zuhara era la diosa del amor físico, igual que la Afrodita griega o la Venus romana, pero tenía un rango inferior al de los tres hijos de Alá. Otras deidades protegían a las caravanas en el desierto, o eran personificaciones del Sol y la Luna. Algunas pocas se asociaban a árboles, rocas y pozos sagrados, en los parajes a menudo inhóspitos donde vivían los árabes paganos.

LUGARES DE ENCUENTRO DE LAS TRIBUS

Existían diversos centros de peregrinación paganos en la Arabia preislámica, siendo La Meca uno de ellos. Allí tenían lugar al mismo tiempo los ritos asociados a una o más deidades y los mercados, en los que las tribus de los alrededores se reunían para intercambiar productos y comerciar con mercancías. Dichas ferias solían ser un tiempo de tregua entre tribus a menudo hostiles entre sí, acordándose que las enemistades ancestrales cesaran durante el período sagrado y dentro de la zona sagrada.

Cada feria se celebraba siempre en la misma época del año, y dado que la mayoría tenía lugar en distintos meses, los mercaderes se desplazaban de unas a otras. Además, esas ferias se convirtieron en festivales culturales donde los poetas se reunían para competir y buscar mecenazgos.

Al igual que en el panteón pagano de la antigua Grecia, las deidades de la antigua Arabia se clasificaban según su antigüedad, con Alá como Dios supremo. Con la llegada del Islam, las otras fueron barridas, y se convirtió en un pilar fundamental de la fe islámica la creencia de que sólo hay un Dios, Alá. Sin embargo, las otras deidades no fueron totalmente olvidadas. Sobrevivieron en las leyendas, el folclore popular y los cuentos para niños. Algunos se transformaron en parte de la horda de diablos, ángeles, yinnis, y otros seres inmortales que la mayoría de los musulmanes creía que existían.

Arriba: *estatuilla de bronce de un hombre arrodillado, posiblemente rezando, encontrada en Qaryat al-Faw, siglo III d.C.*

Izquierda: Peregrinos de la época actual rodean la Kaaba en La Meca durante el Hajj. La ciudad era un centro religioso en la época preislámica, cuando la Kaaba albergaba imágenes de deidades paganas.

CAPÍTULO UNO

Rumores de guerra

El largo conflicto entre el Imperio Romano-Bizantino y el Imperio Persa alcanzó un punto crítico a finales del siglo VI y comienzos del VII. Su tiempo estaba a punto de agotarse, y pronto los ejércitos musulmanes saldrían como una avalancha de Arabia, destruyendo el Imperio Persa y amenazando al Bizantino.

Hacia el 574 d.C., una expedición sasánida expulsó de Yemen a los aliados etíopes del Imperio Bizantino, y en 597 los persas impusieron su dominio directo en el sur de Arabia. Sin embargo, no está claro si las guarniciones sasánidas que ya existían en Omán se unieron a la fuerza expedicionaria en Yemen para imponer la autoridad sasánida a lo largo de toda la costa arábiga del océano Índico.

En el año 602, los sasánidas abolieron el reino lajmita autónomo de la frontera desértica de Irak, y diez años después derrotaron estrepitosamente a su rival romano-bizantino. Los ejércitos sasánidas lanzaron una amplia ofensiva, ocupando la mayor parte de Anatolia y conquistando Siria, Palestina y Egipto. Jerusalén cayó, para espanto del mundo cristiano, pero para deleite de muchos judíos que apoyaban a los sasánidas.

Estatuilla de bronce del Shahinshah sasánida, finales del siglo VI-principios del siglo VII d.C.

Posiblemente, algunas tropas sasánidas penetraron en el norte de África y Sudán, y con seguridad conquistaron Egipto. En consecuencia, la totalidad de la península Arábiga debió quedar en la zona de influencia del Imperio Sasánida. Ese fue, por supuesto, precisamente el período en el que el futuro Profeta Mahoma vivió su juventud en La Meca. Los únicos contingentes cristianos que sobrevivieron en esa parte del mundo fueron los de Etiopía y los reinos recientemente convertidos de Nubia en Sudán.

A principios del siglo VII se produjo un tremendo vuelco en el destino de los dos imperios rivales. Un nuevo emperador romano-bizantino llamado Heraclio impuso su autoridad en lo que quedaba de su imperio, y lanzó una contraofensiva de efectos devastadores contra los sasánidas y sus aliados.

Hacia el año 627, la guerra había terminado. Las tropas de Heraclio no sólo habían recuperado Egipto, sino que habían penetrado profundamente en territorio enemigo, conquistando el corazón económico y político del imperio Sasánida en Irak. Siendo consciente de que no podía ocupar todo el Imperio Sasánida, Heraclio abrió un período de negociaciones. Éstas al parecer se prolongaron durante cierto tiempo, y algunas guarniciones romanas aún no se habían retirado del territorio formalmente sasánida, cuando de repente una nueva amenaza para los dos imperios surgió de una

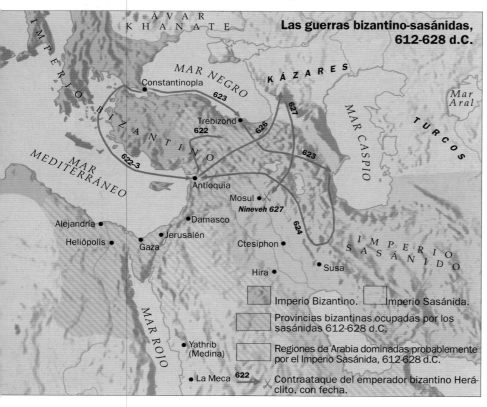

Las guerras bizantino-sasánidas, 612-628 d.C.

tentes, y al parecer se produjo un notable incremento del suministro de armas modernas y avanzadas, y un nuevo invento de la tecnología equina, el estribo, que los hunos habían introducido en Europa. Muchos árabes, incluidos algunos de los primeros jefes musulmanes, despreciaban aquel invento y creían que debilitaba al jinete en lugar de suponerle alguna ventaja militar.

Mientras tanto, muchos soldados árabes habían tomado parte en la guerra entre los imperios Romano-Bizantino y Sasánida, estando presentes en los dos bandos y a menudo prestando servicio lejos de Arabia. Esto quizá produjese un aumento significativo de la confianza en sí mismos en el plano militar de los árabes, quienes regresaron a sus hogares como soldados expertos.

dirección inesperada. Los árabes irrumpían desde la península Arábiga bajo la bandera de una nueva religión: el Islam.

EN EL NOMBRE DE ALÁ

La secuencia exacta de los hechos sucedidos en Arabia durante la épica lucha entre los imperios Romano y Sasánida no está clara. Había habido luchas entre diferentes tribus y grupos, algunos con el patrocinio de alguno de los imperios vecinos, y otros que actuaban por su cuenta.

El comercio resultó perjudicado, al igual que muchas de las relaciones políticas exis-

Enemigos al sur

La lucha por el sur de Arabia no sólo implicó al pueblo de Yemen y de las regiones vecinas de la península, sino también a ejércitos invasores procedentes de Etiopía y del Imperio Sasánida. La región se vio envuelta en un conflicto mayor por la posesión del conjunto de Arabia.

Derecha: Un fragmento de tela copta muestra a un príncipe sentado al estilo persa y batallas entre árabes y etíopes.

Debajo: Ruinas del Palacio Dengur en Axum, Etiopía.

Cuando Etiopía fue convertida al cristianismo a mediados del siglo IV, comenzó una nueva batalla por el control de Arabia. Aquello fue algo más que un acontecimiento religioso, pues implicaba que el reino de Etiopía se había convertido en aliado y cliente del Imperio Bizantino. También había una creciente minoría cristiana en Yemen, y para contrarrestar una posible extensión del poder romano-bizantino sobre la otra orilla del mar Rojo, el imperio rival sasánida mantenía buenas relaciones con los pueblos judíos y paganos de Yemen.

La situación llegó a un punto límite cuando Dhu-Nuwas se convirtió en rey del país en 523-4. Se cree que era hijo de un gobernante anterior de Yemen, mientras que su madre era judía y procedía de la provincia sasánida de Irak. Dhu-Nawas

decidió adoptar la religión de su madre, y su campaña para hacerse con el control de Yemen condujo a la persecución de los cristianos locales. Aquello dio al Imperio Bizantino una justificación para pasar a la acción, y así salvar a la minoría amenazada. En lugar de invadir Yemen ellos mismos, los bizantinos animaron a los cristianos etíopes a que lo hicieran, aunque fueran monofisitas. También les suministraron barcos desde la provincia bizantina de Egipto para que los ejércitos etíopes pudieran cruzar el mar Rojo.

Dhu-Nuwas derrotó a los etíopes en el primer asalto, pero fue muerto durante el segundo, mientras que el reino de Etiopía implantó sus propios gobernantes y guarniciones en parte del sur de Arabia. Sin embargo, el dominio etíope no parece haberse extendido nunca por todo el sur de Arabia, y en su lugar se concentró en la costa del mar Rojo y las montañas que rodean la capital Yemen de Sanaa.

Uno de los gobernadores etíopes en Yemen se llamaba Abraha, y aunque se rebeló contra el control directo por parte de Etiopía, se mantuvo fiel a la causa etíope y cristiana. Se ha sugerido que pretendía construir una gran iglesia nueva que se convertiría en el centro religioso de Arabia y en el foco de las peregrinaciones religiosas. Puesto que las peregrinaciones religiosas estaban tan estrechamente relacionadas con las ferias y mercados, una operación así hubiera proporcionado cuantiosos beneficios económicos y políticos. Pero para lograr su objetivo, Abraha iba a tener que destruir los principales centros paganos de peregrinación.

UNA MECA CRISTIANA

En el año 570 y en alianza con la confederación tribal árabe de los Kinda, Abraha marchó contra la ciudad de La Meca y su santuario aún pagano de la Kaaba. De acuerdo con la leyenda islámica, el ejército de Abraha, que incluía al menos un elefante de guerra, se vio obligado a retirarse como resultado de la intervención divina. Aquel año,

La lucha por Arabia, siglo VI d.C.

MAR CASPIO

MAR MEDITERRÁNEO

• Antioquia

• Mosul

El gobernante lajmida es nombrado rey de Arabia por el emperador sasánida ca. año 530

• Damasco

• Ctesiphon

• Susa

Los sasánidas invaden Yemen y expulsan a los etíopes en 575. El gobierno directo sasánida se implanta en 587

• Alejandría

• Jerusalén

EGIPTO

LAJMIDAS

GOLFO PÉRSICO

Nace Mahoma, hacia 570 (año del Elefante).

• Ha'il

• Jabala

• Hajr

• Sohar

Rustaq •

• Yathrib (Medina)

KINDA

NOBATIA

• La Meca

Ta'if

MAR ROJO

Campaña de Huluban (año del Elefante) de Abrha, gobernante etíope de Yemen, hacia La Meca; y campaña de la confederación tribal aliada de Kinda para extender la influencia-autoridad bizantina en Arabia, ca. 570-1

Los misioneros bizantinos convierten a los estados de Nubia y el centro de Sudán al cristianismo

MAKURIA

• Najran

ALWA

Adulis •

• Sana'a

• Shibam

MAR ARÁBIGO

Axum •

YEMEN

ETHIOPIA

Invasión etíope (axumita) de Yemen, 522-525

Adén

Zaylah •

Golfo de Adén

Imperio Bizantino.

Etiopía.

Extensión probable de la ocupación etíope de Yemen 525-575 d.C.

Imperio Sasánida.

Lajmidas.

el célebre año del Elefante, fue también el año del nacimiento del Profeta Mahoma.

Durante la ocupación etíope de Yemen, fueron los paganos y los judíos quienes sufrieron persecución por parte de los cristianos, pero la decisión del Imperio Sasánida de enviar una fuerza expedicionaria para conquistar el sur de Arabia fue probablemente fruto de consideraciones estratégicas y no religiosas. Los etíopes fueron expulsados en 575, y desde entonces Yemen permaneció bajo un frágil dominio sasánida hasta la llegada del Islam.

No obstante, puede que se haya exagerado la decadencia del sur de Arabia durante los turbulentos quinto y sexto siglos. La zona fue capaz de proporcionar gran parte del personal militar y de los sofisticados conocimientos bélicos que luego se utilizarían en varias de las primeras conquistas árabe-islámicas. Además, la cultura de Yemen sobrevivió claramente, no sólo en su arquitectura, y permaneció diferente culturalmente al resto de Arabia incluso después de haberse convertido al Islam.

Derecha: Un guerrero santo a caballo, equipado con estribos primitivos, carga en un tela copta del siglo VII d.C.

Mahoma el mercader

Mahoma nació en el seno de la tribu de los Quraysh, quienes dominaban La Meca y sus alredededores pero estaban divididos en clanes a veces hostiles. En su juventud, la leyenda afirma que se predijo que se convertiría en un gran hombre.

Debajo a la derecha:
Mosaico con inscripciones griegas mostrando a un guerrero árabe con arco y flechas, del monte Nebo, en Jordania.

Se cree que Mahoma nació el 20 de Agosto de 570, en una época de grandes cambios políticos, religiosos y sociales en Arabia. Su padre, Abdullah Ibn Abd al-Muttalib, había muerto algunos meses antes, así que el niño y su madre quedaron al cuidado del abuelo paterno de Mahoma, Abd al-Muttalib, quien estaba reconocido como el jefe de la tribu.

Siendo un niño, Mahoma Ibn Abdullah fue entregado a una mujer de la tribu vecina de los Saad, pues era costumbre que los niños de las familias de la elite fueran criados en lo que se consideraba el aire puro y saludable del desierto, mejor que en una ciudad calurosa, polvorienta y seguramente insalubre como La Meca.

Cuando cumplió los seis años, Mahoma volvió con sus familiares directos, pero al cabo de un año su madre murió, dejándole huérfano y al cuidado de una devota esclava llamada Umm Ayman. Cuando Mahoma sólo tenía ocho años, también murió su respetado abuelo Abd al-Muttalid, dejando al muchacho sin apenas protección en un mundo peligroso y competitivo. Su tío, Abu Talid, se hizo cargo de aquella responsabilidad, pero era un hombre relativamente pobre con muchos hijos.

Se dice que Mahoma visitó dos veces la ciudad fronteriza de Bosra. Allí, las caravanas de camellos procedentes de Arabia y de otros lugares se reunían tras sus largos viajes a través del desierto. Muchos de los mercaderes seguían camino para comerciar en Damasco o en las ciudades costeras sirias, pero aún así, Bosra era un mercado próspero por derecho propio.

JUVENTUD CON TALENTO

Según ciertos relatos de su vida, Mahoma tenía sólo 12 años cuando fue a Bosra por primera vez, durante uno de los viajes de negocios de su tío a Siria. Según una leyenda, no aceptada unánimemente por todos los musulmanes, un monje cristiano local llamado Bahira vio al joven Mahoma cuando los mercaderes atravesaban Bosra en su viaje de vuelta a casa.

La historia continúa con que el monje, quien probablemente fuera un abad u otra autoridad de algún monasterio o iglesia de Bosra, invitó a comer a todos los de la caravana antes de que se internaran en el desierto. Durante aquella comida, Bahira interrogó a fondo a Mahoma, y se cuenta que le dijo a Abu Talid que aquel muchacho estaba destinado a

Mahoma el mercader

IMPERIO BIZANTINO

Antióquia

Homs (Hims)

Beirut

Tiro · Damasco

Cesárea · **Bosra**

Ascalon
Gaza · Philadelphia (Ammán)
Jerusalén

Principales rutas marítimas y caravanas comerciales entre la costa árabe del mar Rojo y Siria

Ayla (Eilat) · Ma'an

Tabuk

M A R   R O J O

Tayma

Al-Hijr

Khaybar · ARABIA

Yanbu
Badr · Yathrib (Medina)

Jeddah · **La Meca**
Ta'if

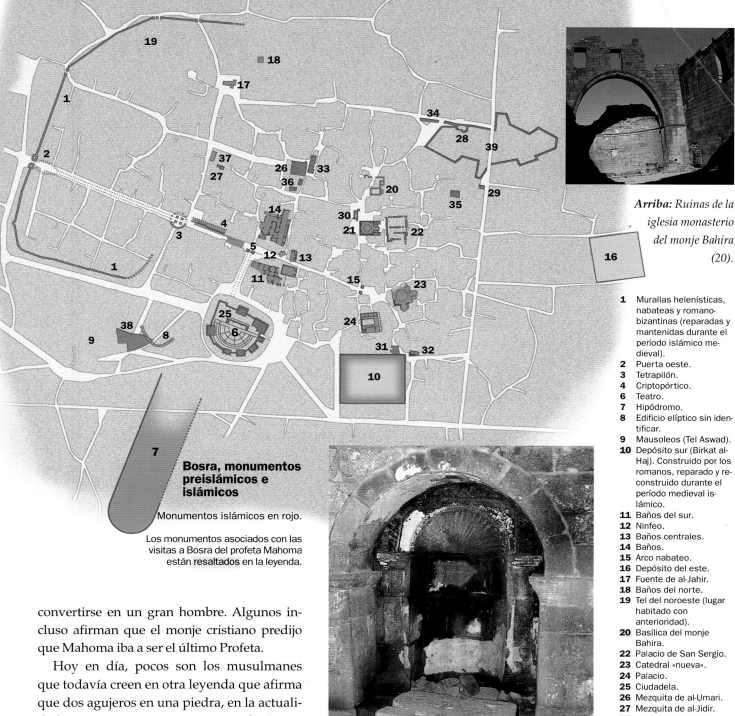

Bosra, monumentos preislámicos e islámicos

Monumentos islámicos en rojo.

Los monumentos asociados con las visitas a Bosra del profeta Mahoma están resaltados en la leyenda.

Arriba: Ruinas de la iglesia monasterio del monje Bahira (20).

1 Murallas helenísticas, nabateas y romano-bizantinas (reparadas y mantenidas durante el período islámico medieval).
2 Puerta oeste.
3 Tetrapilón.
4 Criptopórtico.
6 Teatro.
7 Hipódromo.
8 Edificio elíptico sin identificar.
9 Mausoleos (Tel Aswad).
10 Depósito sur (Birkat al-Haj). Construido por los romanos, reparado y reconstruido durante el período medieval islámico.
11 Baños del sur.
12 Ninfeo.
13 Baños centrales.
14 Baños.
15 Arco nabateo.
16 Depósito del este.
17 Fuente de al-Jahir.
18 Baños del norte.
19 Tel del noroeste (lugar habitado con anterioridad).
20 Basílica del monje Bahira.
22 Palacio de San Sergio.
23 Catedral «nueva».
24 Palacio.
25 Ciudadela.
26 Mezquita de al-Umari.
27 Mezquita de al-Jidir.
28 Mezquita de al-Mibrak.
29 Mezquita anónima.
30 Mezquita de Fátima.
31 Mezquita al-Dabbagha.
32 Mezquita Yaqut.
33 Hamam (baño) Manjak.
34 Secciones de las murallas fortificadas medievales.
35–37 Edificios islámicos sin nombre.
38–39 Cementerios islámicos.

Arriba a la izquierda: La piedra legendaria en la que se arrodilló el camello de Mahoma, en la mezquita al-Mibrak (28).

convertirse en un gran hombre. Algunos incluso afirman que el monje cristiano predijo que Mahoma iba a ser el último Profeta.

Hoy en día, pocos son los musulmanes que todavía creen en otra leyenda que afirma que dos agujeros en una piedra, en la actualidad en una mezquita en ruinas de Bosra, marcan el lugar donde el camello de Mahoma se arrodilló para que el muchacho desmontase. No obstante, esa leyenda fue muy popular durante la época medieval.

La vida distaba mucho de ser segura y fácil para el joven Mahoma. Ganaba lo que podía donde podía, unas veces como pastor, otras como mercader a pequeña escala. No obstante, se labró la reputación de ser completamente formal y de fiar.

Cuando Mahoma tenía 25 años, su tío Abu Talib le propuso que acompañara a una gran caravana comercial con destino a Siria, actuando como agente de una acaudalada viuda llamada Jadiya, quien era también uno de los mercaderes más competentes de La Meca. Jadiya se sintió tan satisfecha con la honradez del muchacho y con el éxito de su viaje que se casó con Mahoma.

Posteriormente le dio dos hijos, que, sin embargo, murieron en la infancia. Apoyado por la riqueza de Jadiya, Mahoma y su esposa llegaron a constituir una provechosa asociación comercial. Sin embargo, Mahoma continuaba mientras tanto practicando su costumbre cada vez más frecuente de buscar la soledad en el desierto, donde podía pensar en paz.

Mahoma el profeta

La vida insatisfecha de Mahoma sufrió un vuelco total tras experimentar una serie de visiones que formarían los pilares del Islam. Su fe no fue aceptada, y sus seguidores se vieron expulsados de La Meca y forzados a luchar por sus creencias.

Derecha: Una descripción islámica del siglo XVIII de los «Versículos del Corán revelados a Mahoma durante una batalla» sigue la regla de no representar el rostro del Profeta.

Al hacerse adulto, Mahoma se esforzaba por comprender la relación de los hombres con Dios y con los otros hombres. Encontraba inadecuado el paganismo en que le habían educado, y le molestaba el egoísmo y la inmoralidad que veía en su propia ciudad, La Meca. Mahoma también había aprendido mucho sobre el cristianismo y el judaísmo durante sus expediciones comerciales. Ahora iba a empezar a tener una serie de revelaciones divinas.

Había una cueva en el monte Hira, en las afueras de La Meca, donde Mahoma había encontrado un lugar tranquilo para pensar. Tras varios años enfrentándose con problemas religiosos y morales, Mahoma tuvo su primera visión. El arcángel Gabriel se le apareció y ordenó a Mahoma que leyera, o proclamara, la inscripción que había en un brocado que el ángel llevaba. Sin embargo, Mahoma era analfabeto. Pero cuando Gabriel hubo repetido la orden cuatro veces, Mahoma empezó a entender. Ese fue el principio de su misión para predicar el Islam al pueblo de La Meca.

Hubo más revelaciones, que se convertirían en el texto del Corán, el libro sagrado del Islam. Mahoma predicaba los Cinco Pilares, o lo que llegarían a ser los preceptos básicos del Islam: la unicidad de Dios, la obligación de rezar, el ayuno durante el mes de ramadán, el pago del impuesto Zakat para ayudar a los necesitados, y la realización del Hajj o peregrinación a la Kaaba en La Meca. Esas antiguas infraestructuras habrían sido purificadas al quitar los ídolos después de que La Meca cayera en manos de los musulmanes. Durante el transcurso de su prédica, Mahoma reveló también las reglas de toda una forma de vida, que se convertiría en los cimientos de la civilización islámica.

En muchos aspectos, la misión religiosa de Mahoma fue más parecida a la de los profetas judíos del Antiguo Testamento que a la de Jesús. Sus prédicas eran prácticas y, cuando era necesario, despiadadas.

PRIMERA CIUDAD MUSULMANA

Rechazado por todos en La Meca, salvo por unos pocos, él y los primeros conversos al Islam, perseguidos, huyeron a una ciudad más pequeña situada al norte. Se llamaba Yathrib, pero se la llegaría a conocer simplemente como Medina o «La Ciudad». Allí, Mahoma fue invitado tomar el mando y poner fin a una disputa intertribal que desgarraba a Yathrib. Como resultado, Yathrib-Medina se convirtió en el primer estado islámico, y llegó a ser el modelo para todos los gobiernos islámicos posteriores.

Entonces, los paganos de La Meca decidieron que Mahoma y sus seguidores eran una amenaza, y les atacaron. La prédica de Mahoma no abrazaba el pacifismo, así que los musulmanes contraatacaron. La lucha que siguió fue tanto económica como militar, y condujo a la rendición de La Meca al Profeta Mahoma en 630.

Durante el transcurso de aquella encarnizada lucha, se fueron involucrando otras tribus árabes. En 629, una pequeña fuerza de choque

574	**610**	**616**	**622**	**625**	**628**	**630**	**632**
Ocupación persa sasánida del Yemen.	Mahoma tiene su primera visión del arcángel Gabriel.	Conquista persa sasánida de las provincias romano-bizantinas de Egipto y Siria.	Héjira de Mahoma de La Meca a Medina, principio del calendario de la Héjira islámica.	Mahoma comienza su misión profética.	Tratado de paz entre el Imperio Romano-Bizantino y el Sasánida.	Los musulmanes se hacen con el control de La Meca.	Muerte del profeta Mahoma.

islámica al mando de Zayid Ibn Haridah, el hijo adoptivo del profeta, partió rumbo al norte para vengar la muerte de unos emisarios musulmanes a manos de una tribu árabe norteña. Dicha tribu vivía en la zona fronteriza formalmente bizantina, en lo que hoy es el sur de Jordania. Sin embargo, los musulmanes fueron derrotados en Muta y Zayd Ibn Haridah fue asesinado.

Dado que la guerra entre el Imperio Bizantino y el Sasánida había terminado el año anterior, no estaba claro si los objetivos de aquella incursión eran realmente súbditos del Imperio Bizantino. Sin embargo, en la tradición histórica islámica se considera a la derrota de Muta como el primer enfrentamiento armado entre los mundos bizantino e islámico.

Dos años después de hacerse con el control de La Meca, en junio de 632, Mahoma murió, pero en el ínterin bastantes tribus de regiones distantes le habían reconocido como gobernante. Ello no implicaba la imposición de las leyes islámicas a lo largo de la costa del golfo o en Yemen, pero sí que se había alcanzado un cierto grado de unidad entre los pueblos tradicionalmente enfrentados de Arabia.

Arriba: Ruinas de la mezquita de los Mártires de la batalla de Muta, en Muta, Jordania. La tradición islámica sostiene que aquella batalla fue la primera entre los musulmanes y el mundo cristiano-bizantino.

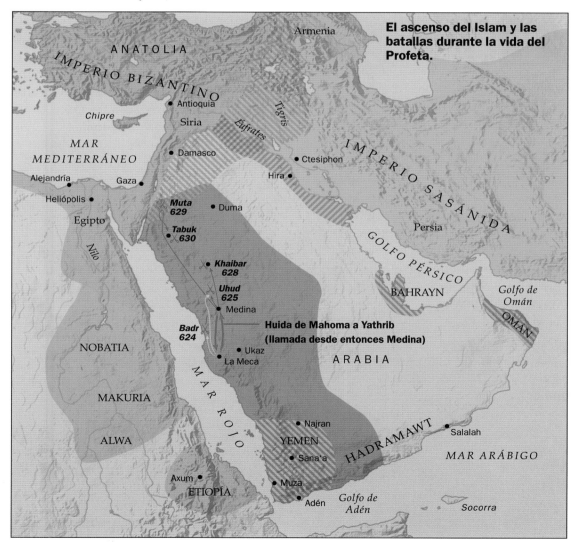

El ascenso del Islam y las batallas durante la vida del Profeta.

 Estados cristianos de África Imperio Bizantino.

 Imperio Sasánida.

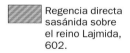 Regencia directa sasánida sobre el reino Lajmida, 602.

 Ocupación bizantina bajo Heraclio, 627.

 Territorio gasánida como aliados de Bizancio.

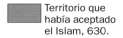 Territorio que había aceptado el Islam, 630.

 Territorio sasánida que había aceptado la autoridad islámica, 631.

 Otras regiones que aceptaban el Islam, 631.

Ruta de la Héjira, ataque a La Meca, 630.

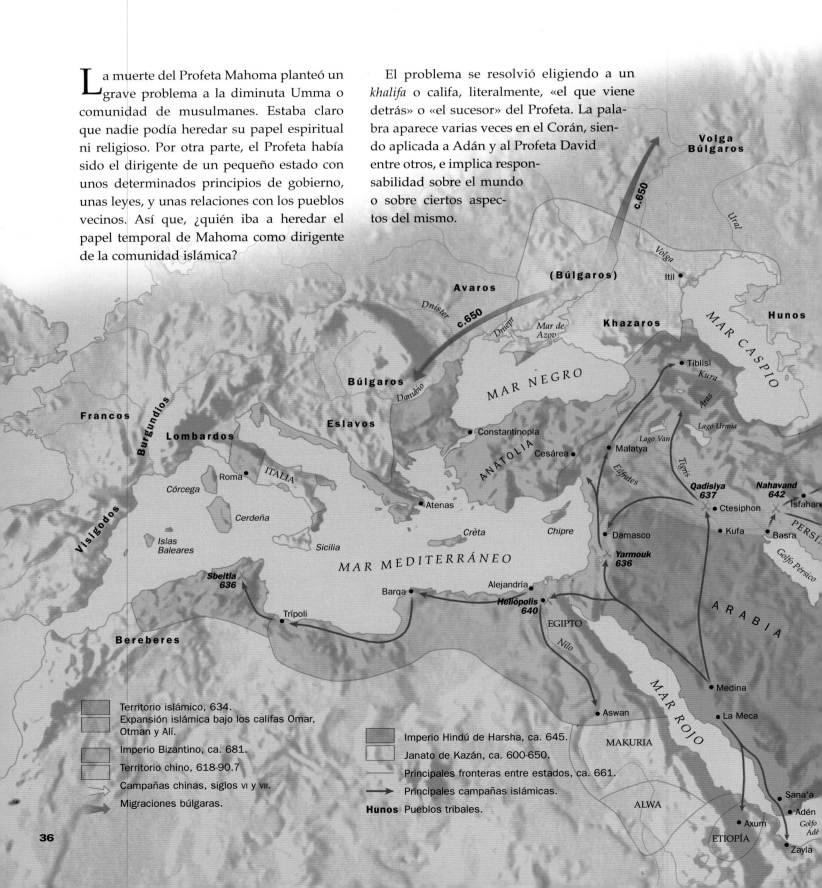

CAPÍTULO DOS
Los califas bien guiados
Los gobernantes ideales y el desarrollo del Islam

La muerte del Profeta Mahoma planteó un grave problema a la diminuta Umma o comunidad de musulmanes. Estaba claro que nadie podía heredar su papel espiritual ni religioso. Por otra parte, el Profeta había sido el dirigente de un pequeño estado con unos determinados principios de gobierno, unas leyes, y unas relaciones con los pueblos vecinos. Así que, ¿quién iba a heredar el papel temporal de Mahoma como dirigente de la comunidad islámica?

El problema se resolvió eligiendo a un *khalifa* o califa, literalmente, «el que viene detrás» o «el sucesor» del Profeta. La palabra aparece varias veces en el Corán, siendo aplicada a Adán y al Profeta David entre otros, e implica responsabilidad sobre el mundo o sobre ciertos aspectos del mismo.

Territorio islámico, 634.
Expansión islámica bajo los califas Omar, Otman y Alí.

Imperio Bizantino, ca. 681.

Territorio chino, 618-90.7

Campañas chinas, siglos VI y VII.

Migraciones búlgaras.

Imperio Hindú de Harsha, ca. 645.

Janato de Kazán, ca. 600-650.

Principales fronteras entre estados, ca. 661.

Principales campañas islámicas.

Hunos Pueblos tribales.

Todavía es motivo de debate si el primer califa, Abu Bakr, usó el título en realidad o no, pero desde los tiempos del segundo califa en adelante, fue el título que se dio por lo general al dirigente de la cada vez mayor comunidad islámica. Su papel consistía en proteger y difundir la nueva ley, y procurar el bienestar de los musulmanes. También se esperaba de los califas que interpretaran la fe, o al menos que supervisaran las deliberaciones de los expertos cuando surgían cuestiones religiosas complicadas.

Aunque hubo acaloradas discusiones respecto a la naturaleza y la amplitud de la auto-

islámica (de 632 a 661) como un modelo del gobierno idóneo, inferior sólo al gobierno del propio Profeta Mahoma en Medina y La Meca.

CUSTODIOS DE LA FE

Sin embargo, estos cuatro califas Rashidún no formaron una dinastía. Todos habían sido «compañeros» próximos al Profeta, un estatus con gran prestigio durante las primeras décadas de la historia islámica. Todos estaban también emparentados con Mahoma, bien por familia o bien por matrimonio.

El primero, Abu Bakr, era el padre de Aisha, la esposa más amada por Mahoma, y fue uno de los que primero le apoyaron. Bajo su firme autoridad, los musulmanes reestablecieron su autoridad en toda la península Arábiga.

El segundo califa, Omar, era el padre de otras de las mujeres de Mahoma, y se le atribuye el haber implantado la primera y rudimentaria administración civil que requería el estado islámico en rápida expansión. También implantó un *diwan* o registro de tropas, que empezó a convertir al ejército tribal preislámico en una fuerza de combate moderna y capaz de defender al estado islámico en su veloz expansión.

El tercer califa, Otmán, era yerno del Profeta, y fue elegido para el título por un consejo de los principales Compañeros del Profeta tras el asesinato de Omar. Desgraciadamente, el descontento que había desembocado en el asesinato de Omar siguió yendo en aumento, y el califato de Otmán terminó con una rebelión, y su asesinato.

La lucha que siguió a la muerte de Otmán se conoce como la *fitna*, literalmente la «tentación» o «la fe puesta a prueba». Alí, el cuarto y último de los califas Rashidún, era primo, yerno, y compañero de la infancia del Profeta Mahoma. Durante su mandato las luchas y las discordias continuaron, y desembocaron en una guerra civil abierta.

Sin embargo, algunos musulmanes consideran a Alí como el más dotado de todos para ser califa, y los que se mantuvieron fieles a esa idea finalmente aparecieron como el Shi'at Ali o «Partido de Alí». Conocidos simplemente como los Shi'a, ahora constituyen la mayor minoría dentro del Islam, mientras que a la mayoría se la conoce como Suníes porque basan sus prácticas religiosas en la sunnah o «costumbres» del Profeta.

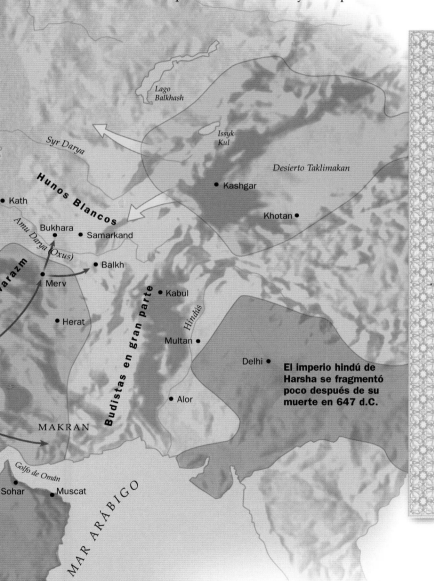

El imperio hindú de Harsha se fragmentó poco después de su muerte en 647 d.C.

ridad del califa, los cuatro primeros califas llegaron a ser conocidos como los Rashidún, palabra que puede traducirse por «bien guiados» u «ortodoxos». Ciertamente, gozaron de más autoridad absoluta que los que vinieron después, y muchos musulmanes consideran aquellos años en que dirigieron a la comunidad

La unificación de Arabia

Al poco tiempo de morir Mahoma, muchas partes de Arabia que habían reconocido su supremacía le retiraron la confianza a su sucesor. Posteriores ascensos y caídas de falsos profetas durante las guerras de la Ridda fortalecieron a Arabia y a sus ejércitos.

Enfrente arriba: El mihrab Suleimán de la cueva del Pozo de las Almas bajo la mezquita de la Roca, Jerusalén.

Enfrente debajo: Interior del salón principal, Qasr al-Haranna, Jordania, fines del siglo VII-principios del VIII.

Derecha: Una sección de mosaicos en el suelo muestra una ciudad estilizada, de Khirbat al-Samra, ca. 650, monte Nebo, Jordania.

El rechazo de Arabia hacia el califato encajaba totalmente en las volátiles tradiciones de la política preislámica, pero aquellos que habían derrocado la soberanía de Medina (la primera capital del califato islámico) ahora tenían que enfrentarse a un poder completamente nuevo y más decidido. El resultado fue un amargo y sangriento conflicto en el que fueron asesinados un número considerable de los compañeros del Profeta originales. Fueron las guerras de la Ridda, o guerras de la Apostasía.

Bajo el mandato del primer califa, Abu Bakr, los musulmanes reimpusieron su autoridad sobre Najd, en Arabia central, Bahrein, que entonces no abarcaba los territorios del actual estado insular de Bahrein sino también la península de Qatar y las costas vecinas del golfo Pérsico, así como Omán y Yemen en el extremo sur. Además, aquellas guerras extendieron el dominio islámico sobre partes de Arabia que no habían aceptado previamente la supremacía de Medina, y tuvieron como consecuencia que la península Arábiga se uniera bajo un gobierno altamente eficiente, probablemente por primera vez en su historia. Esta unidad perduraría durante siglos, algo que ciertamente nunca antes había sucedido.

FALSOS PROFETAS

La lucha por reafirmar la hegemonía islámica sobre Arabia se volvió urgente porque de todas las tribus de Arabia surgían hombres que afirmaban ser profetas. Los más peligrosos de todos eran Tulaiha y Musailama. Lo que sabemos acerca de esos «falsos profetas» es visto a través de los ojos de sus enemigos islámicos, y por tanto es muy desfavorable.

Tulaiha Ibn Khuwailid era uno de los jefes tribales de los Banu Asad, quienes ya se habían inclinado ante Mahoma y al parecer se habían convertido al Islam. Pero antes incluso de la muerte de Mahoma, Tulaiha se rebe-

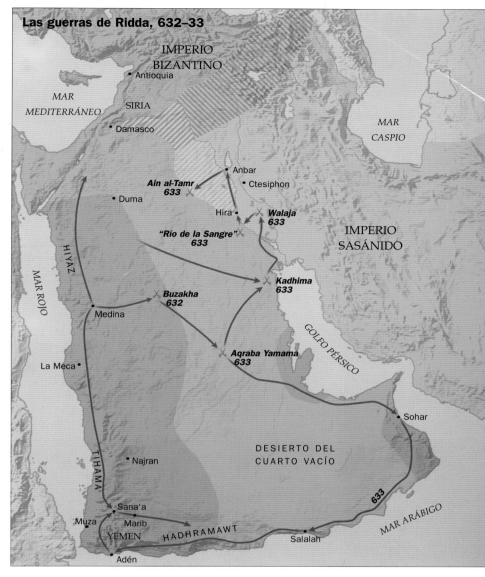

IMPERIO
BIZANTINO

• Antioquia

MAR
MEDITERRÁNEO

SIRIA

MAR
CASPIO

• Damasco

• Anbar

Ain al-Tamr
633 ✕

• Ctesiphon

• Duma

Hira • ✕ Walaja
633

IMPERIO
SASÁNIDO

"Río de la Sangre"
633 ✕

HIYAZ

✕ Kadhima
633

MAR ROJO

✕ Buzakha
632

• Medina

GOLFO PÉRSICO

✕ Aqraba Yamama
633

• La Meca

• Sohar

DESIERTO DEL
CUARTO VACÍO

TIHAMA

• Najran

633

• Sana'a

Muza •
• Marib

HADHRAMAWT

MAR ARÁBIGO

YEMEN

Salalah

• Adén

ló y reclamó el título de Profeta. Durante las guerras de la Ridda, se unió a una revuelta generalizada, pero fue derrotado por una columna islámica al mando de Jalid Ibn al-Walid, el mejor general de la sociedad islámica, en la batalla de Buzakha en 632. El propio Tulaiha consiguió escapar y huyó, quizás a Siria, pero posteriormente regresó a la fe islámica. Entonces, luchó valientemente durante la conquista de Irak y el oeste de Irán.

El nombre verdadero de Musailama era Maslama Abu Thumama, y procedía de la tribu de los Banu Hanifa. Se proclamó a sí mismo profeta durante o quizá incluso antes de la misión del propio Mahoma, y parece haber estado fuertemente influenciado por el cristianismo, que ya estaba ampliamente extendido por la región de Yamama. Según algunas fuentes, Musailama propuso dividir Arabia entre él y Mahoma.

Los Banu Hanifa le siguieron al combate durante las guerras de la Ridda pero, al igual que Tulaiha, fue derrotado por Jalid Ibn al-Walid. Musailama y muchos de sus seguidores murieron en la batalla de Aqraba Yamama en 633, pero algunos dichos atribuidos a aquel extraño hombre al parecer sobrevivieron, y se usaban todavía en Arabia en el siglo XIX.

Cuando las guerras de la Ridda terminaron, el estado islámico había demostrado su cohesión y había formado un ejército muy experimentado y curtido en la batalla, capaz de vencer a enemigos más fuertes en apariencia.

▨	Imperio Bizantino.
▨	Nominalmente bizantino (controlado por tribus árabes locales).
▨	Imperio Sasánida.
▨	Nominalmente sasánida (controlado por tribus árabes locales).
▨	Territorio sasánida guarnecido por tropas bizantinas.
▨	Territorio nominalmente islámico a la muerte de Mahoma.
▨	Territorio árabe ganado por el Islam durante las guerras de Ridda.
→	Campañas islámicas en la guerras de Ridda.

Los centros de adoración

La Kaaba en La Meca ya había sido objetivo de peregrinación en lo que los musulmanes llaman Jahiliya o Edad de la Ignorancia. Sus ídolos paganos fueron destruidos cuando Mahoma regresó a La Meca como su jefe y dirigente espiritual. La Kaaba se convirtió entonces en el centro de oración y peregrinación de los musulmanes.

Derecha: peregrinos en el Hajj a La Meca, ilustración en una copia del Maqamàt de al-Hariri, Irak, 1237 d.C.

Según algunas tradiciones, una estatua del templo preislámico de la Kaaba era una representación de la Virgen María. Esa historia afirma que, al contrario que las estatuas paganas, la de María fue tratada con respeto, aunque también la quitaron. Desde entonces, la Kaaba ha estado vacía de ídolos, sirviendo como centro islámico de oración.

Es una estructura simbólica que debe ser venerada y mantenida escrupulosamente limpia, pero sin ser ella misma objeto de culto como un ídolo pagano. La Kaaba es también, por supuesto, el centro de peregrinación del Islam, no sólo por el Hajj anual en el que cientos de miles de musulmanes convergen en La Meca, sino por las peregrinaciones individuales en otras épocas del año.

De acuerdo con la tradición islámica, la Kaaba original fue construida por los Profetas Ibrahim (Abraham) e Ismail (Ismael) en tiempos remotos, aunque las primeras referencias históricas datan del siglo II d.C. Cuando Mahoma era joven, un incendio accidental destruyó la primera Kaaba, que era baja y sin techo. Para hacer una nueva Kaaba se utilizó madera procedente de un buque bizantino naufragado, y consistía en filas alternativas de madera y de piedra, un estilo arquitectónico que recordaba al de la antigua Etiopía, o incluso al del sur de Arabia. Esa nueva estructura era más alta y tenía un tejado.

Fue también el joven Mahoma quien resolvió el problema de quién iba a tener el honor de colocar la piedra de meteorito negra que se alza ahora en una esquina del edificio. Había estado transportando piedras durante las operaciones de construcción, y sugirió que se pusiera la piedra sagrada en una tela. Entonces, los jefes de clan de familias rivales sujetarían los extremos del tejido mientras la piedra negra era llevada a su sitio.

Dañada por máquinas de asalto que le lanzaron piedras, y por un nuevo incendio en 683, la Kaaba fue reconstruida de nuevo, esta vez completamente de piedra. Posteriormente se producirían pequeñas alteraciones, pero la Kaaba tenía ya entonces esencialmente la misma forma que hoy.

LUGAR SAGRADO DE PAZ

Rodeando la Kaaba había un *haram* o zona sagrada, como era habitual en los lugares sagrados de la tradición religiosa semítica.

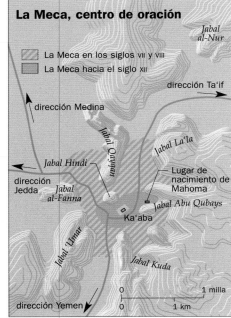

La Meca, centro de oración

- ░ La Meca en los siglos VII y VIII
- ▓ La Meca hacia el siglo XII

Jabal al-Nur

dirección Ta'if

dirección Medina

Jabal Qayqan

Jabal La'la

Jabal Hindi

Lugar de nacimiento de Mahoma

dirección Jedda

Jabal al-Fanna

Jabal Abu Qubays

Ka'aba

Jabal 'Umar

Jabal Kuda

0 — 1 milla
0 — 1 km

dirección Yemen

633	634	c.634	635	636	644	c.650	656
El «falso profeta» Musailama y varios seguidores mueren en Aqraba Yamana.	A la muerte de Abu Bakr, Omar Ibn Al-Jattab es el segundo califa Rashidún.	El Imperio Bizantino pierde la mayoría de sus territorios en Oriente Medio.	Árabes musulmanes toman Damasco (septiembre).	El ejército islámico derrota a los bizantinos en Yarmuk. También en 637 en Qasidiyahh.	Otmán Ibn Affan sucede a Omar Ibn Al-Jattab como Califa Rashidún a la muerte de éste.	Mercaderes fundan asentamientos islámicos en las costas de África.	El califa Otmán es asesinado (junio). Alí es su teórico sucesor, pero divide al Islam.

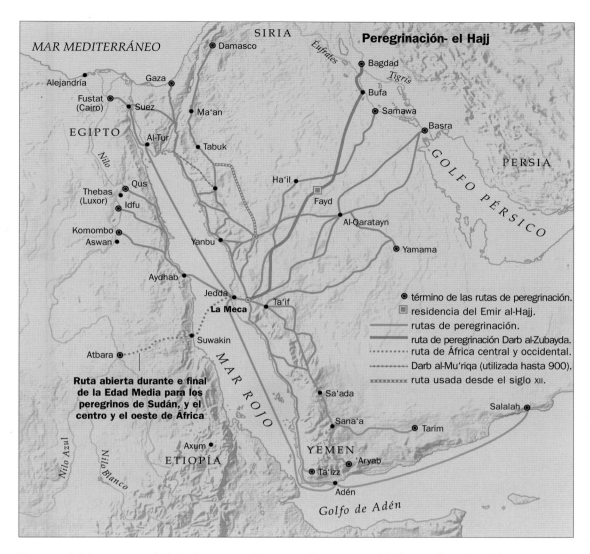

Peregrinación- el Hajj

MAR MEDITERRÁNEO

SIRIA

Damasco

Éufrates

Bagdad

Tigris

Alejandría

Gaza

Bufa

Fustat (Cairo)

Suez

Ma'an

Samawa

EGIPTO

Al-Tur

Tabuk

Basra

GOLFO PÉRSICO

PERSIA

Nilo

Ha'il

Fayd

Thebas (Luxor)

Qus

Idfu

Komombo

Aswan

Yanbu

Al-Qaratayn

Yamama

Aydhab

Jedda

La Meca

Ta'if

● término de las rutas de peregrinación.
■ residencia del Emir al-Hajj.
— rutas de peregrinación.
— ruta de peregrinación Darb al-Zubayda.
···· ruta de África central y occidental.
–·–·– Darb al-Mu'riqa (utilizada hasta 900).
×××× ruta usada desde el siglo XII.

Atbara

Suwakin

MAR ROJO

Ruta abierta durante e final de la Edad Media para los peregrinos de Sudán, y el centro y el oeste de África

Sa'ada

Salalah

Nilo Azul

Nilo Blanco

Axum

ETIOPÍA

Sana'a

Tarim

YEMEN

'Aryab

Ta'izz

Adén

Golfo de Adén

Dentro del haram no había derramamiento de sangre. Por el contrario, allí había una tregua entre los grupos rivales, estaba prohibido portar armas, y el haram servía como lugar de refugio para los fugitivos. Los animales, excepto los considerados peligrosos para el hombre, no eran ahuyentados del haram, mientras que los árboles o matorrales que arraigasen no serían cortados, excepto una especie que se utilizaba para construir casas.

Sin embargo, la Kaaba no era el centro de oración para los primeros musulmanes. Posiblemente a causa de sus conexiones paganas, Mahoma y los primeros conversos de Medina rezaban mirando hacia Jerusalén, que fue su primera *qibla* u orientación para rezar. Era una práctica que compartían con los judíos, pero 16 o 17 meses después de la héjira o huida a Medina, Mahoma recibió una revelación que le ordenaba cambiar la *qibla* hacia La Meca y la Kaaba.

Este sustancial desarrollo reforzó la autonomía del Islam como religión local, en vez de ser considerado por los no musulmanes como una rama del judaísmo o del cristianismo.

A pesar de ser con mucho la localidad más importante del mundo islámico, La Meca no era su capital política. Ese papel recayó en Medina, primero, y posteriormente en otras ciudades situadas más al norte como Damasco y Bagdad. La Meca era un centro espiritual.

Fue creciendo a lo largo de los siglos, pero nunca se transformó en una metrópoli importante. Sus habitantes permanentes tomaban parte en el comercio y en otras actividades de la vida cotidiana, pero tras la llegada del Islam, la función primordial de la ciudad fue mantener y preservar la Kaaba, y cuidar del enorme número de peregrinos que llegaban cada año. Esa siguió siendo la ocupación principal de la ciudad hasta nuestros días.

656	**656**	**657**	**661**	**661**	**673-8**	**680**	**685**
Zubayr y Taiha forman un ejército junto con Aisha, la mujer de Mahoma, contra su primo Alí.	Zubayra y Taiha mueren en la Batalla del Camello (diciembre).	La batalla de Sifín termina en tregua por las tropas de Mu'awiya Ibn Alí Sufyan.	Alí es asesinado; Mu'awiya se convierte en califa a petición de Asan, hijo de Mahoma.	Final del Califato Rashidûn, principio del califato Omeya.	Primer sitio islámico de Constantinopla.	Hussein muere en un conflicto entre los Omeyas y los «descendientes» del Profeta.	Conflictos entre Palestina, Siria e Irak dividen el estado islámico.

Medina y el Hiyaz

Con la repentina expansión del Islam, la región natal de Mahoma perdió su condición de aislamiento y se convirtió en el centro del nuevo imperio. La elite del imperio musulmán hizo del Hiyaz su hogar espiritual, y desarrolló la zona hasta dejarla casi irreconocible.

Derecha: Fragmentos de arquitectura decorativa tallada al estilo del sur de Arabia, hammam al Sarakh, Jordania, principios del siglo VII d.C.

Yathrib, o Medina, como se llamaba ahora, fue la primera capital del estado islámico en expansión. Fue también donde el Profeta Mahoma fue enterrado en su propia casa, que se había convertido en la primera y más importante mezquita.

A medida que el califato se expandía, una riqueza cada vez mayor fluía hacia aquella pequeña ciudad-oasis, mientras la región circundante se convertía en el corazón político de un vasto imperio. Incluso después de que el

centro del mundo islámico se trasladase hacia el norte, a Siria, en el año 661, el Hiyaz siguió teniendo prestigio entre las elites sociales, culturales y religiosas árabes, quienes levantaron pequeños palacios en sus lujuriosos oasis y en sus *wadis* o valles de los ríos estacionales.

Sin embargo, el Hiyaz seguía padeciendo constantes sequías, que a su vez podían causar hambrunas. En 639, Arabia fue azotada por una de dichas sequías, pero aquella vez el gobierno califal, más eficiente y poderoso, organizó caravanas de camellos que trajeron suministros de cereales y otros productos alimenticios de las provincias recién conquistadas de Siria, Palestina e Irak. El problema del abastecimiento de alimentos al Hiyaz fue finalmente solucionado enviando cereales desde el recién conquistado Egipto, desde hacía mucho tiempo el granero de los imperios Romano y Bizantino.

Estos cambios en el comercio ocasionaron graves problemas en Constantinopla e hicieron necesario el dragado del antiguo canal Amnis Trajanus que unía el río Nilo y el mar Rojo. Rebautizado como canal del Príncipe de los Creyentes, permitía a los barcos navegar entre el Mediterráneo y el océano Índico.

La mayor parte de lo que sabemos sobre las infraestructuras construidas por la nueva

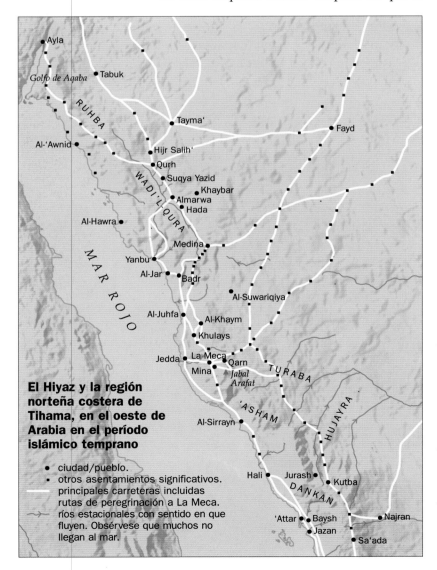

El Hiyaz y la región norteña costera de Tihama, en el oeste de Arabia en el período islámico temprano

- ● ciudad/pueblo.
- ■ otros asentamientos significativos.
- ━ principales carreteras incluidas rutas de peregrinación a La Meca.
- ➔ ríos estacionales con sentido en que fluyen. Obsérvese que muchos no llegan al mar.

aristocracia árabe-islámica en el oeste de Arabia proviene de textos y escritos. Se construyeron palacios y castillos donde la nobleza recibía a sus invitados.

AGUA PARA LAS MASAS

Se hicieron también considerables esfuerzos para mantener y extender el sistema de almacenamiento de agua, que durante siglos represó cualquier lluvia, por pequeña que fuera, que cayese sobre el Hiyaz. Una antigua presa preislámica que aún estaba en funcionamiento estaba situada en Salamaqui, al sur de Taif. Diseñada para represar las lluvias torrenciales, estaba hecha de piedra, con una argamasa de yeso, y medía más de 200 metros de largo.

Grandes albercas para almacenar el agua fueron construidas a lo largo de las rutas de peregrinación a La Meca y Medina. Una de las mejor conservadas es la de Birkat al-Jurabah, que está a unos cien kilómetros al norte de Taif. Construida a mediados del siglo VIII en piedra basáltica, es circular, y tiene una profundidad de más de seis metros, con 26 escalones para bajar hasta el fondo. El agua era traída a través de una acequia o canal desde el Wadi Aquiq, a 24 kilómetros de distancia.

Más al norte, los antiguos asentamientos alrededor de Jaybir florecieron de forma similar. Otra presa pre-islámica era celosamente mantenida en al-Jasid, mientras que en al-Ula, en lo alto de un afloramiento rocoso, todavía se encuentran los restos del Qalaat Musa Ibn Nusair, del que se dice que fue construido para el general que conquistó gran parte de África del norte y la península Ibérica.

Otros palacios fortificados se alzan en y alrededor de los estratégicos oasis norteños de al-Jawf. Aquí se encuentran los cimientos del castillo Qasr Maris, que se cree datan del año 300 a.C.

Arriba: El Birkat al-Jurabah, al nordeste de Taif, en el Darb Zubaida, recientemente restaurado.

Debajo: Los restos abandonados de al-Ula, que se extendía a los pies del fuerte de Qalaat Musa Ibn Nusair.

Un lugar de oración

La primera mezquita era parte de la casa de Mahoma en Medina, reconstruida y ampliada muchas veces para albergar la tumba del Profeta y a un número cada vez mayor de peregrinos. Posteriores mezquitas desarrollarían los rasgos que ahora se reconocen en cualquier mezquita del mundo.

Derecha: Plano de la casa del Profeta en Medina («la primera mezquita»), reconstruido a partir de varias descripciones escritas.

Debajo a la derecha: Iglesia de Shemun al-Shafar, siglos V-VII, Mosum, Irak.

Debajo: Plano de la mezquita congregacional de Kufa, 637 d.C., reconstruida en 670.

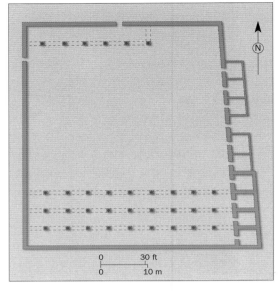

U na mezquita no es por lo general un edificio sagrado en la forma en que lo es uno cristiano. Es simplemente un lugar reservado para la oración. Como tal, una mezquita debe mantenerse escrupulosamente limpia y ser tratada con respeto, pero aparte de unas pocas convenciones, no tiene que ser de ningún estilo arquitectónico en particular.

Desde el inicio de la historia islámica, la representación de animales vivos y de seres humanos quedó prohibida tanto en el interior como en el exterior de las mezquitas. Sin embargo, se pueden encontrar algunas excepciones, sea en la forma de elementos decorativos parecidos a animales de algunas mezquitas medievales turcas, o en la representación de personajes sagrados de algunas mezquitas chiítas.

Las mezquitas tienen también muchas formas, reflejando normalmente las tradiciones arquitectónicas de los que las construyeron o las condiciones climáticas a las que los fieles tuvieran que hacer frente. Las mezquitas más pequeñas son a menudo conocidas simplemente como musallas o «lugares donde se lleva a cabo la *salat* (oración)». En el extremo opuesto, un lugar amplio y despejado podía señalizarse y no tener más que un *mihrab*, o indicación de la orientación de la plegaria, en un lado. Ahí, miles de fieles podían rezar todos juntos al aire libre durante los principales eventos multitudinarios.

La primera mezquita se instaló en la casa de Mahoma, una típica estructura doméstica árabe primitiva, consistente en un patio cerrado con habitaciones cubiertas y cuartos de almacén en dos o más lados. Esa forma permaneció invariable en las primeras mezquitas, incluida la de Kufa, enorme pero hoy en ruinas, que

data de 637. El diseño básico se elaboraría en siglos posteriores.

Toda la estructura de una mezquita estaba orientada de tal forma que una pared, la pared de la *qibla*, miraba hacia La Meca. La preocupación por la orientación correcta produjo un considerable interés por la geografía, la astronomía y las matemáticas en la civilización islámica medieval, pero hasta hoy, unas cuantas de las mezquitas más antiguas siguen alineadas incorrectamente.

ESTILOS REGIONALES

Entonces comenzaron a aparecer nuevos elementos. El primero, ya mencionado, fue el *mihrab* en la pared de la *qibla*, que indicaba a los fieles la orientación correcta de la plegaria. El segundo fue el minarete o torre desde la que el muecín convocaba a los fieles a participar en los rezos. Un tercer elemento se

encuentra en mezquitas que se usaban para ritos multitudinarios, aunque también existe en mezquitas más pequeñas. Se trata del *minbar*, que tiene la misma función que el púlpito en una iglesia cristiana.

A lo largo de la historia islámica, edificios preislámicos fueron modificados para que sirvieran como mezquitas, siendo ese uno de los factores que influyeron en el desarrollo de diferentes estilos arquitectónicos. En consecuencia, las mezquitas otomanas de Turquía y los Balcanes tienen semejanzas con las iglesias cristianas ortodoxas, y las de la India muestran la influencia de los templos hinduistas y budistas,

mientras que algunas mezquitas de Asia central tienen el estilo arquitectónico chino.

La Gran Mezquita de Damasco había sido un templo pagano, pero luego se construyó una pequeña iglesia en el interior de su enorme patio. Durante la conquista islámica, la toma de Damasco por los musulmanes necesitó de dos ejércitos, uno que entró en la ciudad tras unas negociaciones de paz, y el otro que entró al mismo tiempo espada en mano por el extremo opuesto de la gran urbe.

Sea una leyenda o no, esa historia se utilizaba para dar una explicación al hecho de que, en lugar de usar todo el templo-iglesia como su nueva mezquita, o dejarlo en manos de los cristianos como se hacía cuando una ciudad se rendía, el inmenso templo fue compartido por los cristianos y los musulmanes durante décadas. Ambas comunidades entraban por la puerta sur, y mientras los cristianos giraban a la

izquierda, los musulmanes giraban a la derecha. Ésa es presuntamente la razón de que el *mihrab* de la sección este de la *qibla* se llame *Mihrab* de los Compañeros del Profeta.

Izquierda: Fachada sur de la Gran Mezquita de Damasco, donde se ve la puerta compartida originalmente por cristianos y musulmanes.

Centro: La cúpula dorada del altar de Ibn Akri se eleva sobre las ruinas de Kufa, Irak.

Debajo: Altar de la Cabeza de Juan el Bautista en la Gran Mezquita, Damasco, y debajo un mapa del antiguo temenos (templo) en Damasco, compartido por cristianos y musulmanes, 635-705.

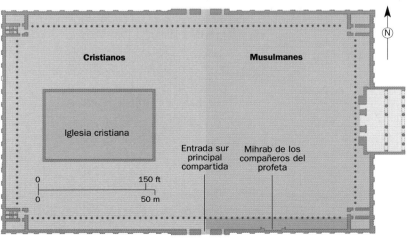

Cristianos — Musulmanes

Iglesia cristiana

Entrada sur principal compartida

Mihrab de los compañeros del profeta

0 — 150 ft
0 — 50 m

N

La palabra

Para los musulmanes, el Corán es la palabra incorrupta e inmutable de Dios. Tempranas variaciones y omisiones fueron una fuente potencial de conflictos, así que el califa Otmán emprendió la tarea de uniformizar el texto sagrado.

Cualquier sugerencia de introducir variaciones, aunque sean mínimas, en el texto del Corán, puede ser fuente de problemas en la comunidad islámica. El descubrimiento durante el siglo XX de copias muy tempranas del Corán, que contenían diferencias insignificantes respecto al texto aceptado, produjo una serie de tensiones casi incomprensibles para los no musulmanes. A pesar de las discusiones habidas entonces y en los primeros años de la historia islámica, el hecho de que el texto fuera homogeneizado poco después

Debajo: Estatua de yeso, posiblemente del califa Ummayad, mediados del siglo VII.

La supremacía del Corán: lugares asociados con la interpretación de una versión concreta del Corán.

IMPERIO BIZANTINO
ARMENIA
ADHARBAYJAN
MAR CASPIO
Éufrates
Tigris
IMPERIO SASÁNIDO
MAR MEDITERRÁNEO
Hims
Damasco
Kufa
Basra
EGIPTO
CALIFATO ISLÁMICO
PERSIA
GOLFO PÉRSICO
HIJAZ
Medina
Campaña general Hudhayfa Ibn al-Yaman contra las fuerzas sasánidas en Azerbaiyán
La Meca
MAR ROJO
San'a
YEMEN
MAR ARÁBIGO

disputas acerca de los textos religiosos importantes. El arte de la escritura era conocido en la Arabia preislámica, pero su uso estaba extremadamente limitado. Por otra parte, los musulmanes disfrutaban de una gran ventaja sobre otros grupos religiosos. El Islam se convirtió en una fe consolidada, con poder político y una comunidad de fieles identificable, durante la vida de Mahoma. Muchos de quienes habían escuchado y memorizado sus revelaciones vivían aún cuando el califa reconoció la necesidad de escribir dichos textos. Además, en la sociedad árabe tradicional la memorización de textos, ya fueran religiosos o poéticos, había sido siempre consustancial a su cultura.

Las revelaciones de Mahoma fueron teniendo lugar por partes, algunas en La Meca y otras en Medina. Fue tras la muerte del Profe-

de la muerte de Mahoma sirvió para evitar los conflictos sobre el tema.

Los primeros musulmanes muy pronto fueron conscientes de la necesidad de un acuerdo sobre el Texto Sagrado, pues sólo tenían que echar un vistazo a sus vecinos cristianos y judíos para darse cuenta de cuán fácilmente podían surgir divisiones originadas por las

Izquierda: Moneda antigua de dinar islámico con el emblema de una jabalina en un mihrab, 634-43 d.C.

ta cuando sus compañeros recopilaron las Suras o capítulos y comenzaron a reunirlas en un solo texto. La versión más unánimemente aceptada sostiene que muchos de los que eran capaces de recitar las Suras habían muerto en las guerras de la Ridda. En consecuencia, se corría el riesgo de olvidar algún versículo sagrado. Así que el Califa Abu Bakr hizo que se uniesen los textos escritos y los fragmentos orales. Aquel primer texto fue heredado por el segundo Califa, Omar, quien lo legó a su hija Hafsa, una de las viudas del Profeta.

LA PREVISIÓN DE OTMÁN

Se atribuye a otros cuatro hombres la recopilación de textos del Corán, pero sus compila-

ciones al parecer diferían. Cuando el tercer califa, Otmán, asumió la dirección del joven estado islámico en 644, ya era evidente la posibilidad de que pequeños desacuerdos desembocasen en problemas importantes.

La versión del Corán de Ubay Ibn Ka'b era aceptada en Damasco, la de Miqdad Ibn Amr en Hims, la de Abd Allah Ibn Ma'sud en Kufa, y la de Abu Musa Abd Allah al-Ash'ari en Basora. Cada una de esas ciudades era también la base de un importante ejército. Las cosas se habían puesto al rojo vivo en el seno de la fuerza expedicionaria que, al mando del jefe militar árabe Hudhayfa, llegó hasta Azerbaiyán, muy lejos hacia el norte. Varias unidades se habían peleado por demostrar cuál versión del Corán era la correcta.

El califa Otmán asumió la necesidad de evitar divisiones, así que pidió a Hafsa, la hija de Mahoma, que le prestara la copia del libro sagrado propiedad de su padre. Entonces lo hizo copiar y distribuir entre las comunidades islámicas. No es seguro que Otmán ordenara destruir las otras versiones, y algunos eruditos medievales afirman haber visto copias de los Coranes rechazados.

El mundo islámico sufriría muchas otras discrepancias de opinión e interpretación, pero el tesón de Otmán dio frutos, y las disputas en torno al texto del Libro Sagrado del Islam no originaron problemas graves.

Debajo: La Palabra escrita: páginas de una copia del Corán de principios de la Edad Media.

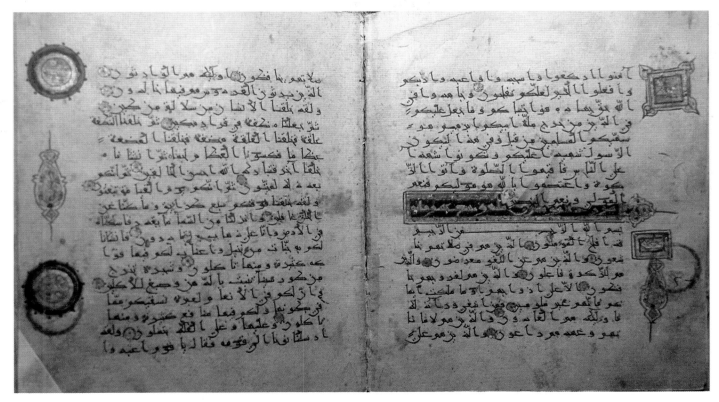

El Islam, ¿para los árabes o para el mundo?

La expansión del territorio bajo dominio islámico con el cuarto califa Rashidún fue notable en todos los aspectos, y sin embargo sigue siendo una de la serie de campañas menos conocidas de la historia mundial.

Debajo: Pinturas murales de soldados-guardianes en la sala del trono del castillo omeya de Qusayr Amra, principios del siglo VIII, Jordania.

Al contrario que otras oleadas invasoras semejantes, la expansión islámica del siglo VII tuvo un impacto permanente sobre la cultura, la religión y la lengua de las regiones implicadas. Las hazañas de Alejandro Magno y los griegos, Gengis Khan y los mongoles, e incluso del Imperio Romano, palidecen en comparación suya.

Esa expansión fue primordialmente un fenómeno cultural, pero también un capítulo importante de la historia militar. Sin embargo, los hábiles jefes militares que condujeron a ejércitos pequeños, y a menudo pobremente equipados, a la victoria contra los imperios Bizantino y Sasánida, y contra muchos otros enemigos menores, siguen siendo prácticamente desconocidos fuera del mundo árabe e islámico. Sus hazañas y las de sus hombres parecen ser conscientemente ignoradas por los historiadores occidentales, quizás porque no encajan en una interpretación de la historia en la que Occidente encabezó el supuesto «avance de la civilización».

En los primeros tiempos, hubo dudas en el seno de la comunidad islámica acerca de si el Islam debía ser exportado a pueblos no árabes. Algunos aspectos de la prédica religiosa del Profeta Mahoma parecían insinuar que era «El Profeta de los Árabes», cuyo papel era derrotar al paganismo entre los pueblos árabes.

Sin embargo, incluso aunque aquella interpretación fuera correcta, el hecho es que muchos pueblos árabes vivían dentro del territorio o del ámbito de influencia de los imperios vecinos. Para unificar a los árabes

(incluso a aquellos que se aferraban al paganismo en lugar de haberse convertido al cristianismo) sería necesario enfrentarse con las superpotencias del Oriente Medio. Así fue como empezaron los primeros choques con las tropas bizantinas y sasánidas.

EXPANSIÓN DINÁMICA

Una vez que hubo empezado la confrontación, parecía que no había posibilidad de volverse atrás, dado que los dos imperios habían quedado tan debilitados por sus recientes guerras entre ellos que la resistencia a las incursiones árabes resultó ineficaz. Algunos investigadores interpretarían la relativa facilidad de aquellas primeras campañas en Siria e Irak como «un camino preparado». En otras palabras, el debilitamiento de los imperios bizantino y sasánida sería resultado de la Voluntad Divina, que facultaba a pequeños ejércitos árabes a hacerse con el control de territorios más ricos, donde el poderío islámico podría arraigar y hacerse más fuerte.

Los primeros ejércitos islámicos han sido a menudo minusvalorados como hordas tribales motivadas por el entusiasmo religioso y la sed de pillaje. En realidad estaban bien organizadas, apoyadas por un eficaz sistema de intendencia, e influenciadas por las tradiciones militares bizantinas, sasánidas y yemeníes.

El inconstante y a menudo poco fiable nómada beduino desempeñó únicamente un papel secundario, consistiendo el grueso de aquellos primeros ejércitos en una infantería disciplinada procedentes de las ciudades y oasis de Arabia, con sólo una pequeña fuerza de caballería integrada por las elites tribales. Sus tácticas reflejaban aquellas limitaciones militares, y sin embargo consiguieron derrotar a los ejércitos de los imperios vecinos.

Los bizantinos perdieron sus ricas provincias de Palestina, Siria y Egipto, junto con lo que hoy es el este de Turquía y Libia. Incluso la isla de Chipre fue compartida con el Imperio Bizantino, pese a la supuesta reticencia del Califa a enviar sus tropas a través del mar. En el este, el maltrecho Imperio Sasánida se vino abajo tras una serie de encarnizadas batallas en Irak y el oeste de Irán.

La lucha continuaría durante muchos años, pero el Califato al final se hizo con el dominio de las principales provincias de los antiguos imperios persas. Sin embargo, al hacerlo, los musulmanes heredaron la conflictiva frontera oriental de los sasánidas. Allí, los árabes iban a enfrentarse a enemigos mucho más decididos, sobre todo entre los belicosos pueblos budistas, de lo que hoy es Afganistán.

Los pueblos budistas de lo que hoy son las repúblicas del Asia central resistieron la invasión árabe-islámica, pero luego aceptaron el nuevo régimen porque éste estaba, al igual que ellos, dedicado a expandir el comercio. Allí, los árabes musulmanes iban también a tener que enfrentarse con una potencia en expansión, el Imperio Chino, que intentaba extender sus dominios hacia el oeste a lo largo de la rica ruta comercial conocida como Ruta de la Seda.

Arriba: Un puente medieval islámico se asienta sobre cimientos preislámicos sasánidas en Bisaton, Irán.

CAPÍTULO TRES

El siglo Omeya

La estabilización de la nueva cultura islámica

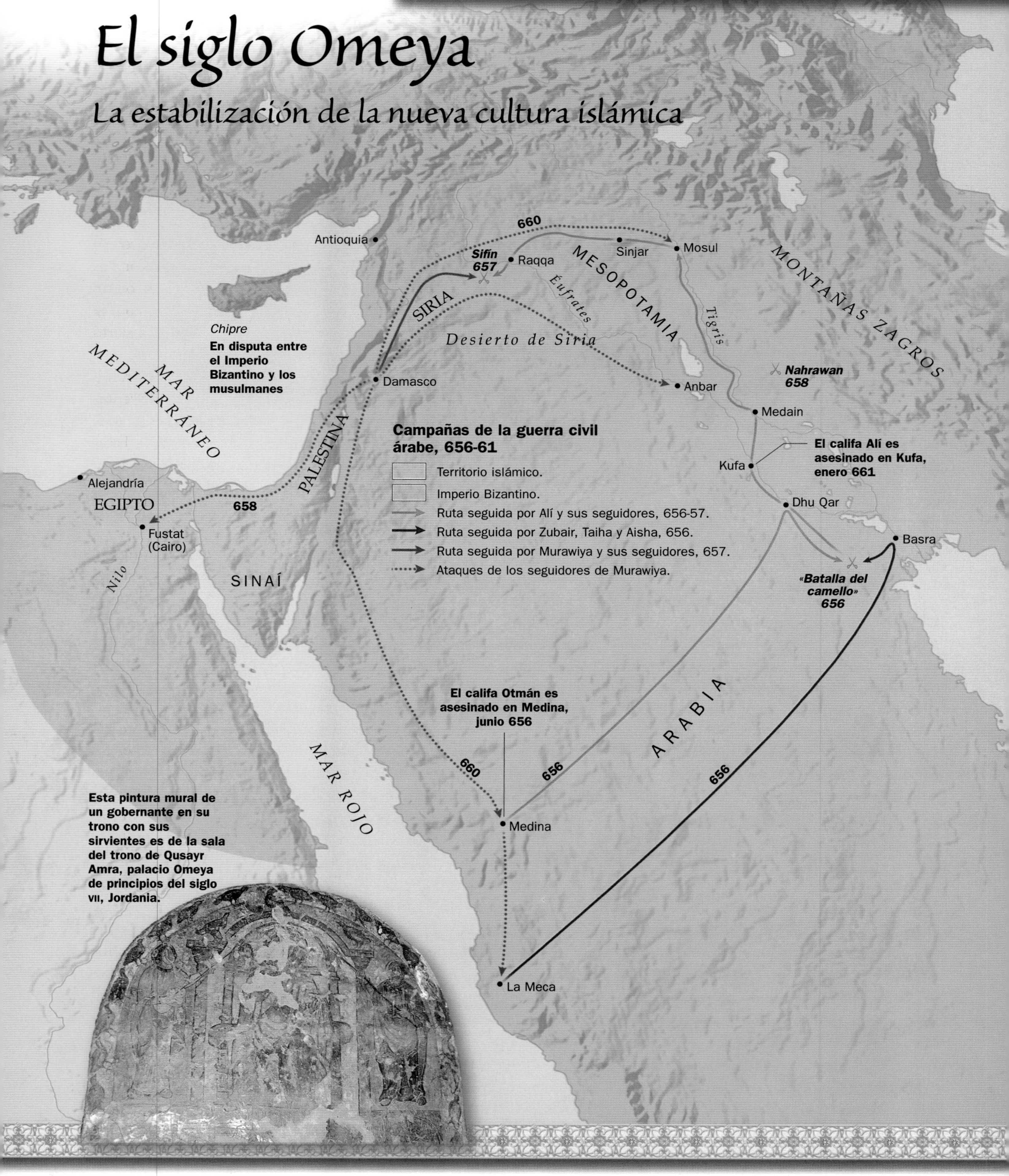

Antioquia •

660

**Sifín
657** • Raqqa

Sinjar • Mosul

MESOPOTAMIA

MONTAÑAS ZAGROS

SIRIA

Éufrates

Tigris

Chipre
**En disputa entre
el Imperio
Bizantino y los
musulmanes**

Desierto de Siria

• Damasco

*⚔ Nahrawan
658*

• Medain

*MAR
MEDITERRÁNEO*

PALESTINA

**El califa Alí es
asesinado en Kufa,
enero 661**

Kufa •

• Anbar

Campañas de la guerra civil
árabe, 656-61

• Alejandría

EGIPTO

658

Territorio islámico.

Imperio Bizantino.

Ruta seguida por Alí y sus seguidores, 656-57.

Ruta seguida por Zubair, Taiha y Aisha, 656.

Ruta seguida por Murawiya y sus seguidores, 657.

Ataques de los seguidores de Murawiya.

Dhu Qar •

• Fustat
(Cairo)

• Basra

Nilo

SINAÍ

*«Batalla del
camello»
656*

**El califa Otmán es
asesinado en Medina,
junio 656**

ARABIA

**Esta pintura mural de
un gobernante en su
trono con sus
sirvientes es de la sala
del trono de Qusayr
Amra, palacio Omeya
de principios del siglo
VII, Jordania.**

MAR ROJO

660

656

656

• Medina

• La Meca

Algunos devotos musulmanes se sintieron ofendidos por la destrucción de las versiones alternativas del Corán, argumentando que la Palabra de Dios había sido entregada al fuego. Otra queja, más extendida, era que Otmán ascendía a los puestos dirigentes a miembros de su propio clan, los Banu Omeya. Algunos de los ascendidos habían sido enemigos de

Ruinas de la sala central del Palacio Momeya de la Ciudadela, Amman, Jordania, fines del siglo VII.

Golfo Pérsico

Mahoma anteriormente. Además, muchos miembros de la nueva clase dirigente vivían en medio del lujo, contrariamente al ejemplo del Profeta. Una rebelión abierta parecía inevitable.

El descontento era particularmente intenso en la recién fundada ciudad de barracones de Kufa, en Irak, la principal base de los ejércitos islámicos en la frontera oriental. Un miembro destacado del clan de los Omeya, enemigo desde hacía mucho tiempo del clan de los Hachemitas al que pertenecía Alí, se amotinó. La rivalidad entre los Banu Omeya y los Banu Hashim existía desde mucho antes de la aparición del Islam, a pesar de que ambos clanes formaban parte de la tribu del Profeta, los Quraysh.

SUPERACIÓN DE LA RIVALIDAD TRIBAL

Aquellas tensiones dejaban pocas opciones a Alí. Muchos gobernadores provinciales habían sido designados por Otmán, y eran miembros de la tribu de los Banu Omeya. Alí exigió que varios dimitieran, incluido Mu'awiya en Siria. Mientras tanto, la reticencia de Alí a vengar el asesinato de Otmán le hizo perder el apoyo de varios altos funcionarios de Medina.

El conflicto llegó a un punto de no retorno en septiembre de 656, cuando dos de aquellos hombres, Zubayr y Taiha, salieron de Medina en dirección a La Meca. Allí se unieron a Aisha, que había sido la esposa preferida del Profeta y tenía motivos personales para sentir hostilidad hacia Alí. Junto con un pequeño ejército de seguidores, izaron la bandera de la rebelión y cruzaron el desierto hacia Basora, en Irak.

Los acontecimientos que se produjeron a continuación incluyeron varios enfrentamientos militares. En diciembre de 656, Zubayr y Taiha fueron asesinados en la batalla del Camello. Entonces Mu'awiya, el muy eficiente gobernador de Siria, se alzó en rebeldía con sus tropas, reclamando venganza para Otmán.

Entre mayo y julio de 657, un prolongado punto muerto desembocó en una importante batalla en Sifin, la cual, no obstante, terminó después de que algunas de las tropas de Mu'awiya atasen páginas del Corán a sus lanzas, pidiendo una tregua, y gritando: «¡La Palabra de Dios, que sea la Palabra de Dios la que decida!».

Alí gobernó como califa hasta enero de 661, cuando él también fue asesinado por un fanático puritano en Kufa. Aquel crimen unió a la mayoría de los musulmanes por primera vez en años. Mu'awiya fue proclamado nuevo califa cuando Hassan, el hijo de Alí, le pidió que aceptara.

Perdonó a quienes habían luchado anteriormente contra él, e intentó, siempre que pudo, gobernar mediante el consenso. De hecho, Mu'awiya llegó a ser uno de los dirigentes más eficientes del período bajomedieval, y la dinastía que fundó no sólo perduró más de un siglo, sino que consolidó el dominio islámico desde el océano Atlántico hasta la India.

Damasco: capital de un nuevo imperio

Cuando Mu'awiya Ibn Abi Sufyan, gobernador de Siria, se convirtió en califa en 661, el centro administrativo del estado islámico se desplazó desde Medina en Arabia a Damasco en Siria. Aunque la ciudad conservó su carácter romano, se introdujeron elementos islámicos.

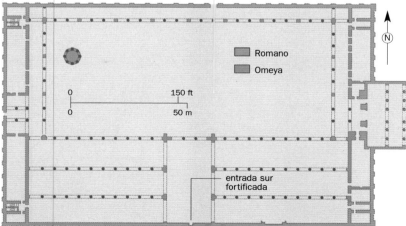

Romano
Omeya

0   150 ft
0   50 m

entrada sur
fortificada

El traslado de la capital islámica a una de las ciudades más antiguas, prósperas y refinadas de Oriente Medio tendría un profundo efecto sobre los aspectos seculares del estado islámico. El ejército árabe estacionado en Siria era ya una elite antes de que Mu'awiya se convirtiese en califa, habiendo combatido con gran éxito contra el Imperio Bizantino. Bajo el nuevo Califato Omeya, el estatus de los regimientos sirios mejoró aún más.

Sin embargo, la abrumadora mayoría de la población siria seguía siendo cristiana, con una importante minoría judía y de otras religiones. Esas comunidades eran más ilustradas y tenían más experiencia en la administración, el comercio, el arte y las ciencias que los recién llegados árabes, que siguieron siendo una clase militar y dirigente. Por otra parte, los mismos árabes incluían ahora a tribus que habían vivido en la Siria bizantina y eran más instruidas que los recién llegados de Arabia.

A su vez, la presencia de la corte Omeya tuvo inevitablemente un fuerte impacto en Damasco. Bajo el dominio romano, esa ciudad se había convertido en la típica metrópolis sirio-romana. Su planta era rectangular, rodeada por muros y puertas que servían más para simbolizar el poder romano que como defensa. La calle principal con columnas, conocida en la historia cristiana como La calle Recta, atravesaba la ciudad de este a oeste. Cerca del centro había dos arcos triunfales que los romanos erigieron para demostrar su autoridad.

Otras estructuras grecorromanas incluían un teatro, un ágora o plaza pública, y varios imponentes edificios administrativos. Damasco también contaba con un gran patio amurallado que rodeaba su enorme templo, unido al ágora mediante otra calle con columnas.

Damasco, de mediados del siglo VII al siglo XIII.

dirección Aleppo

Río Barada y afluentes

ÁREA DEL TEMPLO

mercado

ÁGORA

Barrio cristiano

CALLES EN HILERAS DE COLUMNAS

Gran Mezquita

ciudadela

suqs

ARCO

suqs

ARCO

suqs

TEATRO

PALACIO?

Barrio judío

dirección Bagdad

(N)

dirección Líbano y Egipto

dirección Arabia

Muralla fortificada romano-bizantina.

Muralla fortificada islámica y estructura principal.

Suburbio medieval hacia el siglo XIII.

0   0.3 milla

0   500 m

HERENCIA ARQUITECTÓNICA

A principios del período bizantino, una pequeña iglesia había sido edificada dentro del patio del templo pagano. Ésa fue la ciudad que los árabes musulmanes conquistaron en 635. Sus enormes edificios antiguos influirían grandemente en las posteriores reformas urbanas, produciendo la ciudad fascinante que se puede ver hoy.

El individualismo y el carácter mercantil de la cultura semítica regresaron a la antigua ciudad, que se modeló a sí misma en torno a las reliquias autoritarias de Roma. Algunas de las últimas desaparecieron, incluida la antigua muralla de la ciudad. Otras, como gran parte de la calle principal con columnas, fueron absorbidas por estructuras posteriores. Sólo en épocas recientes se han despejado los animados pero atestados *suqs* o mercados del centro de Damasco, dejando al descubierto los imponentes edificios construidos por los romanos.

El primer monumento islámico erigido en Damasco fue la Gran mezquita, reconstruida por el califa al-Walid en 706. Sigue siendo uno de los edificios islámicos más espléndidos que se hayan construido nunca, y sin embargo data de una época en que el arte y la arquitectura islámica estaban en sus inicios. Como consecuencia de eso, algunos historiadores aún clasifican a los mosaicos que decoraban la mezquita de al-Walid como arte bizantino y no como musulmán. En realidad, los artesanos que realizaron esos notables mosaicos eran probablemente sirios cristianos locales, en lugar de proceder de un imperio con el que los Omeya estaban aún en guerra.

Izquierda: Damasco, capital de un nuevo imperio.

Enfrente arriba (en pág. 52): Mosaicos omeyas de mediados del siglo VII de la sala principal de oración de la Mezquita de Damasco y, debajo, plano de la Gran Mezquita tal y como fue reconstruida por el califa al-walid en 706.

Debajo: Detalle del mosaico del llamado Panel Barada en la Gran Mezquita de Damasco, y que data de mediados del siglo VII.

La cúpula de la Roca

La cúpula de la Roca fue el primer gran logro estético de la civilización islámica, aunque fue construida en una época de inseguridad para la nueva religión. Simboliza no sólo las diferencias del Islam con respecto del judaísmo y el cristianismo, sino también las tradiciones que comparte con religiones más antiguas.

Derecha: Mosaicos Omeyas de mediados del siglo VII dentro de la cúpula de la Roca.

Debajo: Moneda de oro de un dinar del califa omeya Abd al-Malik, estilo pre-reforma, siglo VII.

Derecha: Cúpula de la Roca y cúpula de la Cadena, Jerusalén.

Algunos cronistas afirman que el califa omeya Abd al-Malik construyó la cúpula de la Roca en el Haram al-Sharif o Noble Santuario de Jerusalén para apartar de La Meca a los peregrinos árabes durante una guerra civil. Muchos musulmanes creen que la cúpula conmemora el viaje milagroso de Mahoma, en sólo una noche, desde La Meca a Jerusalén, donde rezó antes de emprender un viaje igualmente milagroso al Cielo en un animal celestial llamado Buraq. Muchos estudiosos de los primeros tiempos del Islam simplemente no aceptaban que el lugar donde rezó aquella noche el Profeta fuese Jerusalén.

En realidad, parece más probable que la cúpula fuese una afirmación de la superioridad del Islam sobre el cristianismo y el judaísmo. Desde luego, la posición del Islam en el Oriente Medio y en Jerusalén distaba de ser firme cuando se construyó la cúpula en 690-92, y puede que ésta tuviera en realidad fines defensivos más que triunfalistas. La primera función aparente de la cúpula era la de reivindicar al Patriarca Abraham para el Islam, donde era conocido por la forma árabe de su nombre, Ibrahim. En aquella época muchos judíos creían que la Roca era el emplazamiento de la tumba de Adán y el lugar donde Abraham estuvo dispuesto a sacrificar a su hijo, y además el Omphalos o centro del mundo. Los cristianos, sin embargo, habían trasladado aquel ombligo del mundo, más algunas de las otras asociaciones, al cercano Gólgota, el sitio donde Cristo fue crucificado.

La segunda función, la representación de la victoria sobre los imperios Bizantino y Sasánida, se percibe en el diseño y el contenido de los mosaicos que han sobrevivido hasta hoy. Incluyen símbolos de estatus y poder de los imperios Bizantino y Sasánida, incorporados quizás como trofeos del Islam victorioso.

CUNA DE LAS TRES FES

La tercera función (informar a los cristianos y a los judíos de que el Islam había dejado obsoletas sus revelaciones) puede verse también en mosaicos con versos del Corán. Estos emplazan a los no creyentes a aceptar la verdad del Islam, y su contenido es crítico respecto de algunas creencias cristianas. Sin embargo, esas inscripciones son muy difíciles de ver y están en árabe, que pocos no musulmanes eran capaces de leer. Quizás iban dirigidas a estimular la moral de una comunidad musulmana pequeña, aunque preponderante en lo político, y rodeada como estaba por un espléndido conjunto de iglesias cristianas. Sólo unos pocos años después, las fuentes cristianas sí que mencionan a un soldado árabe-musulmán que se convirtió al cristianismo y padeció martirio.

La situación política y militar del califato no era muy segura cuando se construyó la cúpula de la Roca. Pese a fulgurantes victorias militares islámicas y a algunas igualmente espectaculares conquistas por llegar, una guerra civil a tres bandas estaba destrozando el estado islámico desde 685.

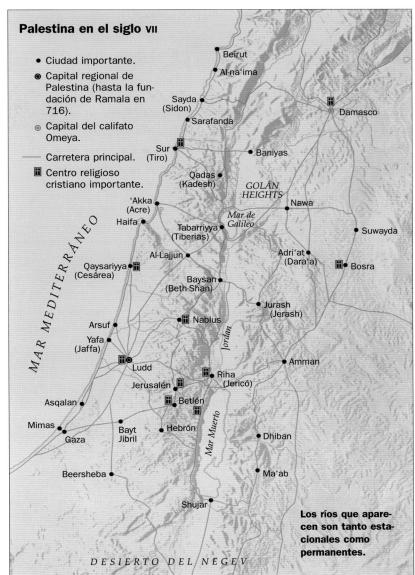

Palestina en el siglo VII

- ● Ciudad importante.
- ◉ Capital regional de Palestina (hasta la fundación de Ramala en 716).
- ⊚ Capital del califato Omeya.
- — Carretera principal.
- ⌂ Centro religioso cristiano importante.

Beirut
Al-na'ima
Sayda (Sidon)
Damasco
Sarafanda
Sur (Tiro)
Baniyas
Qadas (Kadesh)
GOLÁN HEIGHTS
Nawa
'Akka (Acre)
Mar de Galileo
Suwayda
Haifa
Tabarriyya (Tiberias)
Adri'at (Dara'a)
Al-Lajjun
Bosra
Qaysariyya (Cesárea)
Baysan (Beth-Shan)
Jurash (Jerash)
Arsuf
Nablus
Yafa (Jaffa)
Jordán
Ludd
Amman
Riha (Jericó)
Jerusalén
Asqalan
Betlén
Mar Muerto
Mimas
Bayt Jibril
Hebrón
Dhiban
Gaza
Beersheba
Ma'ab
Shujar
MAR MEDITERRÁNEO

Los ríos que aparecen son tanto estacionales como permanentes.

DESIERTO DEL NEGEV

Hasta 691, el califa Abd al-Malik no volvería a unir Palestina, Siria e Irak. Al año siguiente, completó la restauración califal retomando La Meca.

El Imperio Bizantino tampoco estaba acabado. En 678 el Islam sufrió un serio revés al pie de las murallas de la capital bizantina, Constantinopla, y el califa Mu'awiya hubo de aceptar una paz humillante. Posteriormente, los bizantinos hostigaron la frontera islámica, obligando al nuevo califa Abd al-Malik a pagar un cuantioso tributo.

Un aspecto destacado de aquel contraataque bizantino fue un ejército guerrillero que se aprovechó de la guerra civil árabe para organizar una revuelta en las montañas costeras cristianas de Siria y Líbano. Aunque el resurgimiento militar bizantino fue efímero, puede que desempeñase algún papel en la decisión de Abd al-Malik de erigir la cúpula de la Roca, y en la elección de las decoraciones simbólicas de esa magnífica estructura.

Izquierda: La cúpula de la Roca vista desde el barrio musulmán en la Ciudad Vieja de Jerusalén.

El surgimiento del arte islámico

El momento exacto de la aparición del arte o la arquitectura islámicos como estilo específico sigue siendo motivo de controversia. Su primera característica más sorprendente es su eclecticismo, que aceptaba influencias de las culturas del entorno.

Derecha: Portal del palacio Omeya de Qasr al-Hayr al-Gharbi, de mediados del siglo VIII, reconstruido en el Museo Nacional, Damasco.

Puede que el arte islámico no surgiera completamente desarrollado, pero debió ser el resultado de estilos tradicionales árabes que se combinaron con las formas encontradas en los territorios conquistados durante los primeros años de la expansión islámica. Los historiadores del arte occidentales tradicionales mantenían que los primeros árabes musulmanes que llevaron su fe más allá de Arabia no tenían una arquitectura propia. Otros afirman que, duran-

te muchas décadas, las creaciones no literarias ni religiosas de la sociedad islámica primigenia no eran realmente islámicas sino meras continuaciones de tradiciones culturales existentes que los árabes musulmanes tomaron prestadas de los pueblos que conquistaron. Lo

Los «palacios del desierto» omeyas

● Ciudades y villas con restos o edificios omeyas.

◉ Principales «palacios» omeyas.

único que todos esos especialistas admiten es que aquellas formas artísticas fueron ligeramente modificadas para que se acomodasen a la sensibilidad religiosa islámica. Más reciente-

690-2	691	692	697	705	711	712-3	c.715
Los musulmanes conquistan territorios bizantinos; luego, comparten Chipre.	El califa omeya Abd al-Malik reunifica Palestina, Siria e Irak.	La autoridad califal se restablece cuando Abd al-Malik conquista La Meca.	La Cartago bizantina es destruida por un ejército árabe.	El Islam alcanza el Trukistán de Asia central.	Comienzo de la conquista islámica de la península Ibérica.	Los Omeya atraviesan el desierto de Mukran e invaden Sind (sur de Pakistán).	Los ejércitos musulmanes arrebatan a los visigodos el territorio español.

mente, algunos incluso han afirmado que el Islam es esencialmente anti-arte, y que por tanto, ¡no puede haber un arte islámico!

Investigaciones arqueológicas en la península Arábiga han demostrado que los árabes preislámicos tenían sus propias tradiciones artísticas y arquitectónicas. Al igual que casi todos los pueblos que vivían cerca de los centros culturales neurálgicos de Grecia y Roma, los árabes preislámicos estuvieron fuertemente influidos por esas dos grandes culturas mediterráneas. Al mismo tiempo, también estaban, obviamente, bajo la fuerte influencia artística de Irán. No obstante, sus tradiciones artísticas preexistentes conservaron su propio carácter, y no pudieron sencillamente desaparecer durante los pocos años que el Profeta Mahoma estuvo predicando el Islam en la parte occidental de la península.

Sin embargo, es innegablemente cierto que los primeros edificios islámicos que aún siguen en pie, sobre todo las construcciones no religiosas, estaban fuertemente influidos por la arquitectura de las regiones en que fueron construidos. La decoración que ha sobrevivido, sea de yeso en Irán o de mosaicos y piedra tallada en Siria, está enraizada en las culturas preislámicas. Sin embargo, existen diferencias identificables en cada caso.

MUCHAS INFLUENCIAS

En las ex provincias bizantinas, esto se hace más patente en la ausencia de representaciones animales o humanas en todos los edificios islámicos. Esa iconoclastia se convirtió en un rasgo característico, pero de ningún modo universal, del arte islámico. Pinturas murales muy naturalistas seguirían siendo realizadas dentro de contextos no religiosos, sobre todo en los palacios. Ahí, se pueden encontrar escenas domésticas, heroicas, e incluso eróticas en los aposentos privados de la familia conocidos como el *harim*, y en espacios públicos como salones de recepción o de banquetes, y en *hamams* o baños comunales.

Paradójicamente, ha sobrevivido hasta nuestros días una cantidad mayor de dichas pinturas murales del Califato Omeya, que sólo

Arriba: Pinturas mural de un hombre con turbante en la Sala del Trono en Qusayr Amra, Jordania.

duró un siglo, que del Califato Abasí, posterior y más poderoso. Otros ejemplos posteriores han sido encontrados en palacios de Afganistán, Irán, Irak, Egipto y la península Ibérica.

Algunos de los famosos, incorrectamente llamados «palacios del desierto» de los Omeya de Siria, Líbano, Jordania y Palestina estaban decorados con pinturas murales, y en algunos casos con bajorrelieves tallados y estatuas diferenciadas. En la mayoría de los casos, su estilo puede clasificarse como bizantino, aunque un estudio más detallado pone de manifiesto que era en realidad una continuación de una forma siria de arte romano-bizantino. El carácter sorprendentemente explícito y erótico de algunas pinturas del pequeño salón de recepciones y el *hamam* de Qusayr Amra en Jordania entran claramente dentro de una antigua tradición semítica.

Durante este primer período del arte islámico, la característica más sorprendente fue su eclecticismo en estilos artísticos. Además de las aportaciones romano-bizantinas y semíticas, pueden encontrarse influencias iraníes e incluso turcas del Asia central, especialmente en los años finales del Califato Omeya a mediados del siglo VIII.

Enfrente (Pág. 56):

Ruinas del «palacio del desierto» omeya de Mshatta, mediados del siglo VIII.

La literatura y las ciencias renacidas

La lengua árabe sigue siendo una de las más ricas y expresivas del mundo. Después del Islam, su fuerza lírica se aplicó a la traducción de los textos preexistentes, de los cuales surgieron y se desarrollaron las ciencias.

A pesar de sus aparentemente humildes orígenes tribales, la historia ha demostrado que cuando los árabes recién convertidos al Islam irrumpieron fuera de Arabia, llevaban consigo un lenguaje adaptable, y una actitud abierta hacia las ideas nuevas que sencillamente no estaba presente en las sociedades judía y cristiana de la época. Ese novedoso enfoque fue la causa de que, durante la baja Edad Media, la sociedad islámica se convirtiera en la más avanzada del mundo en múltiples campos.

La forma de expresión cultural más desarrollada de los pueblos árabes durante la época preislámica era el lenguaje. Antes de que el Corán fuese revelado, la forma artística más elevada dentro del idioma árabe era la poesía. Otros aspectos del lenguaje estaban menos desarrollados, y en muchos casos no existían en absoluto.

Tras la llegada del Islam y la creación del Califato o estado islámico, el árabe rápidamente demostró estar muy preparado para otras formas de expresión. Éstas iban desde una gama más amplia de formas poéticas, pasando por la prosa literaria, hasta la filosofía, la geografía, las ciencias, y la tecnología práctica.

El árabe llegó a igualar a las grandes lenguas de la civilización antigua, como el griego y el latín en Occidente, y el chino en Oriente. Al igual que el griego y el latín, el árabe también se convirtió en una lengua internacional, siendo utilizada por mercaderes, sabios, viajeros y simples ciudadanos como medio de comunicación a través de las barreras lingüísticas.

El proceso de traducción del conjunto de conocimientos del griego, latín, sirio, arameo, persa, sánscrito, y otros varios idiomas, comenzó en una época muy temprana, mucho antes de que los árabes musulmanes pudieran añadirle algo nuevo.

En medicina, durante el reinado del califa Omeya Marwan I, un médico judío llamado Masarjawayh, que era de Basora, en Irak, tradujo el *Compendio de Aarón* al árabe. Pronto le siguió la traducción de textos médicos griegos igualmente importantes. Mientras, el derecho y la historia se convirtieron en los primeros campos en los que los sabios árabes hicieron una contribución importante.

CONSTRUYENDO A PARTIR DE DESCUBRIMIENTOS

La idoneidad del árabe como medio de comunicación cultural y científica fue, sin embargo,

Debajo: Plano y sección transversal del palacio Omeya de al-Qastal, parte de un asentamiento árabe en Jordania.

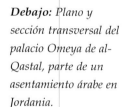

Zona sin excabar

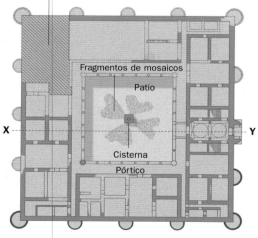

Fragmentos de mosaicos

Patio

X

Y

Cisterna

Pórtico

Sección restaurada
A Entrada principal.
B Cámara abovedada sobre la entrada.
C Patio central con pórtico de dos plantas rodeándolo.
D Cisterna bajo el patio.
E Torre.

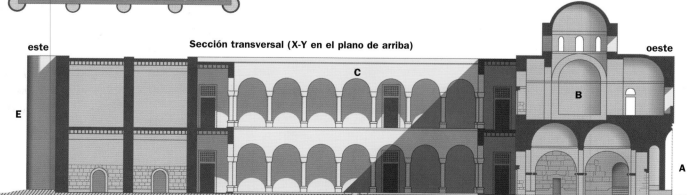

este — Sección transversal (X-Y en el plano de arriba) — oeste

sólo una de las causas de que la civilización fuera testigo de uno de sus más impresionantes saltos hacia adelante dentro del mundo islámico medieval. La otra era la naturaleza de la civilización islámica, y de su propia sociedad.

Por ejemplo, el contraste entre las actitudes y los logros de la intelectualidad bizantina y la islámica medieval era impresionante. Ambas civilizaciones estaban dominadas por la religión, pero mientras que la ciencia bizantina se quedaba mayoritariamente estancada en el pasado, el único campo donde las creencias islámicas dificultaban los nuevos pensamientos era la filosofía secular. Ahí, varios eruditos medievales islámicos se encontraron metidos en apuros por proponer ideas heterodoxas.

En términos de ciencia pura, los musulmanes han sido llamados «los alumnos de los griegos». Sin embargo, esto pasa por alto el hecho de que los científicos medievales árabes, persas y turcos también aprendieron de sus predecesores preislámicos iraníes, indios, chinos y de otros pueblos. Además, como consecuencia de sus propias investigaciones, los sabios islámicos añadieron una ingente cantidad de información y algunos atrevidos conceptos nuevos a lo que los antiguos griegos habían producido.

El progreso tecnológico alcanzado por los ingenieros, artesanos y campesinos islámicos ha recibido mucho menos reconocimiento que el de los destacados científicos, doctores y geógrafos del Islam. Sin embargo, hubo avances espectaculares en muchos aspectos de la ciencia práctica y aplicada.

La irrigación es quizá el más evidente, pero otros avances tecnológicos sustentaron industrias que incluían la fabricación de aceites esenciales de flores, y preparación de armas incendiarias.

Mientras que la civilización islámica heredó la ciencia pura de varias civilizaciones anteriores, fue la preocupación propia de los musulmanes acerca del momento y la orientación precisa de la oración la que estimuló avances notables en calendarios lunares, tablas astronómicas, y elaboración de mapas. Pese a que carecían de cronómetros adecuados, los geógrafos islámicos resolvieron el problema de medir la longitud con tanta precisión, que sus resultados son sorprendentemente exactos.

Por supuesto, los mayores logros en ciencia pura y tecnología datan del tiempo de los Abasíes o después. Sin embargo, los cimientos ya se habían establecido durante el gobierno Omeya.

Las grandes conquistas árabes

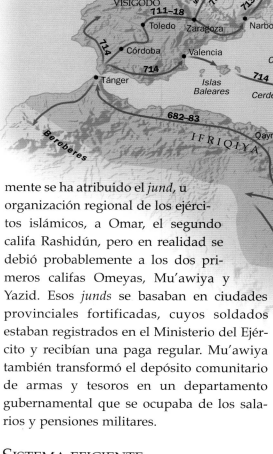

Cuando Mu'awiya, gobernador de Siria, fue nombrado primer califa Omeya en 661, los ejércitos árabes eran fuerzas profesionales compuestas de tropas mayoritariamente árabes. La mayoría se habían establecido en los territorios conquistados. Entonces, una nueva generación de guerreros musulmanes amplió aún más las fronteras del Islam.

Debajo: *Estatuilla de yeso de un guardia, de Jirbat al-Mafiar, Palestina, mediados del siglo VIII.*

La elite de lo que se convirtió en el ejército Omeya era los ahl al-Sham, o «gente de Siria», que incluía descendientes de tribus árabes que habían luchado con anterioridad para el Imperio Romano-Bizantino. Además de esa fuerza urbanizada, estaban las tribus del desierto de Siria y de una frontera poco definida que lindaba con Bizancio.

Aparte de la elite militar islámica, había tropas integradas por tribus cristianas del norte de Siria, algunas de las cuales eran conocidas como *musta'a'riba*, o «los que se convirtieron en árabes». Sin embargo, éstas no eran alistadas individualmente por el Diwan al-Jaysh, o ministerio del ejército. En otras partes del Califato, las tropas provinciales degeneraron en milicias locales.

Hacia mediados del siglo VIII, los soldados no árabes se habían convertido en un elemento importante en los ejércitos orientales. A veces iban como voluntarios, otras como tributo de los pueblos iraníes y turcos conquistados. Los persas estaban estacionados en Palestina y Siria desde mediados del siglo VII. Otras tropas fueron reclutadas o capturadas en las montañas de Afganistán y Transoxania, siendo algunas transformadas en unidades para la guardia personal de los jefes militares que las habían apresado.

Los soldados no árabes incluían mercenarios armenios, auxiliares cristianos de las montañas costeras de Siria, y egipcios coptos. Sin embargo, tuvo mayor importancia militar la ingente cantidad de tribus bereberes alistadas por los gobernadores Omeya del norte de África.

La organización de esos diferentes ejércitos era cada vez más sofisticada. Tradicional-mente se ha atribuido el *jund*, u organización regional de los ejércitos islámicos, a Omar, el segundo califa Rashidún, pero en realidad se debió probablemente a los dos primeros califas Omeyas, Mu'awiya y Yazid. Esos *junds* se basaban en ciudades provinciales fortificadas, cuyos soldados estaban registrados en el Ministerio del Ejército y recibían una paga regular. Mu'awiya también transformó el depósito comunitario de armas y tesoros en un departamento gubernamental que se ocupaba de los salarios y pensiones militares.

SISTEMA EFICIENTE

Los primeros *junds* de Damasco y Hims estaban estrechamente asociados al propio califa, pero pronto les siguieron otros, los más importantes de los cuales estaban integrados por árabes sirios ahl al-Sham locales. También existía una clara diferenciación entre las fuerzas de seguridad internas, cuyo papel era esencialmente estático, y los ejércitos de choque o de frontera. Mientras, los ahl al-Sham destinados en el este eran transferidos de vuelta a los territorios árabes con cada cambio de gobernador.

Los gobernadores provinciales generalmente contaban para el *jund* con tropas de su misma tribu. Sin embargo, todo el sistema tribal fue reestructurado durante el período omeya, porque las tribus originales eran demasiado pequeñas para constituir unidades militares efectivas. Así pues, las tribus más pequeñas fueron integradas en unidades tribales más grandes, al tiempo que se crearon varias tribus artificiales para acomodar a los que quedaban fuera del sistema existente. Éstas pueden haber camuflado la presencia de un gran número de tropas no árabes.

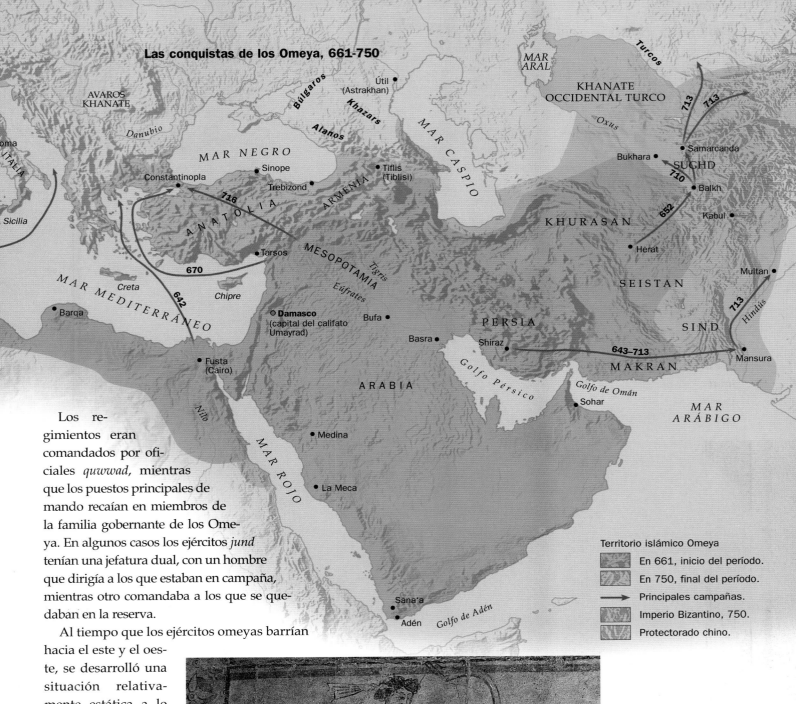

Las conquistas de los Omeya, 661-750

AVAROS KHANATE

Roma

ITALIA

Danubio

MAR NEGRO

Sicilia

Constantinopla

Creta

MAR MEDITERRÁNEO

Chipre

• Barqa

• Fusta (Cairo)

Nilo

MAR ROJO

• Medina

• La Meca

Sana'a •
Adén •

Golfo de Adén

Útil (Astrakhan) •

Búlgaros

Khazars

Alanos

Sinope •

Trebizond •

ANATOLIA

ARMENIA

Tarsos •

670

642

716

MESOPOTAMIA

Tigris

Éufrates

○ Damasco
(capital del califato Umayrad)

Bufa •

ARABIA

MAR CASPIO

MAR ARAL

Oxus

KHANATE OCCIDENTAL TURCO

Turcos

713 713

Bukhara •

Samarcanda •

SUGHD

710

652

KHURASAN

Balkh •

Kabul •

Herat •

SEISTAN

Multan •

713

Hindús

SIND

Mansura •

713

• Tiflis (Tiblisi)

Basra •

PERSIA

Shiraz •

Golfo Pérsico

643-713

MAKRAN

Golfo de Omán

Sohar •

MAR ARÁBIGO

Territorio islámico Omeya

En 661, inicio del período.

En 750, final del período.

Principales campañas.

Imperio Bizantino, 750.

Protectorado chino.

Los regimientos eran comandados por oficiales *quwwad*, mientras que los puestos principales de mando recaían en miembros de la familia gobernante de los Omeya. En algunos casos los ejércitos *jund* tenían una jefatura dual, con un hombre que dirigía a los que estaban en campaña, mientras otro comandaba a los que se quedaban en la reserva.

Al tiempo que los ejércitos omeyas barrían hacia el este y el oeste, se desarrolló una situación relativamente estática a lo largo de la frontera bizantina. Allí, el segundo califa Omeya fortaleció las defensas, hasta entonces improvisadas, para proteger Damasco, y como base para lanzar una ofensiva sobre Bizancio.

A finales del período Omeya, provincias fronterizas militares llamadas *thugur* lindaban con el Imperio Bizantino. Estaban desplegadas alrededor de dos o tres pasos estratégicos para cruzar las montañas, y serían fortalecidas por la dinastía de los Abasíes.

Izquierda: *Pinturas murales de Qasr al-Hayr, Siria, representando un arquero a caballo de mediados del siglo VIII.*

El Pueblo del Libro

El Islam es una de las pocas religiones importantes del mundo que reconocen que los otros credos también provienen de la revelación divina. En la doctrina islámica, esas doctrinas válidas y por tanto toleradas son las del Pueblo del Libro.

Derecha: Una pintura mural que representa a unos árabes montados en camellos, en Afrasiab, finales del siglo VII-principios del VIII, hoy en el Museo Arqueológico de Afrasiab, Samarcanda, Uzbekistán.

Debajo: Ruinas de un templo del fuego zoroastriano cerca de Nantaz, Irán.

La expresión «Pueblo del Libro» refleja la importancia para el pensamiento islámico de un texto sagrado revelado. Los más importantes entre el Pueblo del Libro son los judíos y los cristianos, y la libertad para practicar su religión les estaba garantizada por el propio Profeta Mahoma.

Sin embargo, los eruditos islámicos sostienen que los textos religiosos de los judíos y de los cristianos han perdurado en una forma corrupta o falsificada. También, los seguidores de religiones que no poseen un libro revelado por la divinidad son considerados por lo general como bárbaros. Al contrario que esos paganos, el Pueblo del Libro podía adorar en

público, conservar sus propios edificios religiosos, y tener una organización religiosa.

A cambio de la exención del servicio militar, que era obligatorio para todos los musulmanes, tenían que pagar un impuesto adicional, el jizya, como contribución a la defensa del estado. Como pago, dichas comunidades se convirtieron en *ahl al-dhimma* o «gente protegida», a quien las autoridades islámicas brindaban incondicionalmente protección legal y militar.

Enfrente (Pág. 63): La tumba de san Jacobo, del siglo IV-VI, está situada en el monasterio de Mar Yacub, Nusaybin, Turquía.

Violar el estatuto protegido de los dhimmis era un delito grave para cualquier gobierno islámico, pues existen testimonios de que el propio Profeta Mahoma dijo: «Quien sea injusto con un judío o un cristiano se enfrentará a sí mismo como acusador el Día del Juicio».

Sin embargo, una excepción a este principio de tolerancia se basaba en otra presunta afirmación del Profeta: «No pueden coexistir dos religiones en Arabia». Eso condujo a la desaparición de las comunidades no islámicas de lo que hoy es Arabia Saudí, aunque siguieron existiendo durante mucho tiempo en la periferia. Por ejemplo, la población judía de Yemen siguió creciendo hasta que fue trasladada en masa al nuevo estado de Israel en el siglo XX.

Muchos historiadores no islámicos consideran el famoso Tratado de Omar entre el segundo califa y los cristianos de Jerusalén como una invención posterior. No obstante, se convirtió en un modelo para ulteriores acuerdos, sobre todo la forma en que Omar al parecer se negó a rezar en el interior de la iglesia del Santo Sepulcro porque temía que sus sucesores lo utilizarían como pretexto para convertir la iglesia en una mezquita. En vez de eso, Omar rezó no lejos de la puerta

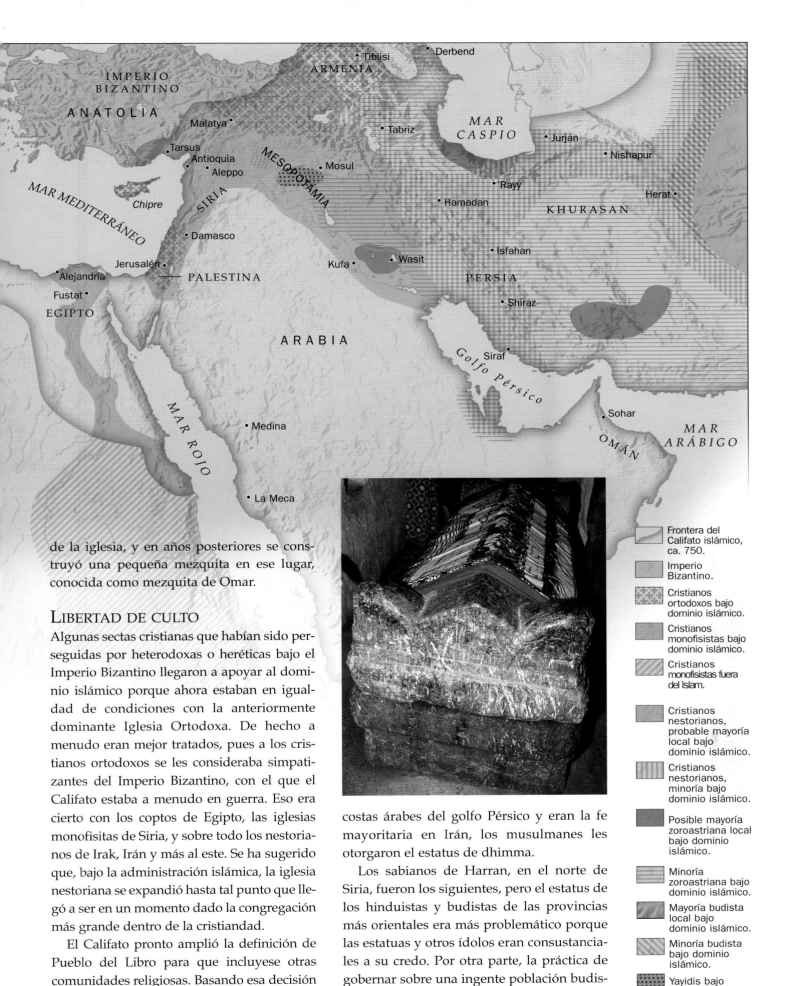

IMPERIO
BIZANTINO

ANATOLIA

• Tiblisi

ARMENIA

• Derbend

Malatya •

MAR
CASPIO

Tarsus •
Antioquia •
Aleppo •

• Tabriz

• Jurjan

MESOPOTAMIA

• Mosul

• Nishapur

MAR MEDITERRÁNEO

Chipre

SIRIA

• Rayy

Herat •

• Hamadan

KHURASAN

• Damasco

Jerusalén •

Kufa • • Wasit

• Isfahan

PERSIA

• Alejandría

PALESTINA

• Shiraz

Fustat •

EGIPTO

ARABIA

Golfo Pérsico

• Siraf

MAR ROJO

• Sohar

OMÁN

MAR
ARÁBIGO

• Medina

• La Meca

de la iglesia, y en años posteriores se construyó una pequeña mezquita en ese lugar, conocida como mezquita de Omar.

LIBERTAD DE CULTO

Algunas sectas cristianas que habían sido perseguidas por heterodoxas o heréticas bajo el Imperio Bizantino llegaron a apoyar al dominio islámico porque ahora estaban en igualdad de condiciones con la anteriormente dominante Iglesia Ortodoxa. De hecho a menudo eran mejor tratados, pues a los cristianos ortodoxos se les consideraba simpatizantes del Imperio Bizantino, con el que el Califato estaba a menudo en guerra. Eso era cierto con los coptos de Egipto, las iglesias monofisitas de Siria, y sobre todo los nestorianos de Irak, Irán y más al este. Se ha sugerido que, bajo la administración islámica, la iglesia nestoriana se expandió hasta tal punto que llegó a ser en un momento dado la congregación más grande dentro de la cristiandad.

El Califato pronto amplió la definición de Pueblo del Libro para que incluyese otras comunidades religiosas. Basando esa decisión en que Mahoma había aceptado el impuesto jizya de los zoroastrianos que vivían en las

costas árabes del golfo Pérsico y eran la fe mayoritaria en Irán, los musulmanes les otorgaron el estatus de dhimma.

Los sabianos de Harran, en el norte de Siria, fueron los siguientes, pero el estatus de los hinduistas y budistas de las provincias más orientales era más problemático porque las estatuas y otros ídolos eran consustanciales a su credo. Por otra parte, la práctica de gobernar sobre una ingente población budista en Afganistán y Asia central implicaba que la tolerancia era necesaria.

Frontera del Califato islámico, ca. 750.

Imperio Bizantino.

Cristianos ortodoxos bajo dominio islámico.

Cristianos monofisistas bajo dominio islámico.

Cristianos monofisistas fuera del Islam.

Cristianos nestorianos, probable mayoría local bajo dominio islámico.

Cristianos nestorianos, minoría bajo dominio islámico.

Posible mayoría zoroastriana local bajo dominio islámico.

Minoría zoroastriana bajo dominio islámico.

Mayoría budista local bajo dominio islámico.

Minoría budista bajo dominio islámico.

Yayidis bajo dominio islámico.

Sabianos bajo dominio islámico.

CAPÍTULO CUATRO

La edad de oro

La expansión comercial, científica e imperial Abasí

Los últimos años del Califato Omeya estuvieron plagados de problemas, que incluían tensiones en las fronteras y levantamientos en varias provincias, algunas cercanas al centro del poder Omeya. A pesar de la lealtad y la eficacia de las tropas de elite de los regimientos sirios de ahl al-Sham, los últimos califas omeyas no tenían bastantes tropas para controlar la situación, y en 750 la dinastía fue derrocada por el clan rival de los Abasíes. Los Abasíes fundaron su propia dinastía, con su centro administrativo en Irak en lugar de en Siria, porque estaba más cerca del centro real del poder Abasí, que era Jurasán, en el este de Irán.

Las razones del hundimiento de los Omeya son complejas, y desgraciadamente la verdad es a veces difícil de descubrir porque las referencias históricas favorables a los Omeya fueron sistemáticamente destruidas por los Abasíes. Por tanto, la reputación de los Omeya ha quedado empañada por historias de alcoholismo, falta de espíritu religioso y corrupción administrativa.

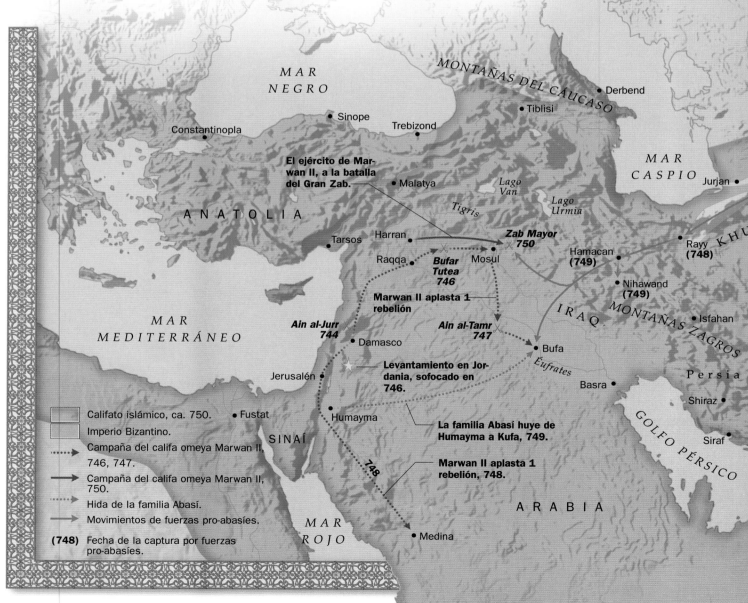

MAR NEGRO

MONTAÑAS DEL CÁUCASO

Derbend

Tiblisi

Sinope

Trebizond

Constantinopla

MAR CASPIO

El ejército de Marwan II, a la batalla del Gran Zab.

Malatya

Lago Van

Lago Urmia

Jurjan

ANATOLIA

Tigris

Tarsos

Harran

Zab Mayor 750

Rayy (748)

KHU

Hamacan (749)

Raqqa

Bufar Tutea 746

Mosul

Nihawand (749)

Marwan II aplasta 1 rebelión

IRAQ

MONTAÑAS ZAGROS

Isfahan

MAR MEDITERRÁNEO

Ain al-Jurr 744

Ain al-Tamr 747

Damasco

Bufa

Éufrates

Persia

Jerusalén

Levantamiento en Jordania, sofocado en 746.

Basra

Shiraz

Fustat

Humayma

GOLFO PÉRSICO

Calificato islámico, ca. 750.

Imperio Bizantino.

Campaña del califa omeya Marwan II, 746, 747.

Campaña del califa omeya Marwan II, 750.

Hida de la familia Abasí.

Movimientos de fuerzas pro-abasíes.

(748) Fecha de la captura por fuerzas pro-abasíes.

SINAÍ

748

La familia Abasí huye de Humayma a Kufa, 749.

Marwan II aplasta 1 rebelión, 748.

Siraf

ARABIA

MAR ROJO

Medina

La Meca

No obstante, derivados sencillos y apenas alcohólicos del vino eran ampliamente consumidos en la sociedad islámica, y se empleaban representaciones animales y humanas en pinturas murales, cerámicas y obras de metal. Había incluso una floreciente tradición de poesía ligeramente erótica.

Los Omeya se enfrentaron a una oposición especialmente virulenta de una secta puritana conocida como los jarijíes, quienes creían que la autoridad sólo emanaba de Dios. Estos fanáticos intentaron establecer repúblicas teocráticas y asesinar a dirigentes a los que desaprobaban. Acabar con los ataques jarijíes requirió muchos esfuer-zos, e incluso fue la causa de que se escribiera el libro más antiguo que se conoce de estrategia militar en árabe.

Los partidarios de los descendientes de Alí como pretendientes del título de califa evolucionaron gradualmente hasta convertirse en otra secta, llamada la Shi'a. Mientras tanto, nuevos conversos al Islam, que incluían a los *mawali* o clientes, desempeñaban un papel militar y administrativo cada vez más importante. Desgraciadamente, muchos pensaban que no gozaban de la igualdad que el Islam supuestamente concedía, y se quejaban de que a los árabes se les daba un trato de favor.

EL CENTRO DE PODER SE DESPLAZA AL ESTE

Estos motivos de discordia fueron aprovechados por un hábil agitador político llamado Abu Muslim, que operaba en la provincia oriental de Jurasán. Paradójicamente, ésta formaba parte del mundo iraní que había sido profusamente colonizado por tribus árabes tras la conquista islámica. Los descendientes de aquellos colonos, algunos de los cuales se habían casado con gente del lugar, estaban fuertemente influenciados por la cultura y las tradiciones militares iraníes, pero sin embargo se consideraban a sí mismos árabes. Fue ahí donde Abu Muslim consiguió crear un movimiento revolucionario que obtuvo una serie de victorias, las cuales culminaron en una importante batalla en el valle del río Gran Zab, en el norte de Irak, en el año 750.

El último califa Omeya, Marwan II, huyó al este, intentando quizás llegar al norte de África o a al-Andalus en España, donde todavía había importantes ejércitos Omeyas. Sin embargo, fue asesinado en Egipto, a lo que siguió una masacre de miembros del clan Omeya a manos de los victoriosos Abasíes. Sin embargo, un superviviente logró alcanzar la península Ibérica, donde con el tiempo restablecería el poder Omeya.

Una ventaja que tenían los Abasíes era que descendían del tío de Mahoma, al-Abbas, quien era miembro del clan de los Hachemitas. Eso les daba gran legitimidad a los ojos de los musulmanes sunitas ortodoxos, pero no les dejaba en buen lugar ante los partidarios de los descendientes de Alí, quienes también reivindicaban el título de califa.

Cuenco de cerámica decorado con un caballero con armadura, de Nishapur, siglo IX-X.

Samarcanda

Bukhara

KHWARAZM

Merv
(748)

Tus

Nishapur
(748)

...SAN

Herat

HINDU KUSH

Balkh

Kabul

KASHMIR

Kirman

Kandahar

Multan

SIND

Mansura

Golfo de Omán

Sohar

OMÁN

Asentamientos tribales árabes en el este de Irán y Afganistán.

- Banu Rabi'ah.
- Banu Azd.
- Banu Qays 'Aylan.
- Banu Tamim.

Bagdad: ¿ciudad redonda o palacio redondo?

Bagdad se convirtió en sinónimo del califato a los ojos de los historiadores medievales europeos, e incluso hoy los cuentos infantiles a menudo imaginan que los califas vivían en Bagdad. De hecho, la ciudad no fue la primera capital Abasí, aunque fue la que se llevó la palma.

Derecha: Pinturas murales de bailarines de la sala del trono del palacio de Jawsaq al-Jaqani, siglo IX, Samarra, Irán.

Debajo: La puerta de Bagdad en Raqaa, construida durante finales del siglo VIII-principios del IX.

Cuando Abu'l-Abbas al-Saffah se apopió del título de califa en 749, lo hizo en Kufa, que siguió siendo la sede de su gobierno hasta que se trasladó a Anbar, río Eufrates arriba. Allí construyó dos palacios, el segundo de los cuales era en realidad una nueva ciudad.

El heredero de al-Saffah, Abu Ja'far al-Mansur, aceptó igualmente el título de califa en Kufa, pero al cabo de unos años decidió que Kufa no era de fiar política ni religiosamente, habiendo protagonizado varios levantamientos. Anbar tampoco atraía a al-Mansur y, al igual que Kufa, estaba aislada de la base central Abasí en Jurasán, junto al Tigris.

Lo que el califa necesitaba era una nueva capital que fuese completamente leal a la nueva dinastía Abasí, y que al mismo tiempo estuviese situada en el centro del vasto estado islámico. La elección de al-Mansur de lo que hoy es la capital iraquí fue ciertamente inspirada.

El lugar se haya en la orilla izquierda del Tigris, cerca de un puente donde los dos grandes ríos Tigris y Éufrates casi se unen. Además, un antiguo canal de regadío y de comunicación del Éufrates se unía al Tigris en ese punto. En consecuencia, los productos de Siria podían llegar a la nueva ciudad por el Éufrates, el comercio de la India podía llegar por el golfo Pérsico y el Tigris, y las naves podían llevar los productos del norte de Irak bajando por el Tigris. También, la antigua Ruta Imperial de los antiguos imperios persas salía de las montañas Zagros, no muy lejos de allí. Toda la región estaba densamente poblada, siendo el grueso de la población local cristianos o zoroastrianos.

El nombre de Bagdad viene de un pueblo del lugar. Su nombre oficial de Madina al-Salam (Ciudad de la Paz) se usaba sólo en documentos oficiales, mientras que su apodo, Mansuriya, reflejaba el de su fundador.

DISEÑO DIFERENCIADO

La idea de hacer la ciudad redonda era novedosa y atrevida, aunque Bagdad no era la primera ciudad redonda. Además, la famosa Ciudad Redonda era sólo un recinto guber-

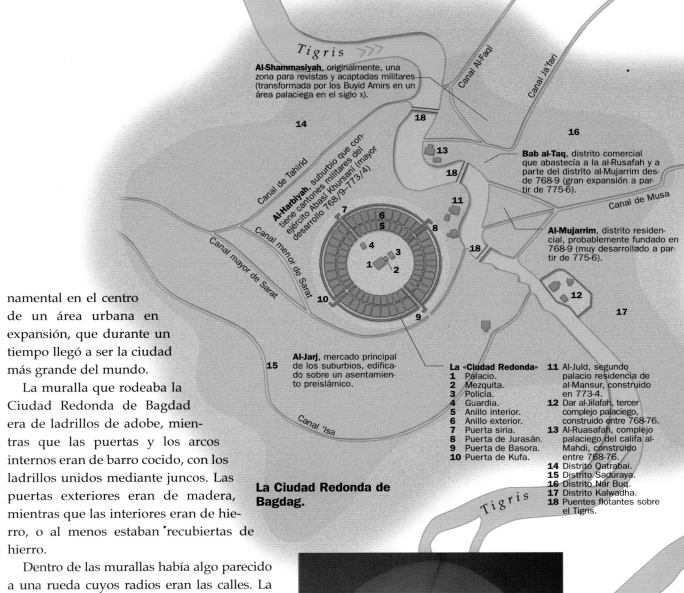

Al-Shammasiyah, originalmente, una zona para revistas y acaptadas militares (transformada por los Buyid Amirs en un área palaciega en el siglo X).

Tigris ⟩⟩⟩

Canal Al-Faql

Canal Ja'fari

14

18

16

13

18

Bab al-Taq, distrito comercial que abastecía a la al-Rusafah y a parte del distrito al-Mujarrim desde 768-9 (gran expansión a partir de 775-6).

Canal de Tahiríd

11

Canal de Musa

Al-Harbiyah, suburbio que contiene cantones militares del ejército Abasí Khursaní (mayor desarrollo 768/9–773/4)

7   6   5   8

Al-Mujarrim, distrito residencial, probablemente fundado en 768-9 (muy desarrollado a partir de 775-6).

Canal mayor de Sarat

Canal menor de Sarat

4   3   18
1   2

10   12   17

9

namental en el centro de un área urbana en expansión, que durante un tiempo llegó a ser la ciudad más grande del mundo.

15   **Al-Jarj**, mercado principal de los suburbios, edificado sobre un asentamiento preislámico.

La «Ciudad Redonda»
1   Palacio.
2   Mezquita.
3   Policía.
4   Guardia.
5   Anillo interior.
6   Anillo exterior.
7   Puerta siria.
8   Puerta de Jurasán.
9   Puerta de Basora.
10 Puerta de Kufa.

11 Al-Juld, segundo palacio residencia de al-Mansur, construido en 773-4.
12 Dar al-Jilafah, tercer complejo palaciego, construido entre 768-76.
13 Al-Ruasafah, complejo palaciego del califa al-Mahdi, construido entre 768-76.
14 Distrito Qatrabai.
15 Distrito Saduraya.
16 Distrito Nar Buq.
17 Distrito Kalwadha.
18 Puentes flotantes sobre el Tigris.

La Ciudad Redonda de Bagdag.

Tigris

La muralla que rodeaba la Ciudad Redonda de Bagdad era de ladrillos de adobe, mientras que las puertas y los arcos internos eran de barro cocido, con los ladrillos unidos mediante juncos. Las puertas exteriores eran de madera, mientras que las interiores eran de hierro, o al menos estaban recubiertas de hierro.

Dentro de las murallas había algo parecido a una rueda cuyos radios eran las calles. La parte interior de la ciudad consistía en un área abierta que contenía el palacio de al-Mansur, con una cúpula coronada por una estatua de bronce de un jinete, una mezquita y barracones para la guardia califal y la policía.

La mezquita califal también estaba hecha de ladrillos de barro, y sostenida por columnas de madera, pero aquel sencillo edificio fue reconstruido con una forma más esplendorosa por el nieto de al-Mansur, el califa Harun al-Rashid. Hubo posteriores ampliaciones, pero no ha quedado nada de aquella mezquita excepto, quizá, un *mihrab* de mármol que se encuentra en una mezquita más moderna. Se cree que era el mihrab de la mezquita de al-Mansur, que estaba en el interior de la Ciudad Redonda original de Bagdad.

Los siguientes califas Abasíes se fueron sintiendo constreñidos en la Ciudad Redonda, así que construyeron palacios alrededor. En el siglo X, el califa al-Mu'tasim trasladó la capital a Samarra, pero el proyecto demostró no ser una buena idea y la corte volvió a Bagdad.

Izquierda: Un pasadizo lateral del nivel inferior de la sala del trono del palacio Jawsaq al-Jaqani, Samarra.

De nuevo emperador a rey de reyes

Mientras que la mayoría de los califas Omeyas habían intentado que los de su dinastía se convirtiesen en los sucesores islámicos del Imperio Bizantino, los Abasíes se veían a sí mismos, o bien como herederos de los antiguos «reyes de reyes» iraníes, o como una autoridad mundial nueva y Superior.

El fracaso de dos importantes asedios a la capital bizantina de Constantinopla en 670-7 y en 716-7, y el endurecimiento de la resistencia a lo largo de la frontera de Anatolia, significaban que el Imperio Bizantino no se había hundido como lo había hecho el Imperio Sasánida. Sin embargo, ésa era sólo una razón de que el califato empezara a considerarse a sí mismo sucesor del imperio Persa más que del Romano. En consecuencia, se produjo un giro en el marchamo cultural y político durante el final del período Omeya, antes incluso de que la dinastía Abasí trasladara la capital del califato desde la Siria ex romana al Irak ex sasánida.

Por supuesto, la ideología del califato era ante todo religiosa. Sin embargo, algunos miembros de la elite dirigente Omeya se veían a sí mismos como parte de lo que podía llamarse la «Familia de los Dirigentes del Mundo». Se cree que ese concepto iraní estaba detrás de una pintura, por lo demás enigmática, de una pared lateral de Qusayr Amra. En ella, seis jefes preislámicos saludan a la figura de un príncipe Omeya pintado sobre la pared del fondo. Hubo un tiempo en que se creyó que representaba a los jerarcas derrotados por los conquistadores árabe-islámicos, pero ahora se piensa que esos tres emperadores y tres reyes están dando la bienvenida a un nuevo miembro de la «familia», es decir, el califa Omeya.

INTERESES REGIONALES

El traslado del centro de gravedad del mundo islámico tendría importantes consecuencias, pero los Abasíes no perdieron el interés por el mundo mediterráneo ni por el norte de África. La parte islámica de la península Ibérica pronto iba a quedar en manos de una dinastía Omeya reinstaurada, y Marruecos caería en poder de una dinastía que se negaba a reconocer la autoridad Abasí. A pesar de todo, los

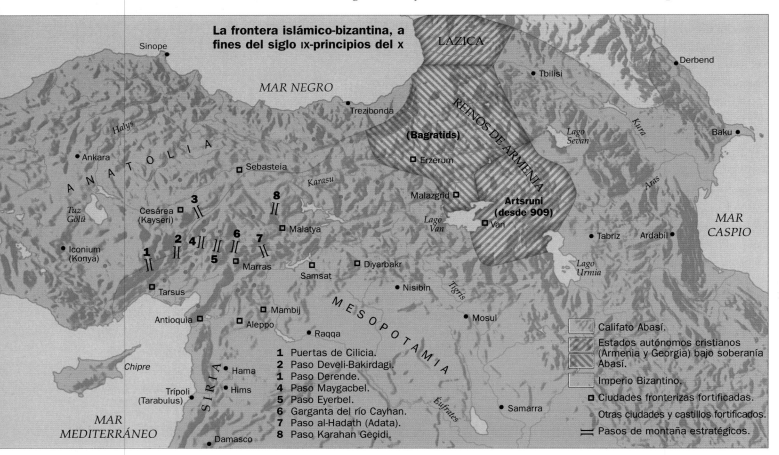

La frontera islámico-bizantina, a fines del siglo IX-principios del X

1 Puertas de Cilicia.
2 Paso Develi-Bakirdagi.
1 Paso Derende.
4 Paso Maygacbel.
5 Paso Eyerbel.
6 Garganta del río Cayhan.
7 Paso al-Hadath (Adata).
8 Paso Karahan Geçidi.

Califato Abasí.
Estados autónomos cristianos (Armenia y Georgia) bajo soberanía Abasí.
Imperio Bizantino.
Ciudades fronterizas fortificadas.
Otras ciudades y castillos fortificados.
Pasos de montaña estratégicos.

Abasíes continuaron apoyando a los gobernadores leales, aunque a menudo autónomos, de Túnez, Egipto y Siria. En esos lugares, los Abasíes impusieron un gobierno directo.

Al mismo tiempo, no se podía descuidar la frontera con el Imperio Bizantino. Por el contrario, varios califas Abasíes lanzaron importantes invasiones hacia el interior de Anatolia, a la vez que fortalecían y reorganizaban sus zonas fronterizas. Las provincias militares o thugur situadas a lo largo de los vulnerables sectores central y suroccidental fueron defendidas con ciudades y castillos fortificados con guarniciones permanentes. La parte nororiental de la frontera fue dejada a cargo de estados vasallos cristianos autónomos, como Armenia.

El cambio de rumbo económico, político y cultural que transformó al califato y le hizo pasar de ser un imperio post-romano a ser un imperio post-sasánida no fue sólo cuestión, desde luego, de abandonar sus aspiraciones occidentales. También implicaba la adopción, por parte del Califato Abasí, de nuevas prioridades y, a un nivel más superficial, de nuevos ceremoniales cortesanos e incluso de ropas nuevas. El hecho de que los primeros Abasíes dependieran de un ejército afincado en la provincia oriental de Jurasán implicaba también que la influencia oriental iraní rivalizaba ahora con la del oeste de Irán e Irak.

Más hacia el este, las provincias centroasiáticas de Jorezm y Ma wara al-Nahr, «La que está más allá del río» o Transoxania, se convirtieron en algo más que meros territorios donde reclutar soldados. Ahora, proveían al califato Abasí de administradores entregados a su trabajo, personajes culturales, y algunos de sus mercaderes más emprendedores.

Bagdad y las ciudades que los Abasíes utilizaron como capitales, como Samarra y Raqqa, no estaban mucho más al este que Damasco. El auténtico cambio fue en las actitudes y aspiraciones.

Revitalización del comercio mundial

Desde finales del siglo VIII hasta principios del siglo IX, el califato Abasí se convirtió en la mayor potencia económica del Mundo Antiguo, y en el eje del comercio internacional. El comercio de larga distancia se extendió hasta alcanzar niveles nunca vistos.

Derecha: Sacos de especias en un almacén de El Cairo.

Debajo: Mulos cargados en un camino montañoso de Siria.

Más abajo: Un panel de madera tallada del palacio Califal Fatimí de El Cairo, que representa a un camello con howdah y guardianes.

Gracias a que los lazos comerciales se habían ampliado enormemente, el Oriente Medio islámico se volvió económicamente más poderoso que el inmenso y altamente productivo Imperio Chino. Se produjo una gran expansión de la tierra cultivada, sobre todo de tierras irrigadas utilizadas para la agricultura intensiva. Eso a su vez fue la causa de un rápido aumento de la población, tanto en el corazón de los territorios islámicos como en las regiones periféricas, como Asia central y la península Ibérica. Una parte bastante importante de esa población era ahora urbana, habiendo sido atraída a las ciudades y pueblos en expansión por las perspectivas de trabajo y prosperidad.

Durante un tiempo, Bagdad se convirtió en la ciudad más poblada del mundo, y siguió siendo una próspera metrópolis pese a guerras civiles, motines, y convulsiones sociales, hasta que fue puesta de rodillas por los mongoles a principios del siglo XIII. Otras ciudades como Damasco, El Cairo, Córdoba, Bujara, Samarcanda y Nishapur puede que fueran más pequeñas, pero seguían siendo enormes en comparación con las que existían en todo el mundo excepto en China. Dejaban pequeñas a las insanas villas de Europa occidental, y dentro del Imperio Bizantino sólo su capital, Constantinopla, estaba a su altura.

Las ciudades islámicas prosperaban como centros manufactureros, especializándose a menudo en mercancías destinadas a exportarse a países lejanos, tanto de dentro como de fuera del mundo musulmán. La creciente importancia de ese comercio conllevaba también que provincias enteras se hiciesen famosas por la producción de productos específicos para la exportación. Estos reflejaban, por supuesto, los principales productos locales.

Esta impresionante red de comercio internacional tuvo un profundo impacto sobre muchos de los vecinos del mundo islámico, al igual que sobre muchos otros pueblos más lejanos. Por ejemplo, grandes áreas del África subsahariana estaban vinculadas con Egipto y el norte de África por numerosas caravanas de camellos que atravesaban el desierto mucho antes de que los pueblos del África subsahariana se convirtieran al Islam.

Hasta los confines del mundo

De forma similar, el este de África estaba unido al comercio internacional por el mar, donde los marinos y mercaderes árabes controlaban ahora toda la mitad occidental del océano Índico. De hecho, el este de África

se convirtió en parte esencial de un comercio a tres bandas que se basaba en la exportación de mineral o lingotes de hierro a la India. Allí, con el metal, se forjaban espadas y otros objetos más pacíficos, algunos de acero más que de mero hierro, que luego se exportaban al Oriente Medio islámico y a otros lugares. Los productos del Oriente Medio, que consistían en productos de lujo y textiles, se exportaban al este de África para cerrar el triángulo.

Más impresionante, aunque en una escala más pequeña, era el comercio marítimo entre el Oriente Medio islámico y el sudeste asiático, que también incluía lingotes de oro, así como especias y otros productos más exóticos. La extensión de este comercio hacia el norte, hacia las costas de China, fue quizás lo más notable. Al mismo tiempo, la antigua Ruta de la Seda, que iba desde China a través de Asia central hasta Oriente Medio, experimentó un aumento espectacular del tráfico, lo que aportó prosperidad a las provincias islámicas fronterizas de Transoxania y el este de Irán.

Esas regiones, a su vez, abrieron una serie de importantes rutas comerciales hacia el interior de lo que hoy es Rusia. Allí se unían a otras rutas a Escandinavia y el norte de Europa. Lugares como las islas Británicas, Irlanda e Islandia se integraron en una gran red de comercio.

Dátiles.
Pescado.
Frutas y alimentos.
Olivos.
Especias.
Algodón.
Pieles.
Seda.
Textiles y bordados.
Papel.
Porcelana.
Cristalería.
Perfumes.
Jabón.
Ámbar.
Oro.
Piedras preciosas.
Otros minerales.
Marfil.
Perlas.
Ébano.
Cría de caballos.
Factorías navales.
Armas.

EUROPA

OCÉANO ATLÁNTICO

MAR CASPIO

Protectorado chino

Tibet

CHINA

ÁFRICA

ARABIA

INDIA

MAR ARÁBIGO

Indochina

Taiwán

GOLFO DE BENGALA

Filipinas

MAR DE LA CHINA MERIDIONAL

OCÉANO ÍNDICO

Sri Lanka (Ceilán)

Borneo

Un plato de cerámica del siglo X de Egipto decorado con un barco mercante.

Principales rutas comerciales utilizadas por los mercaderes musulmanes durante la época medieval, y centros de producción de manufacturas

INDONESIA

Madagascar

Los fervorosos traductores

El resurgir del conocimiento había comenzado en el siglo del dominio Omeya, pero fue con el califato Abasí y con sus sucesores con los que la civilización islámica llegó a su edad de oro en los campos de la ciencia, la medicina y la filosofía.

Derecha: Tintero de piedra tallada de Nishapur, siglos IX-X.

Debajo: Esta lámpara de piedra tallada de Nishapur, también de los siglos IX-X, estaba diseñada para contener 25 velas.

Derecha: Bab al-Amma, la monumental puerta del palacio Yawsaq al-Jani, en Samarra, fue construida en el siglo IX.

Unas academias que tenían muchas de las características de las universidades modernas fueron fundadas en Bagdad, Mosul y Basora, en Irak, y en Nishapur, en Jurasán. Otros centros menos oficiales se desarrollaron por todas partes, y las grandes ciudades del mundo islámico, desde la península Ibérica hasta el noroeste de la India, se convirtieron en florecientes centros de estudio.

Gran parte del esfuerzo intelectual se concentraba, por supuesto, principalmente sobre asuntos religiosos, tales como la ley islámica y la interpretación del Corán. Sin embargo, otros sabios muy piadosos centraron sus esfuerzos en estudios no religiosos. A algunos se les atribuye la aclaración y los comentarios de las obras de los antiguos filósofos griegos, sobre todo de Aristóteles, cuyas ideas marcaron profundamente el pensamiento no religioso medieval tanto de la civilización islámica como de la cristiana. Fueron esos hombres los

que volvieron a transmitir a Europa los conceptos aristotélicos y, en consecuencia, se convirtieron a su vez en autoridades reconocidas. De ahí que Ibn Sina se convirtiera en Avicena para los eruditos europeos, mientras que Ibn Rushd se convertía en Averroes.

La mayor parte de los conocimientos de los griegos fue traducida al árabe pasando por el sirio o el arameo, las lenguas semíticas que predominaban anteriormente en Oriente Medio. Gracias a su enorme y sumamente flexible vocabulario, el árabe estaba bien preparado para absorber ideas de zonas tan remotas como China y la India, al igual que era capaz de abordar nuevas teorías científicas. Muchas palabras científicas y matemáticas utilizadas aún en idiomas europeos tienen origen árabe.

El período de mayor progreso científico islámico tuvo lugar durante los siglos X y XI, pero fueron generaciones anteriores las que realizaron el trabajo fundamental de traducción y asentaron los cimientos intelectuales. Eso se llevó a cabo bajo el patrocinio de los

| **750** Marwan II, último califa Omeya, es derrocado por el califa Abasí Abu al-Abbas. | **751** El ejército islámico derrota a los chinos Tang en Asia central. | **751.** Los musulmanes adquieren de los chinos las técnicas de fabricación del papel y de impresión. | **756** Resurgimieto del dominio Omeya en al-Andalus (Iberia islámica). | **760** Los Abasíes toman el poder en Tabaristán. | **762** Fundación de la Ciudad Redonda de Bagdag por los Abasíes. | **789** Dominio chiíta idrisí en Marruecos; fragmentación de los Abasíes. | **798** Harún al-Rashid derrota a los bizantinos en Heraclea, Anatolia. |

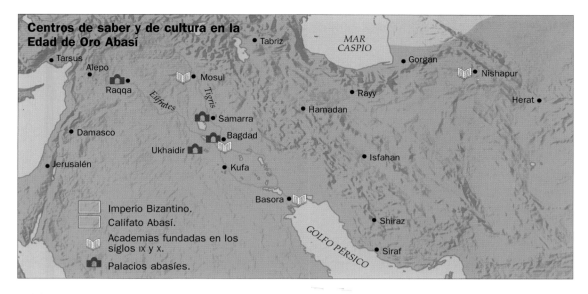

Centros de saber y de cultura en la Edad de Oro Abasí

Tarsus
Alepo
Raqqa
Damasco
Jerusalén
Mosul
Samarra
Bagdad
Ukhaidir
Kufa
Basora
Tabriz
MAR CASPIO
Gorgan
Nishapur
Rayy
Hamadan
Herat
Isfahan
Shiraz
Siraf
Éufrates
Tigris
GOLFO PÉRSICO

Imperio Bizantino.
Califato Abasí.
Academias fundadas en los siglos IX y X.
Palacios abasíes.

califas Abasíes durante su época de mayor esplendor y riqueza. Progresos similares tuvieron lugar en matemáticas, medicina, geografía e historia.

REVOLUCIÓN TECNOLÓGICA

La fabricación de papel, atribuida a los escribas chinos capturados por los musulmanes en la batalla de Talas, en Asia central, en 751, pronto se vería acompañada por la impresión mediante bloques de madera.

El carácter cursivo del alfabeto árabe, y las versiones modificadas del mismo adoptadas por los persas y los turcos, no se prestaban a una imprenta de tipos móviles, la cual se inventó mucho más tarde en Alemania. Por el contrario, la impresión con bloques de madera tenía un uso limitado a la producción de tejidos estampados, aunque también a la impresión de conjuros mágicos que utilizaban unas cuantas frases preestablecidas. Al mismo tiempo, los avanzados conocimientos químicos llevaron a la invención de nuevos tintes textiles, vidriados de la cerámica, y aleaciones metálicas empleadas en metalistería.

En matemáticas, los musulmanes tradujeron tratados indios, y adoptaron el concepto hindú del número cero. El sistema numérico que se usa en la actualidad es conocido en muchos países como «sistema arábigo de numeración», para diferenciarlo de los numerales romanos. La invención del álgebra, del árabe al-Jabr, que quiere decir «restauración», al igual que la geometría analítica, la trigono-metría, e incluso la trigonometría esférica, fueron igualmente nuevas creaciones.

El interés por la luz y la óptica condujeron a la comprensión de la refracción, lo que a su vez capacitó a los científicos para calcular el espesor de la atmósfera terrestre con precisión. Una interpretación del sistema solar con su centro en el Sol en lugar de en la Tierra sería sugerida posteriormente por algunos sabios musulmanes, mucho antes de que se «descubriera» en Europa. Hubo menos avances en terrenos como la zoología. Algo muy diferente de la botánica, donde los musulmanes podían abastecerse de fuentes griegas e indias. Éstas, unidas a su propia tradición, produjeron resultados asombrosos que tuvieron un influjo directo sobre la medicina y la agricultura, la última de las cuales se convirtió en una ciencia.

Debajo: Un farmacéutico pesa ingredientes medicinales en esta ilustración del Kitab al-Diryaq, manuscrito del siglo XII de Siria o del norte de Irak.

Los profesionales

El primer ejército abasí estaba compuesto principalmente de tropas árabes reclutadas en el este de Irán, y por tanto fuertemente influidas por las tradiciones iraníes. Otras fuerzas posteriores fueron obtenidas de varias naciones e hicieron uso de bases militares y manuales tácticos.

Al contrario que el ejército Omeya, el ejército árabe-jurasaní de los Abasíes estaba reclutado basándose en criterios regionales en lugar de tribales. Eso representó la transformación del ejército islámico, que pasó de ser una fuerza mayoritariamente árabe, a ser una entidad mucho más cosmopolita.

Mientras tanto, los sirio-árabes ahl al-Sham continuaban existiendo pero con menos prestigio, y el primitivo ejército abasí incluía una

Arriba: La parte este y la entrada del monumento triunfal inacabado construido por el califa Harun al-Rashid en Heraclea, Siria, principios del siglo IX.

gran variedad de unidades procedentes de áreas geográficas y lingüísticas diferentes. Los primeros cincuenta años del califato Abasí fueron también testigos de cómo los iraníes oriundos de Jurasán eran incorporados a la elite militar árabe, pero no sería sino hasta después de una guerra civil que siguió a la muerte del gran califa Harún al-Rashid cuando los iraníes de Jurasán marcharían hacia el oeste para convertirse en la fuerza militar predominante en Bagdad. Las unidades árabes militares existentes continuaron en las filas del ejército hasta 833-34, y los soldados

árabes, procedentes más bien de comunidades sedentarias que de nómadas, continuarían desempeñando un importante papel en el sureste de Anatolia.

Los esclavos incorporados como soldados conocidos como los gulams o mamelucos, que posteriormente serían típicos de los ejércitos medievales islámicos, tuvieron su primera presencia significativa en el reclutamiento militar durante el período abasí. Dichos esclavos militarizados constituyeron una elite desde el principio, siendo considerados los mejores los turcos de Asia central.

Sin embargo, la lealtad de aquellos hombres no estaba garantizada, y se les solía tratar bien y pagar con generosidad, y recuperaban la libertad durante la realización de su entrenamiento. Ya había habido algunos turcos liberados en los últimos ejércitos omeyas, pero esas tropas empezaron a reclutarse en masa a principios del siglo IX, tras la decisión del califa al-Mamún de ofrecer igualdad de derechos militares y religiosos a los tranoxanianos que se habían convertido al Islam.

La importancia proporcional de esas fuentes de reclutamiento se puede comprobar en la cantidad de generales principales de cada región durante el reinado del califa al-Mutasim (833-42). Éstos incluían 24 jurasaníes, 19 tranoxianos, 17 árabes, 12 turcos, y dos descendientes del primer ejército árabe-jurasaní que había llevado a los abasíes al poder.

ESTADO MILITAR

La inmensa máquina militar abasí se abastecía de una base adecuada y completamente nueva situada dentro y alrededor de la Ciudad Redonda de Bagdad, donde constituía una vasta guarnición emplazada en el centro mis-

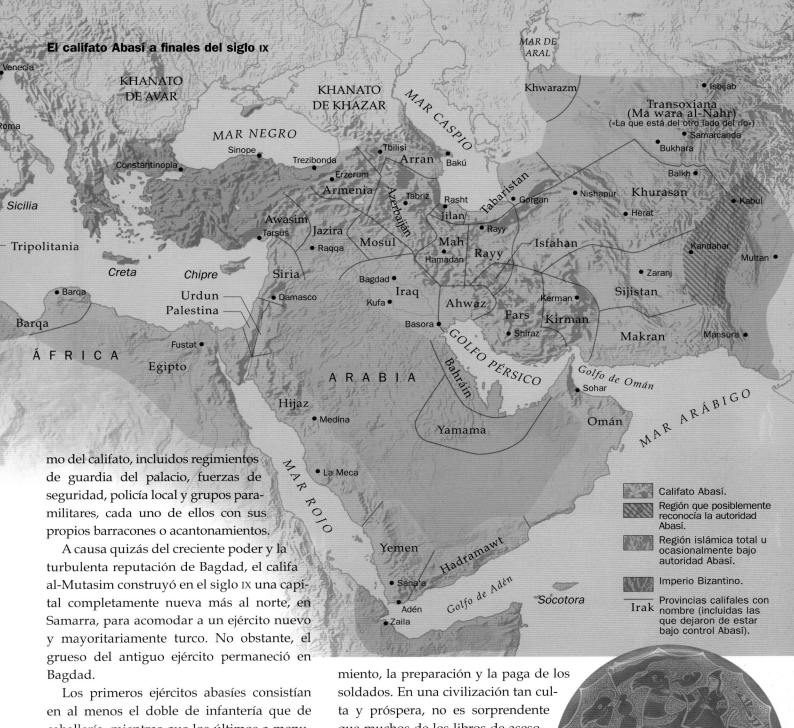

El califato Abasí a finales del siglo IX

Venecia

Roma

KHANATO
DE AVAR

Sicilia

Tripolitania

Creta

Chipre

Barqa

Barqa

ÁFRICA

Egipto

Fustat

MAR NEGRO

Sinope

Constantinopla

Trezibonda

Erzerum

Armenia

Awasim
Tarsus

Jazira

Raqqa

Siria

Damasco

Urdun
Palestina

KHANATO
DE KHAZAR

MAR DE
ARAL

MAR CASPIO

Tbilisi

Arran

Bakú

Tabriz

Rasht

Jilan

Azerbaijān

Mosul

Mah

Hamadan

Rayy

Bagdad

Kufa

Iraq

Ahwaz

Basora

Tabaristan

Gorgan

Rayy

Isfahan

Fars

Shiraz

GOLFO PÉRSICO

Bahráin

Kerman

Kirman

Khwarazm

Transoxiana
(Ma wara al-Nahr)
(«La que está del otro lado del río»)

Isbijab

Samarcanda

Bukhara

Balkh

Nishapur

Khurasán

Herat

Zaranj

Sijistan

Makran

Kabul

Kandahar

Multan

Mansura

Golfo de Omán

Sohar

MAR ARÁBIGO

ARABIA

Hijaz

Medina

La Meca

MAR ROJO

Yamama

Omán

Yemen

Hadramawt

Sana'a

Adén

Zaila

Golfo de Adén

Socotora

Califato Abasí.

Región que posiblemente
reconocía la autoridad
Abasí.

Región islámica total u
ocasionalmente bajo
autoridad Abasí.

Imperio Bizantino.

Irak   Provincias califales con
nombre (incluidas las
que dejaron de estar
bajo control Abasí).

mo del califato, incluidos regimientos de guardia del palacio, fuerzas de seguridad, policía local y grupos paramilitares, cada uno de ellos con sus propios barracones o acantonamientos.

A causa quizás del creciente poder y la turbulenta reputación de Bagdad, el califa al-Mutasim construyó en el siglo IX una capital completamente nueva más al norte, en Samarra, para acomodar a un ejército nuevo y mayoritariamente turco. No obstante, el grueso del antiguo ejército permaneció en Bagdad.

Los primeros ejércitos abasíes consistían en al menos el doble de infantería que de caballería, mientras que los últimos a menudo actuaban más como una fuerza de infantería montada que como una auténtica caballería. Sin embargo, durante el siglo IX surgieron ejércitos de combate basados en la caballería. Antes incluso de ese avance, el ejército Abasí estaba dividido en unidades que mantenían la seguridad interna y en otras que defendían las fronteras. Los regimientos, por el contrario, eran más bien como ejércitos privados, reclutados por el general que los comandaba.

El papel de las revistas militares fue muy importante durante el período abasí, no sólo porque con ellas se garantizara el equipamiento, la preparación y la paga de los soldados. En una civilización tan culta y próspera, no es sorprendente que muchos de los libros de asesoramiento fueran escritos tanto para los califas como para los comandantes, habiendo abordado temas militares los dirigidos a los gobernantes desde mediados del siglo VIII.

Los libros publicados posteriormente para los altos oficiales estaban profundamente influenciados por teorías militares más antiguas, entre ellas la árabe-islámica, la iraní-sasánida, la hindú o indio-budista, y sobre todo, la griega. Algunos de esos textos militares han perdurado casi intactos, aunque a menudo inscritos en obras árabes y persas de los siglos XII al XIV.

Arriba: Plato de cerámica con lustre mostrando camellos con jinetes y banderines, siglo X, Irak.

La ciudad, el campo y el desierto

Una revolución agrícola comenzó en Oriente Medio en la estela de las conquistas árabe-islámicas. Se extendió por todo el mundo islámico, dejando tras de sí un rastro de prosperidad, buena salud y estructuración social.

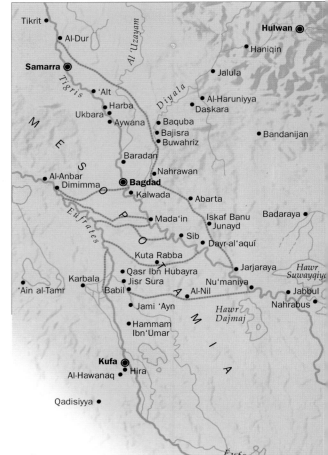

Debajo: La economía de Egipto dependía en grado sumo de la crecida anual del río Nilo para que irrigase las tierras agrícolas de sus orillas. A través de este pasadizo, construido en 861, las aguas de la crecida entraban en el Nilómetro, que ayudaba a predecir la duración y la intensidad de la inundación.

La difusión de la agricultura produjo un incremento de la población y constantes mejoras en la dieta, la nutrición y la sanidad, sobre todo en las ciudades. La revolución agrícola islámica ocasionó cambios en las formas de cocinar y en las cosechas de que se disponía. Dichas cosechas nuevas llevaron al desarrollo de nuevas industrias.

La expansión de la irrigación implicaba que se necesitaban nuevos y más eficaces sistemas para elevar o almacenar el agua, siendo los más visibles los molinos verticales, a veces enormes, que se extendían desde Irán hasta Portugal. Menos espectacular fue la aparición gradual de un sistema legal que aseguraba la distribución equitativa del agua de riego. Esas leyes se desarrollaron a partir de las que existían en Siria y Yemen en el período preislámico, y se basaban en el principio de que, cuanto más cerca de la fuente de agua estuviera un campesino, mayores serían sus derechos de acceso.

Zonas muy fértiles empezaron a ser dominadas por los miembros de una nueva aristocracia árabe. En el resto, comunidades tribales autónomas vivían bajo la autoridad de sus propios caciques, quienes a su vez representaban la a veces distante autoridad de un gobernador provincial o del califa.

En casi todas las regiones, el sistema más común era la cosecha compartida. Normalmente, los arrendatarios de un terrateniente tenían un contrato para cultivar cereales en tierra de secano durante una sola estación. El ocho por ciento de dicha cosecha era para el propietario, pero los contratos solían ser más largos cuando se trataba del cultivo de frutas.

La distribución de la tierra era aún más compleja. En algunas zonas tribales, las fincas de pleno dominio solían pertenecer a familias individuales. La mayor parte de la propiedad de la tierra se acordaba sobre la base de costumbres establecidas, mientras que la documentación por escrito sólo se llevaba a cabo por parte de las autoridades oficiales en el caso de las fincas muy valiosas que rodeaban los pueblos y ciudades.

En las regiones periféricas, estériles o asoladas por la guerra, las condiciones de vida del campesinado podían llegar a ser de una desesperante pobreza. Sin embargo, en las regiones más favorecidas, cosechas de productos alimenticios y técnicas agrícolas nuevas permitían a menudo cosechas dobles donde antes sólo se obtenía una. La amplia-

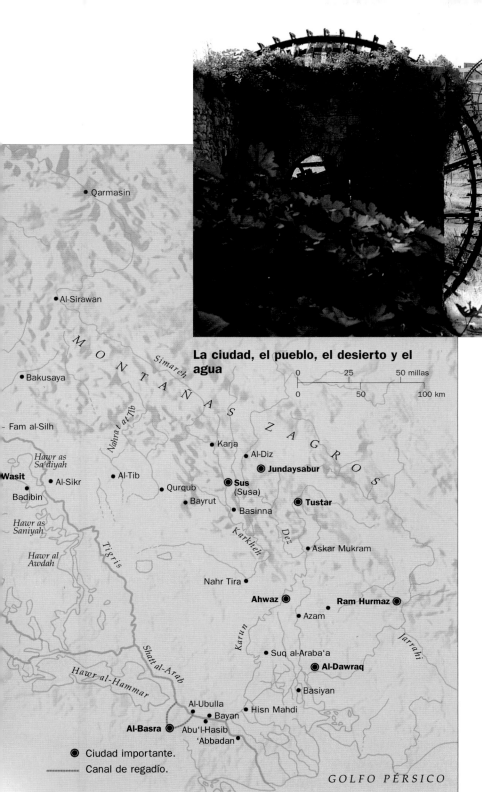

La ciudad, el pueblo, el desierto y el agua

0	25	50 millas
0	50	100 km

- Qarmasin

- Al-Sirawan

- Bakusaya

MONTAÑAS ZAGROS

Simareh

Nahr at-Tib

Fam al-Silh

Hawr as Sa'diyah

Wasit • Al-Sikr
Badibin

- Al-Tib

- Karja
  - Al-Diz
    ◉ **Jundaysabur**
- Qurqub ◉ **Sus** (Susa)
  - Bayrut
    - Basinna • **Tustar**

Karkheh

Dez

Hawr as Saniyah

Hawr al Awdah

Tigris

• Askar Mukram

Nahr Tira •

Ahwaz ◉   **Ram Hurmaz** ◉
  • Azam

Karun

Jarrahi

• Suq al-Araba'a

◉ **Al-Dawraq**

• Basiyan

Shatt-al-Arab

Hawr-al-Hammar

Al-Ubulla
  • Bayan • Hisn Mahdi
Al-Basra ◉ Abu'l-Hasib
  'Abbadan •

◉ Ciudad importante.
----- Canal de regadío.

GOLFO PÉRSICO

Arriba del todo: Dos de las famosas norias o ruedas para elevar el agua de Hama, en el río Orontes, Siria

Arriba: Mujeres vigilando el hervor de unas medicinas, ilustración del Kitab al-Diryaq, fines del siglo XII.

ción de los sistemas de regadío existentes permitió igualmente que se cultivasen tierras incultas, y en ninguna parte se ve con más claridad que en Irak.

NUEVAS COSECHAS

Durante este período, las naranjas y otros cítricos llegaron desde la India, junto con la caña de azúcar, el algodón, el arroz, y las moreras para la nueva industria de la seda. La difusión del plátano desde el sur de Asia hasta Marruecos e Iberia fue la más notable de todas, ya que esa planta no puede ser llevada de un lugar a otro en forma de semilla. No es extraño que los libros sobre agricultura tuvieran una gran demanda, y algunos gobernantes incluso edificaron jardines botánicos.

Hubo menos cambios en la cría de animales, pero la importancia de la carne, sobre todo del cordero, provocó que las economías de muchos pueblos remotos se orientasen a las demandas del mercado. En parte como consecuencia de eso, la lana y las pieles de aquellos animales originarían posteriores desarrollos de las industrias lanar y textil.

El vital papel del comercio de larga distancia contribuyó igualmente a la orientación mercantil de la agricultura. Grandes cantidades de productos alimenticios básicos, así como cantidades más pequeñas de valiosas hierbas y especias, eran transportadas a lo largo de grandes distancias por tierra y por mar. Sólo en Oriente Medio, los frutos secos, la miel y las nueces eran transportados de un país a otro, mientras la nieve para enfriar las bebidas de los ricos se empaquetaba en recipientes forrados de plomo y se transportaba a lomos de camello desde lo alto de las montañas, antes de ser almacenada en eficaces depósitos de hielo durante todo el año.

CAPÍTULO CINCO

Fragmentación en el oeste: el ascenso de los Fatimíes, ca. 960

REINO FRANCO

Génova

Fraxinetum

I T A L I A

Córcega

Roma

Cerdeña
**Autoridad
islámica
limitada**

Bari

OMEYAS

• Córdoba

A L - A N D A L U S

Alzamiento inicial
pro-fatimí de la
tribu Kutama (902)

Palermo

Ceuta
936

Melilla
927

922 and 958

Sicilia
**KALBÍES
(desde 948)**

Fez •

909

IDRISÍES

Kutuma

Qayrawan •

Miknasa

Maghrawa

906

Lamta

Sanhaja

Sanhaja

Huwara

MIDRARIDS

Jarid

Sijilmasa

Sidrata

Trípoli •

920

Barqa •

Lawata

Huwara

F A Z Z A N

Cultura y
fragmentación

Final y secuelas de los Abasíes

Los Omeyas mantuvieron intacto su vasto estado durante más de un siglo. El territorio islámico continuó aumentando bajo los califas Abasíes, sin embargo la dinastía que les sucedió pronto perdió el control de varias provincias periféricas. Algunas regiones se volvieron completamente independientes y se negaron a reconocer la autoridad espiritual de los Abasíes, un acto que se simbolizaba dejando de mencionarles en la *jutba* o sermón de los viernes. El gobierno de otras provincias cayó en manos de dinastías que seguían reconociendo a los Abasíes, pero que eran demasiado poderosas para que el califa las destituyese, incluso aunque quisiera hacerlo.

La parte occidental del mundo islámico era, desde luego, difícil de controlar, no sólo a causa de la distancia y las precarias comunicaciones, sino porque el norte de África y la península Ibérica eran pobres y económicamente subdesarrollados en comparación con Oriente Medio, Irán, o el Asia central musulmana.

La lealtad a los Omeya se mantuvo firme en al-Ándalus, la parte de la península Ibérica bajo dominio islámico en la época de la revolución Abasí. Importantes ejércitos omeyas habían sido enviados allí para restaurar el orden, y la mayoría de ellos dieron la bienvenida a un superviviente de la casa Omeya que llegó a al-Andalus poco menos que como un refugiado político. Fue capaz de recrear un estado Omeya en España que duraría desde 756 hasta 1031.

Marruecos fue el siguiente en caer, con los Idrisíes tomando el poder en 789 y convirtién-

Arriba: *Espada y escudo fatimíes tallados en la puerta Bab al-Nasr, fines del siglo XI, El Cairo.*

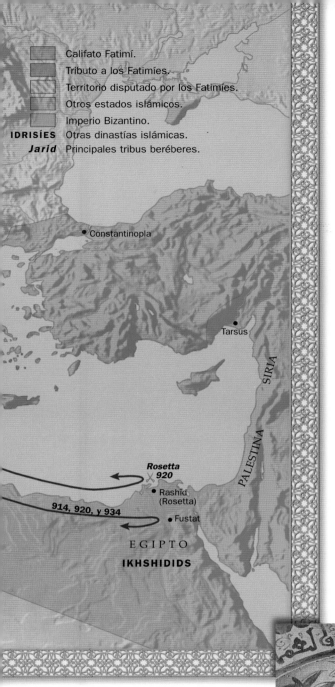

left
Califato Fatimí.
Tributo a los Fatimíes.
Territorio disputado por los Fatimíes.
Otros estados islámicos.
Imperio Bizantino.
IDRISÍES Otras dinastías islámicas.
Jarid Principales tribus beréberes.

Constantinopla

Tarsus

SIRIA

PALESTINA

Rosetta
920
Rashîd
(Rosetta)

914, 920, y 934

Fustat

E G I P T O

IKHSHIDIDS

Arriba: *La puerta Bab-Zuwaila, de fines del siglo XI, guarda la mezquita de fines de la Edad Media de al-Muayyad, El Cairo.*

Debajo: *Un jinete fatimí con un halcón decora un plato de cerámica.*

norte de una de las rutas comerciales transaharianas más importantes.

Al contrario que esas dinastías, los Aglabíes siguieron fieles a los Abasíes. Controlaban Túnez y la mayor parte de Argelia, al igual que Malta y Sicilia, que conquistaron en nombre de los Abasís. En pago por enviar una importante parte de sus impuestos a la capital califal en Irak, los Aglabíes no fueron molestados desde su ascenso en 800 hasta su caída en 909.

En 868 el Califato Abasí envió como gobernador a Egipto a un joven oficial turco, de nombre Ahmad Ibn Tulun, quien a continuación procedió a hacerse con el control de Palestina y Siria. Mientras, bajo el gobierno Tuluní, Egipto disfrutó de un considerable renacimiento cultural y económico. En 905, el califa envió a otro general para recuperar Egipto pero, 30 años después, un gobernador turco fundó una nueva dinastía en Egipto, conocida como los Ijsidíes.

A continuación vinieron los Fatimíes, cuya dinastía era completamente diferente. Se hicieron con el poder en el este de Argelia, y fueron enemigos acérrimos del califato Abasí desde el principio. Al igual que los musulmanes chiítas, los Fatimíes reclamaban el título de califa para sí mismos, y desde su base de operaciones de África del norte, los primeros califas Fatimíes chiítas lanzaron varias ofensivas terrestres y navales para conquistar Egipto. En 969, un general Fatimí llamado Jawhar lo consiguió. Trasladó su corte a Egipto y, al igual que los Abasíes, decidió construir una nueva capital. Se llamó al-Qahira, «la Victoriosa», o El Cairo, como es conocida en Occidente.

dose en la primera dinastía del norte de África que introdujo doctrinas islámicas chiítas. En esa época, el cristianismo, el judaísmo y el paganismo eran aún muy fuertes en el norte de África, como lo era un movimiento igualitarista islámico conocido como Jariyismo. Condenados a la clandestinidad en el resto del norte de África, algunos jariyíes crearon un pequeño estado bajo la dinastía Rustamí en la zona de Tahart, en lo que hoy es el oeste de Argelia. Sobrevivió hasta 909.

Otro notable aunque pequeño estado berebere fue el de los Midraríes. Con base en Sijilmasssa, en el límite del desierto marroquí, controlaba el

Los soldados se convierten en reyes

La fragmentación de la autoridad abasí en el este y el sur fue más compleja que su declive en el oeste. La ascensión y caída de dinastías rivales en regiones dispares se complicó con las divisiones entre los chiítas y los sunitas.

Derecha: Pintura mural de un jinete con un halcón, de Nishapur, siglos X-XI.

Enfrente abajo (Pág. 81): Una decoración mural de estuco tallado representa a un gobernante sentado con sirvientes, de Rayy, siglo XI.

Un mosaico de grupos étnicos y de disputas políticas y sectarias afectaban al sur y al este. En el extremo sur de Arabia, un gobernador abasí proclamó su autonomía y fundó la dinastía Ziyadita en 818. Casi 30 años después, otro jefe que afirmaba ser descendiente de una familia de gobernantes preislámicos yemeníes se hizo con el control del interior montañoso y fundó la dinastía Yufirita. Sin embargo, ambas dinastías se apresuraron a manifestar su lealtad hacia el califa Abasí de Bagdad, quien a su vez no hizo ningún esfuerzo por restablecer el control directo.

En 897, una dinastía musulmana chiíta fue fundada en las tierras altas, y (al igual que el resto de los chiítas) se negó a reconocer a los Abasíes, musulmanes sunitas. Conocidos como los Imames Zaydíes, esta dinastía perduró, con una larga interrupción a finales de la Edad Media, hasta que fue derrocada por una revolución republicana en 1962. Los chiítas tuvieron un éxito semejante en otra región, Tabaristán, en la costa iraní del mar Caspio, que estaba aislada del resto del mundo islámico por altas montañas y selvas subtropicales. De hecho, Tabaristán no fue conquistado durante la primera oleada de la expansión árabe-islámica. Incluso después de haber aceptado la soberanía Omeya, siguió siendo políticamente autónomo, y de religión zoroastriana.

Los Abasíes derrocaron a los gobernantes locales en 760, pero otra dinastía local, los Bawandíes, ya habían tomado el poder en las montañas. Convirtiéndose al Islam y utilizando una gran astucia política, junto con su aislamiento geográfico, estos Bawandíes perdurarían más de 600 años, hasta mediados del siglo XIV.

ESTADO RENEGADO

Los misioneros chiítas seguían activos en esas

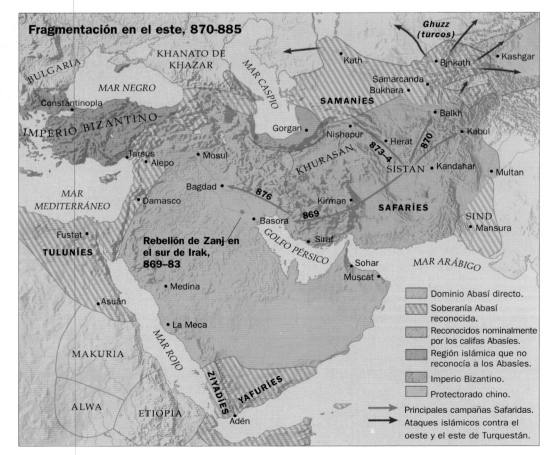

Fragmentación en el este, 870-885

Leyenda:
- Dominio Abasí directo.
- Soberanía Abasí reconocida.
- Reconocidos nominalmente por los califas Abasíes.
- Región islámica que no reconocía a los Abasíes.
- Imperio Bizantino.
- Protectorado chino.
- Principales campañas Safaridas.
- Ataques islámicos contra el oeste y el este de Turquestán.

regiones, socavando la lealtad hacia los califas Abasíes. La situación alcanzó su punto crítico con la aparición de una dinastía islámica ardientemente chiíta llamada los Ziyaríes, que estuvieron a punto, en un momento dado, de hacerse con el control de la mayor parte del norte de Irán. El asesinato de su fundador a manos de sus propias tropas puso fin a esa amenaza. Posteriores Ziyaríes siguieron gobernando un estado pequeño y muy culto, aunque a menudo belicoso, hasta que el último Ziyarí fue derrocado hacia 1090.

La provincia más norteña del centro del mundo islámico fue más o menos abandonada a su suerte bajo el gobierno de los Shas Sharwan locales, desde finales del siglo VIII hasta principios del XVII. Una de las dinastías más leales a los Abasíes, y sin embargo autónoma, era la de los Samaníes. Gobernaron sobre la mayor parte de lo que hoy son las repúblicas del Asia central durante una época de prosperidad y de avances culturales. Aunque pacíficos, los Samaníes expandieron las fronteras del Islam hacia el norte y el este, a veces utilizando medios militares, pero normalmente mediante la persuasión.

Sunitas estrictos en lo religioso, los Samaníes también se ganaron la gratitud del califa abasí al detener a un peligroso rebelde, Amr Ibn al-Layth, segundo de los gobernantes Safaríes de lo que hoy es Afganistán. Los Safaríes edificaron un imperio grande pero transitorio que incluía la mayor parte de lo que hoy es Irán. Incapaz de acabar totalmente con los Safaríes, el califa Abasí les reconoció de mala gana como legítimos gobernantes de varias regiones. Por su parte, los safaríes aceptaron esos títulos, pero raramente disimulaban su desdén hacia la autoridad del califa.

Más allá del territorio de los safaríes se hallaban las distantes provincias de Multan y Mansura, en lo que actualmente es Pakistán. Allí, descendientes de los conquistadores árabes y conversos locales permanecieron fieles a los abasíes, con excepción de un breve período en que Multan reconoció al califato rival Fatimí de Egipto. Esta región dedicaba sus energías al comercio y el estudio más que a la expansión.

La torre-mausoleo del sultán Kawus, construida en 1007, está situada en Gumbad-i Kawus, Irán.

Los alumnos se convierten en maestros

Ibn Sina dominó la gran edad de las ciencias islámicas. Era un experto en muchos campos, pero se le recuerda por sus descubrimientos médicos y por libros como Qanun, escrito mientras buscaba un hogar seguro y estable.

Derecha: Dos recipientes de cristal en forma de copa de los siglos IX-X, utilizada para recoger la sangre durante las sangrías medicinales a los pacientes, de Gurgan (Jurjan), Irán.
Debajo: Detalle de un lateral de la lápida original de Ibn Sina en el mausoleo de Ibn Sina, Irán.

Ibn Sina nació en 980 en lo que los musulmanes medievales conocían como Ma wara al-Nahr («La que está mas allá del río») o Transoxania, en lo que hoy es Uzbekistán. Transoxania era una frontera cultural y política en el rincón nororiental del mundo islámico, y sin embargo era rica y poderosa, con vínculos comerciales con casi todo el mundo conocido. Una de sus ciudades más importantes era Bujara, que había sido la capital de la dinastía gobernante samaní. Sin embargo, cuando Ibn Sina era un niño, Bujara fue amenazada por unos invasores, y cuando era un hombre joven, el estado samaní fue derrocado.

Ibn Sina, cuyo nombre completo era Abu Ali Abd Allah Ibn Sina, estudió primero la ley islámica y luego, de los 10 a los 15 años, filosofía. A continuación, su atención se concentró en la medicina, y pronto se ganó tal reputación que los doctores le pedían consejo cuando sólo tenía 16 años. Cuando el anciano gobernante Nuh Ibn Mansur cayó enfermo, ninguno de sus doctores era capaz de entender su problema. Alguien se acordó de Ibn Sina, y su diagnóstico debió causar impresión, pues el siguiente gobernante permitió al joven doctor utilizar su famosa biblioteca. Como resultado de eso, Ibn Sina comenzó a escribir su primer libro a la edad de 21 años.

Enfrente (Pág. 83): Andamiaje que soporta el interior de la madraza Ibn Sina en Ispahán, Irán, mientras se realizan obras de reconstrucción.

Forzado a abandonar Bujara por causas desconocidas, se trasladó primero a Gurganj (llamada hoy en día Urguench), donde ya se encontraba su maestro al-Natili. Sin embargo, al cabo de algunos años, Ibn Sina decidió hacer un peligroso viaje a través del desierto hasta la corte de Qabus Ibn Wushmgir, el gobernador ziyarí de Jurjan. Sin embargo, Ibn Sina seguía sin sentirse a salvo, ya que al parecer el sultán que había conquistado Gazna deseaba añadirle a su colección de eruditos. Dejando atrás Jurjan y la amenaza de secuestro, Ibn Sina viajó hacia el oeste a Rayy, donde entró al servicio de la madre del gobernante Buwaihí, que padecía una depresión.

UN REFUGIO SEGURO

Resulta irónico que Ibn Sina encontrara un refugio relativamente seguro bajo una de las dinastías más anárquicas de la historia medieval islámica. Los Buwaihíes o Buyíes era un clan de dirigentes chiítas enfrentados, que dominaron el oeste de Irán e Irak durante la mayor parte de los siglos X y XI. Aunque eran musulmanes chiítas, estos Buwaihíes también habían dominado el Califato suní Abasí de Bagdad desde 945. Esta época llena de paradojas fue una de las más brillantes en logros artísticos, culturales y científicos.

Ibn Sina permaneció por poco tiempo en Rayy antes de trasladarse primero a Qazwin y luego a Hamadan, que estaba bajo el control del gobernante Buwaihí Shams al-Dawla. Allí, el joven doctor se convirtió en uno de los amigos del gobernante, y pronto fue ascendido al rango de *wazir* o primer ministro.

Los años de actividad política que siguieron no impidieron a Ibn Sina seguir practicando la medicina y escribiendo una cantidad asombrosa de libros en árabe y persa. En otros momentos fue desterrado o encarcelado, o acompañó a algún ejército en campaña.

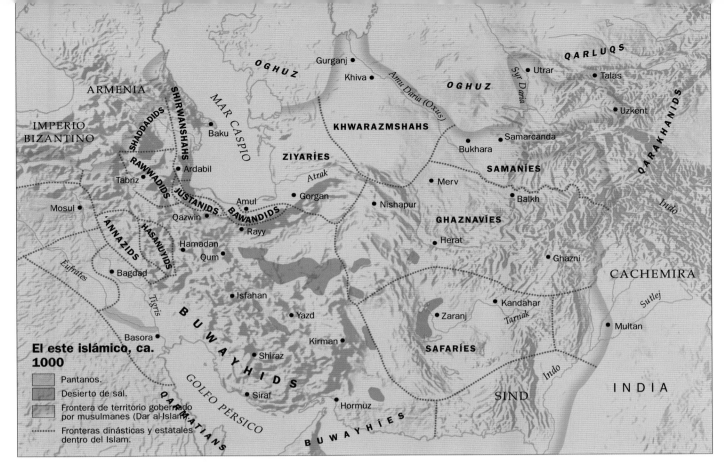

El este islámico, ca. 1000

Pantanos.

Desierto de sal.

Frontera de territorio gobernado por musulmanes (Dar al-Islam).

Fronteras dinásticas y estatales dentro del Islam.

Algunas de sus obras incluso fueron dictadas a lomos de caballo. En un momento dado, al-Juzjani, el biógrafo, secretario y alumno de Ibn Sina, pidió al maestro que escribiera un comentario sobre el filósofo griego Aristóteles. Ibn Sina estaba muy ocupado, pero aceptó hacer un resumen, el resultado fue uno de sus libros más famosos, la *Shifa* (Curación). Para entonces ya había completado el primer tomo de su gigantesca enciclopedia médica, *Qanun* (Regla o Principio), el libro más influyente de Ibn Sina, pero la muerte de su protector obligó al doctor a mudarse otra vez, esta vez a Ispahán. Allí, en la corte de Ala al-Dawla, encontró por fin un refugio estable.

Ibn Sina era miembro de la elite administrativa llamada los Hombres de la Pluma, que administraban los estados islámicos medievales, mientras que los Hombres de la Espada servían en el ejército. Durante sus años en Ispahán, Ibn Sina siguió adelante con sus investigaciones médicas y realizó los experimentos recogidos en el *Qanun*. También diseñó modelos mejorados de instrumentos astronómicos y se interesó por la filosofía.

Ibn Sina cayó enfermo mientras acompañaba al ejército de Ala al-Dawla. Al darse cuenta que la muerte se aproximaba, dijo: «El gobernante que gobernaba mi cuerpo ya no es capaz de hacerlo, así que los tratamientos ya no sirven de nada». Ibn Sina, erudito, filó-sofo y uno de los mayores doctores de la historia de la medicina, murió el primer viernes de Ramadán, el 18 de Junio de 1037, y fue enterrado en Hamadan.

Sunitas y chiítas

Aunque las dos ramas del Islam tienen mucho en común, los sunitas y los chiítas tienen importantes diferencias en lo que se refiere a la interpretación de las palabras y las profecías de Mahoma, y sobre los sucesores del Profeta, basadas en disputas que ocurrieron hace más de trece siglos.

Derecha: Talla en piedra de la mezquita de Sarmaj-Kirmanshah, construida para Hassnoyeh-Baryekani, 959-79.

En términos religiosos, los sunitas eran, y siguen siendo, aquellos musulmanes que basan sus prácticas en la sunna o costumbres de Mahoma. Siempre han sido la mayoría, y a veces son llamados equivocadamente musulmanes «ortodoxos». Los sunitas tienden a identificar a su comunidad en el sentido negativo de no ser chiítas. Sin embargo, las diferencias en doctrina y práctica religiosas entre los sunitas y los chiítas son pequeñas en comparación con las diferencias entre algunas comunidades cristianas.

Hasta la abolición del califato sunita por la República Turca en 1924, lo que definía con más claridad a un musulmán sunita era el reconocimiento de un califa sunita como el jefe espiritual y también, teóricamente, político, de la comunidad islámica. Eso era así incluso cuando más de un jefe sunita reclamaba el título de califa, como sucedió en varias ocasiones. Por ejemplo, Abd al-Rahman III, el gobernante Omeya de al-Andalus, se procla-

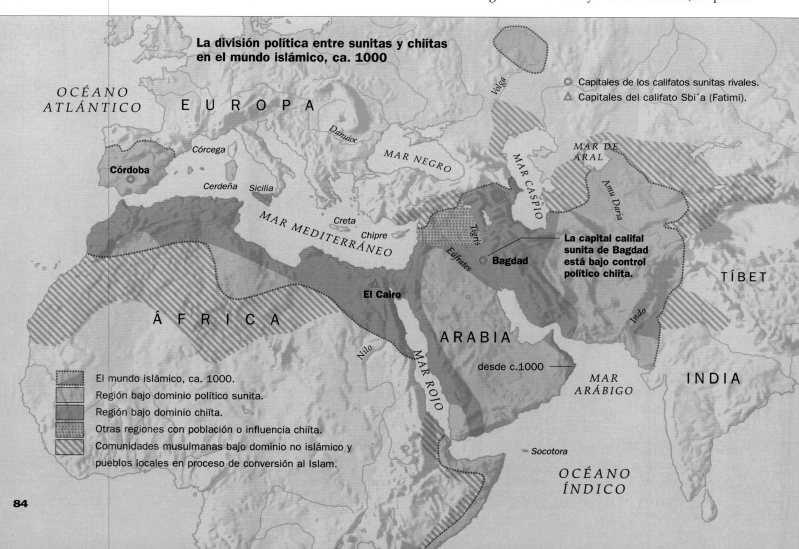

La división política entre sunitas y chiítas en el mundo islámico, ca. 1000

○ Capitales de los califatos sunitas rivales.
△ Capitales del califato Sbi´a (Fatimí).

OCÉANO ATLÁNTICO

EUROPA

Volga

Danubio

Córcega

Córdoba

Cerdeña   Sicilia

MAR NEGRO

MAR CASPIO

MAR DE ARAL

Amu Daria

Creta

MAR MEDITERRÁNEO

Chipre

Tigris

Éufrates

○ **Bagdad**

La capital califal sunita de Bagdad está bajo control político chiíta.

Indo

TÍBET

△ **El Cairo**

ÁFRICA

Nilo

MAR ROJO

ARABIA

desde c.1000

MAR ARÁBIGO

INDIA

░ El mundo islámico, ca. 1000.
Región bajo dominio político sunita.
Región bajo dominio chiíta.
Otras regiones con población o influencia chiíta.
Comunidades musulmanas bajo dominio no islámico y pueblos locales en proceso de conversión al Islam.

Socotora

OCÉANO ÍNDICO

mó califa a principios del siglo X, básicamente no como oposición a los califas abasíes del lejano Irak, sino para enfrentarse al emergente Califato chiíta Fatimí del norte de África.

Sería engañoso identificar a los cuatro primeros califas Rashidún o «bien guiados» como sunitas, ya que eran aceptados por la abrumadora mayoría de todos los musulmanes. Fue lo que sucedió tras la muerte del cuarto califa, Alí, lo que marcó las diferencias entre las dos ramas principales del Islam.

El término chiíta viene de Shi'a, que es una forma abreviada de Shi'at Ali o «partido de Alí». Una de las pocas características que comparten las numerosas sectas chiítas es su creencia en que el papel de califa o Imán debería en justicia haber pasado de Alí a sus sucesores, quienes a su vez eran miembros del Ahl al-Bayt, o descendientes de Mahoma. Los chiítas aparecieron como movimiento político y religioso en la época de los Omeya. Eso sucedió cuando algunos miembros del Ahl al-Bayt de las ciudades santas de Medina y La Meca fueron incitados por algunos seguidores a reclamar la jefatura de la comunidad islámica, lo que condujo a un enfrentamiento con los califas Omeyas y sus paridarios. El resultado fue que Hussein, el hijo de Alí y nieto del Profeta, fue asesinado en Kerbala, en Irak, en 680.

DISPUTAS SOBRE LA SUCESIÓN

Mientras que los chiítas están de acuerdo sobre quienes deberían haber sido los primeros sucesores, sin embargo difieren cuando se trata de miembros posteriores de la familia. La separación de los diferentes grupos chiítas tuvo lugar principalmente en el siglo IX. Por ejemplo, los dirigentes zaidíes que se hicieron con el control del Yemen central a fines del siglo IX creían que Alí había sido nombrado Imán, o sea jefe de los musulmanes o «La Comunidad de los Fieles», por el Profeta Mahoma, a causa de sus méritos personales. Sin embargo, otros chiítas consideran esto el resultado de una Orden Divina.

Los que pertenecían a la misma secta chiíta, como los zaidíes, también divergían con grupos más pequeños en que sostenían que el quinto Imán debería haber sido Zayd, nieto del martirizado Hussein, quien fue también asesinado cuando encabezó una rebelión contra la autoridad de los Omeya en 740. Algunas sectas chiítas sostienen que el quinto Imán debería haber sido el hermano de Zayd, Mohamed al-Baqir.

Estas cuestiones sucesorias, aparentemente de poca importancia, siguen dividiendo al movimiento chiíta. No obstante, esos desacuerdos no impidieron que surgieran varias dinastías chiítas en distintas partes del mundo islámico desde el siglo X en adelante. Hasta el comienzo de la Edad Moderna, la más poderosa de ellas era la Fatimí, la cual, en el punto álgido de su poder, dominó la mayor parte del norte de África, Egipto, Palestina,

casi toda Siria, partes de Arabia, e incluso consiguió por poco tiempo la soberanía del lejano Multan a fines del siglo X.

Izquierda: Un «encantamiento mágico» en papel pintado de Fustat (El Cairo), siglos XIII-XIV.

Más allá del río

El río llamado Oxus por los griegos y otros pueblos antiguos, es conocido actualmente por su nombre turco, Amu Daria. Transoxania, históricamente las tierras de Asia central que estaban más allá de ese río, albergaban pueblos de muchas etnias y credos.

Derecha: Interior de la tumba de Ismael en Bujara, Uzbekistán, siglo X.

Debajo a la derecha: Entrada al mausoleo con cúpula de Arab Ata de Tim, Uzbekistán, siglo X.

Los pueblos de más allá del Amu Daria (Oxus) se habían convertido al Islam, y la región se convirtió en una de las más importantes del imperio musulmán, y tanto el comercio como la ciencia prosperaban. Al norte del Amu Daria, siguiendo un curso casi paralelo, se encuentra el Sir Daria, que los antiguos conocían como Jaxartes. Más allá de la mitad oriental de este río hay territorios que formaban parte de las prósperas provincias islámicas de Ma Wara al-Nahr. En términos culturales, políticos y económicos, la Transoxania islámica de los primeros tiempos también incluía algunos territorios al sur del Oxus, incluido Jwarasm al oeste y Badajsán al este.

Dentro de este territorio en rápida expansión había regiones geográficas y climáticas muy diferentes, que iban desde enormes montañas, pasando por fértiles valles fluviales y oasis, hasta algunos de los desiertos más inhóspitos del mundo. Hoy en día, la gran mayoría de la población habla turco y es musulmana. Sin embargo, a comienzos del período islámico, la mayoría hablaba dialectos persa-iranios, mientras que grandes grupos de población seguían aferrados a diversas religiones preislámicas.

Arriba: Fragmentos de cerámica decorada de Kuwa, Uzbekistán, siglos X-XII.

Desde la antigüedad, caravanas de mercancías habían pasado por allí, a través de una red de rutas que unían la región con China y los imperios mediterráneos. Un erudito alemán del siglo XIX la llamó la Ruta de la Seda, y con ese nombre se quedó. A lo largo de esas rutas se transportaba mucho más que seda, desde luego, y las propias rutas estaban conectadas con otras que conducían al norte y al sur.

Mientras, el impacto que ese comercio tenía sobre los pueblos de Asia central era inmenso,

estimulando el desarrollo de ciudades al igual que el progreso artístico y científico. La implantación del califato islámico en el siglo VIII aportó una mayor seguridad, y contaba con un servicio de postal gubernamental con oficinas cada media jornada de marcha de una caravana. Esas casas de postas albergaban mulas y caballos, lo que posibilitaba que los mensajes urgentes recorrieran el equivalente a doce días de marcha en sólo uno.

La consolidación de la autoridad islámica tras la derrota de los chinos en la batalla de Talas detuvo el influjo turco durante varios siglos, y desembocó en un notable auge de la civilización sogdiana o del este de Irán. Con el ascenso de los samaníes a principios del siglo IX, los iraníes se hicieron con el poder local bajo soberanía abasí. Ciudades como Bujara y Samarcanda se convirtieron en importantes centros culturales, y varios hermosos edificios de ese período han sobrevivido hasta hoy.

INFLUENCIA TURCA

Sin embargo, en 1005 los samaníes fueron reemplazados por los karajaníes, conocidos también como los Illig Jans, que eran turcos. Habían conquistado el poder en la montañas orientales del reino samaní, y al parecer descendían de los Qarluqs, una confederación tribal turca que se había convertido mayoritariamente al Islam en el siglo X.

Aquello supuso un cambio de rumbo en la historia de Asia central, y le siguió un largo proceso de turquificación, aunque dentro de la cultura islámica. Como consecuencia, sólo uno de los nuevos estados que alcanzaron su independencia tras el hundimiento de la Unión Soviética a fines del siglo XX, Tayikistán, tiene una mayoría no turca.

Incluso hoy en día pueden verse las antiguas diferencias que distinguían a las culturas de varias zonas de este singular rincón del mundo musulmán. Por ejemplo, Uzbekistán es la más urbanizada, estando dominada por ciudades y comunidades agrícolas situadas a lo largo de sus fértiles ríos.

Turkmenistán, como su nombre sugiere, está dominado por turcomanos tribales y tradicionalmente nómadas, mientras que la mayor parte de su territorio está constituido por el imponente desierto de Qara Qum. Kirguizistán es una tierra de montañas y elevados valles alrededor del curso superior del Sir Daria, poblada mayoritariamente por nómadas y campesinos.

Sólo una pequeña parte de lo que fue la Transoxania islámica bajomedieval ha quedado dentro del actual territorio de la mayor de las repúblicas centroasiáticas, Kazajstán. La mayor parte de su inmenso territorio consiste en estepas, con el Asia central china al este y la Siberia rusa al norte. A menudo se tiende a olvidar que el rincón más occidental de Kazajstán queda más allá del río Ural, y está por tanto geográficamente en Europa.

Arriba: Grupo de mausoleos karajaníes que datan del siglo XI en Uzgen (Uzkent), Kirguizistán.

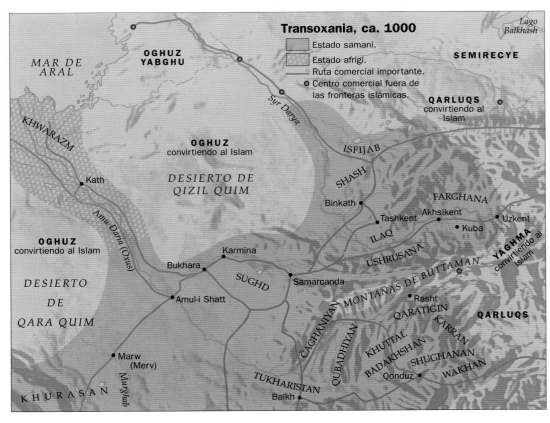

Explorando el mundo

La cultura islámica heredó las antiguas ciudades del Oriente Medio y las rutas comerciales que las unían con la India, China, y el este de África. Los gobiernos islámicos medievales e individuos emprendedores desarrollaron mucho esa red, a lo largo de inmensas rutas terrestres y a través de los océanos.

En frente (Pág. 89):
Una colección de astrolabios islámicos, instrumentos utilizados por los astrónomos de la antigüedad para medir la altura de las estrellas y los planetas, y que también ayudaba a la navegación. El astrolabio islámico conocido más antiguo data del siglo VIII, pero se alcanzó una mayor precisión durante los siglos X y XI.

Al mismo tiempo que los mercaderes de Siria, Irak, Irán y otras muchas partes del califato islámico bajomedieval comerciaban a lo largo de la Ruta de la Seda y de otras grandes rutas terrestres de Asia, otros mercaderes llevaban sus mercancías por el mar, desde y hacia puertos que se extendían desde el sur de África hasta lo que hoy es Indonesia. Sólo el extremo sur de África, las Américas, Australia y la Antártida quedaban fuera de aquella próspera red de comercio, y es posible que algunos exploradores musulmanes se aventuraran más allá de África del sur, circunnavegando así el continente. Es también bastante posible, e incluso probable, que marineros musulmanes fondearan en Australia tras ser desviados de su ruta por alguna tempestad.

Derecha: Un mosaico de fines del siglo VII en el patio de la Gran Mezquita de Damasco muestra un barco cargado de mercancías.

Mientras, los comerciantes hindúes parecían haber dejado la mitad occidental del océano Índico a sus rivales persas y árabes, aunque sí comerciaban con el este, con Birmania, Malasia e Indonesia. Viajando en dirección opuesta, colonos y probablemente mercaderes de lo que hoy es Indonesia estaban colonizando Madagascar y la costa este africana.

La curiosidad intelectual que caracterizaba a la edad de oro de la civilización medieval islámica incitó a la exploración por tierra y por mar. Suleimán el Mercader, Abu Zayd Hassan, e Ibn Wahab de Basora viajaron por mar. Otros viajeros lo hicieron por tierra, internándose profundamente hacia el norte, al interior del continente asiático. Algunos de los libros de aquellos exploradores aún perduran, mientras que a otros se les recuerda sólo por sus nombres. Pero todos ellos contribuyeron a aumentar el conocimiento sobre el mundo y sus continentes, sus climas y sus gentes.

GRANDES NAVEGANTES

Las historias que contaban los marineros y mercaderes entraron también en las narraciones populares, sobre todo en la enorme colección de relatos conocida como *Las mil y una noches*, o *Noche árabe*, como también es conocida en occidente. Imbricadas en los relatos de Simbad el Marino y el Príncipe Aladino hay confusas referencias a los orangutanes de Borneo y a otras extrañas criaturas, que parecieron más imaginarias que reales a los cuentacuentos profesionales de El Cairo y Bagdad.

Más importancia tenían para los capitanes que viajaban al sureste de Asia y a China los vientos monzónicos estacionales, que hacían que sus barcos navegasen lejos de la vista de la costa durante semanas. Además del monzón, los navegantes dependían de una forma primitiva de sextante llamada *kamal*, y de inventos náuticos chinos como la brújula magnética y el timón en la popa con bisagra.

868	897	ca.900	ca.900	909	911	929	934
El oficial Abasí Ahmed Ibn tulun gobierna Egipto, más tarde controla Palestina y Siria.	Se funda la dinastía chiíta de los Zaidíes.	El califato Abasí domina el comercio en el Mundo Antiguo.	Tribus árabes se unen bajo los chiítas Qármatas y se rebelan contra el poder Abasí.	El Califato chiíta fatimí se apodera de Túnez; dos dinastías reclaman el título de califa.	Muerte de Ishaq Ibn Hunayn, traductor de Aristóteles, Euclides y Ptolomeo al árabe.	El gobernador de al-Andalus asume el título de califa; hay tres dinastías rivales.	Génova es saqueada por una flota islámica.

Antes de que aquellos nuevos inventos estuvieran disponibles, los capitanes árabes utilizaban libros llamados *rahmanis*, que contenían información acerca de la posición y los movimientos de las estrellas, tablas astronómicas, las latitudes de los puertos de mar, datos sobre los vientos, arrecifes, corrientes, marcas costeras, y útiles referencias naturales, como los bancos de serpientes de mar que se podían encontrar en las costas indias.

Dada la complejidad del comercio transoceánico, no es sorprendente descubrir que un puerto como Sohar, en Omán, prosperase. Hasta el siglo IX tenía poca importancia, pero alcanzó relieve cuando Omán consiguió la independencia del Califato Abasí.

Además de los viajes comerciales, la flota de Sohar llegó a atacar Basora y a obligar al puerto rival de Siraf a construir una muralla defensiva. Al mismo tiempo, Sohar enviaba barcos mercantes al este de África y a Madagascar, trayendo de vuelta marfil, carey, pieles de leopardo y ámbar gris, de los que había gran demanda en el mundo islámico, en India y China.

Sin embargo, ese período de grandeza duró poco, y a fines del siglo X la independencia marítima de Sohar fue aplastada por los gobernantes Buwaihíes de Irán. Otros puertos más sureños tomaron el relevo, aunque las pautas del comercio transoceánico apenas cambiaron.

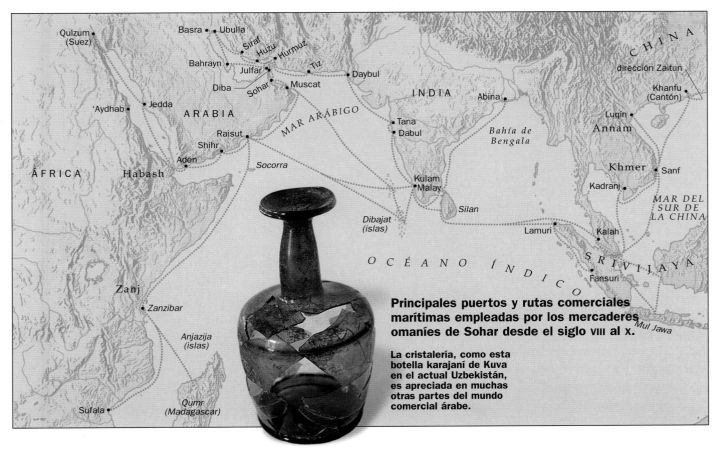

Principales puertos y rutas comerciales marítimas empleadas por los mercaderes omaníes de Sohar desde el siglo VIII al X.

La cristalería, como esta botella karajaní de Kuva en el actual Uzbekistán, es apreciada en muchas otras partes del mundo comercial árabe.

935	945	965	969	970	971	975	980–1037
Un gobernante turco funda otra dinastía en Egipto, los Ijsíes.	Los Buwaihíes chiítas son reconocidos por los califas sunitas Abasíes.	Los búlgaros del Volga se independizan de los jázaros y se alían con los Abasíes.	El general Jawhar arrebata Egipto a los ojsíes en nombre del Califato chiíta Fatimí.	Fundación de al-Azhar en El Cairo, considerada la universidad más antigua.	Los Fatimíes arrebatan Siria y Palestina a los abasíes.	Los Fatimíes expulsan a los musulmanes Qármatas de Egipto, Palestina y Siria.	Vida de Ibn Sina, médico y filósofo persa.

La desaparición de Arabia

Aunque no estaba aislada, Arabia en escasas ocasiones había desempeñado un papel significativo. Con la llegada del Islam, Medina fue por un corto período la capital del estado musulmán en expansión, mientras que la península disfrutó de una época de renacimiento durante varios siglos, antes de decaer y convertirse en un lugar atrasado, tribal y belicoso.

Después incluso de que la capital califal se trasladara a Siria primero y luego a Irak, Arabia siguió siendo una parte esencial del nuevo superestado. Sus dos ciudades principales, Medina y La Meca, eran el destino de los musulmanes en peregrinación. Las regiones costeras del mar Rojo y el golfo Pérsico quedaban también dentro de la corriente principal del comercio internacional, mientras que, más al sur, Yemen y Omán también prosperaban.

Arabia central era diferente. En esa región mayoritariamente nómada, encontraban a menudo refugio los grupos expulsados de la política y la cultura islámicas imperantes. En fecha tan temprana como 661, los jariyíes, que querían que el Islam fuese una teocracia guiada por la divinidad, intentaron asesinar a tres jefes musulmanes entre los que se encontraba Alí, el cuarto califa. Alí fue asesinado, y los jariyíes siguieron siendo un problema para los siguientes califas Omeyas. Por otra parte,

ese movimiento tenía más fuerza en Irán y el norte de África que en Arabia.

La mayoría de las tribus árabes permanecieron fieles a los Omeyas y sus sucesores los abasíes, hasta la aparición de otro movimiento revolucionario muy diferente a finales del siglo IX. Se trataba de los qármatas, un movimiento chiíta radical con raíces en la rama menos violenta, pero aún así revolucionaria, de los ismaelíes del chiísmo islámico. El califato fatimí que se instaló en Egipto era de este credo.

RADICALES QÁRMATAS

Los Qármatas se llaman así por un misionero de nombre Hamdan Qarmat, del que se dice que predicó en Irak, pero el levantamiento Qármata comenzó realmente entre los beduinos del nordeste de Arabia. Allí, en una zona llamada Bahrayn, y que incluía las regiones costeras de cada lado de la península de Qatar, surgió un formidable principado. Pronto dominó la mayor parte de Arabia, incluido Omán, mientras hacía profundas incursiones en Siria, e incluso en Egipto.

Los experimentos con una forma de sociedad casi comunista quedaron en nada, pero los qármatas siguieron siendo radicales en temas religiosos. Llegaron incluso a atacar

Derecha: La fortaleza preislámica e islámica de Qala'at al-Kisra, en Rustaq, Omán.

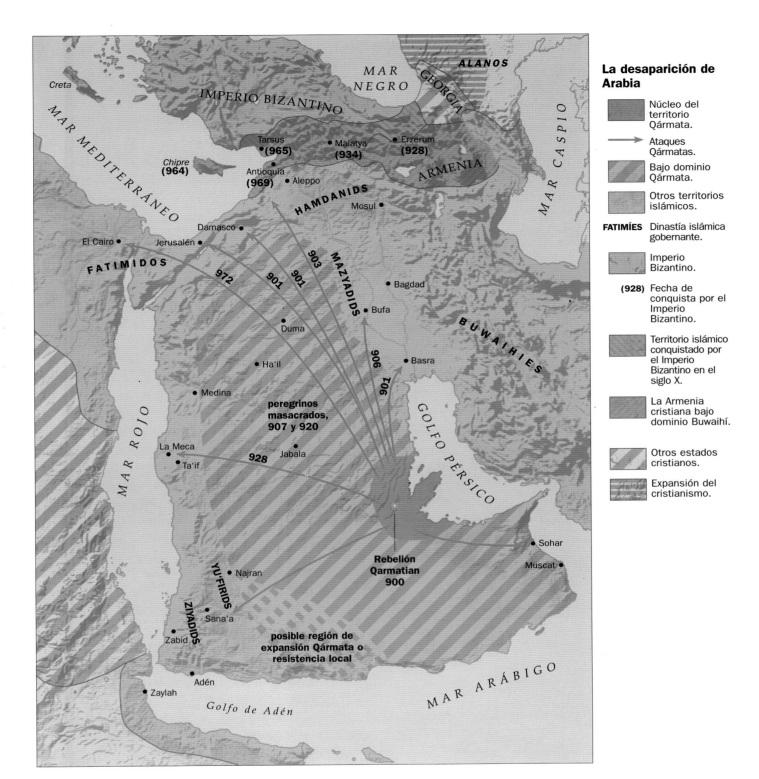

La desaparición de Arabia

- Núcleo del territorio Qármata.
- Ataques Qármatas.
- Bajo dominio Qármata.
- Otros territorios islámicos.
- **FATIMÍES** Dinastía islámica gobernante.
- Imperio Bizantino.
- **(928)** Fecha de conquista por el Imperio Bizantino.
- Territorio islámico conquistado por el Imperio Bizantino en el siglo X.
- La Armenia cristiana bajo dominio Buwaihí.
- Otros estados cristianos.
- Expansión del cristianismo.

Map labels: Creta, MAR NEGRO, ALANOS, GEORGIA, IMPERIO BIZANTINO, MAR MEDITERRÁNEO, MAR CASPIO, Tarsus (965), Malatya (934), Erzerum (928), ARMENIA, Chipre (964), Antioquía (969), Aleppo, HAMDANIDS, Mosul, Damasco, MAZYADIDS, Bagdad, El Cairo, Jerusalén, FATIMIDOS, 972, 901, 901, 903, Bufa, Duma, BUWAIHIES, 906, Basra, Ha'il, 906, 901, GOLFO PÉRSICO, MAR ROJO, Medina, peregrinos masacrados, 907 y 920, La Meca, Jabala, 928, Ta'if, Rebelión Qarmatian 900, Sohar, Muscat, YU'FIRIDS, Najran, ZIYADIDS, Sana'a, Zabid, posible región de expansión Qármata o resistencia local, Adén, MAR ARÁBIGO, Zaylah, Golfo de Adén

las Ciudades Santas y a llevarse la sagrada Piedra Negra de la Kaaba en 930, pues la seguían considerando un símbolo supersticioso. Tendría que pedírselo durante 20 años su aliado ocasional, el califa fatimí de El Cairo, antes de que devolvieran la Piedra Negra.

Sin embargo, los Qármatas fueron volviéndose gradualmente más moderados, mientras su estado continuaba como una república. El viajero persa Nasir-i Jusraw, quien visitó el territorio qármata en el siglo XI, informaba de que ciudades como Yamamah y Lahssa aún tenían grandes fortalezas, y poblaciones numerosas y belicosas. Sólo unas pocas décadas después, el estado Qármata fue derrocado por una campaña conjunta Abasí y turco-selyúcida, en alianza con un jefe local árabe.

Sin embargo, la caída de los Qármatas no puso fin al relativo aislamiento ni al creciente atraso de la mayor parte de Arabia. La región no volvería a desempeñar un papel importante en los asuntos políticos del mundo islámico hasta que el descubrimiento de petróleo en el siglo XX situó de nuevo a Arabia en el primer plano de los asuntos mundiales.

CAPÍTULO SEIS
El Califato de Córdoba

La conquista islámica de Iberia

Recientemente, algunos historiadores han cuestionado si los musulmanes conquistaron realmente la península Ibérica. Por el contrario, algunos explican la repentina aparición del dominio islámico en lo que hoy son España y Portugal como una conquista política, o como un golpe de estado resultante de la constante infiltración del fatalmente debilitado reino visigodo por parte de los pueblos norteafricanos recién islamizados. Lo que sí está claro es que la «conquista» de la península Ibérica fue una sucesión de acontecimientos complicada y poco documentada.

La invasión árabe tuvo una importancia capital para el futuro de Europa occidental. Condujo a la creación de una civilización islámica poderosa, rica y refinada en el continente. Esa cultura perduró durante ocho siglos, y su legado sigue siendo intenso, no sólo en España y Portugal, sino en las tierras que esos dos países colonizaron desde el siglo XV en adelante, sobre todo en las Américas.

La verdadera situación de la Iberia visigoda a principios del siglo VIII sigue sin estar clara (ver mapa), pero había una gran inestabilidad, que afectaba también a Marruecos. A esos volátiles territorios llegó un pequeño número de regimientos de frontera árabe-islámicos que avanzaban hacia el oeste por todo el norte de África, a veces con la autoridad expresa del califa, pero otras veces como asaltantes por cuenta propia.

La parte más extraordinaria de esa campaña fue realizada por Uqbar Ibn Nafi en 680-83. Llegó a alcanzar el Atlántico en la costa sur marroquí, pero fue asesinado por un ejército tribal bereber en su viaje de regreso. Una generación después, tras una ardua lucha para consolidar su autoridad en lo que hoy es Túnez, Musa Ibn Nusayr, el gobernador Omeya del norte de África, extendió el dominio islámico por el norte de Argelia y Marruecos.

Es entonces cuando la historia y la leyenda se unen casi inextricablemente. En 711, un ejército pequeño pero mayoritariamente bereber cruzó el estrecho desde Ceuta en Marruecos bajo la dirección de Tariq Ibn Ziyad. Se dice que los barcos se los proporcionó el conde Don Julián de Ceuta, cuya hija supuestamente había sido secuestrada por el rey visigodo Rodrigo. Si fuese cierto que Tariq necesitaba los barcos de Don Julián, eso implicaría que los seguidores de Tariq eran meros saqueadores, en lugar de auténticos invasores. Puede, incluso, que actuasen extraoficialmente, pues el califato islámico ya tenía su propia y altamente eficaz flota mediterránea. Cualquiera que fuese el trasfondo concreto, el hecho es que el nombre de Tariq es recordado en el moderno nombre de Gibraltar, que deriva de Jebel Tariq (la roca o montaña de Tariq).

ÉXITO ASOMBROSO

No se sabe si aquello era un reconocimiento en masa o simplemente una expedición en busca de botín, pero derrotó con claridad a un ejército visigodo importante. Rodrigo murió en combate, y el reino visigodo se hundió en el caos. Aprovechándose quizás del inesperado éxito del ataque de Tariq, Musa Ibn Nusayr lanzó una auténtica invasión. La mayor parte de las tropas implicadas seguía siendo berebere, incluidas algunas tribus sólo superficialmente convertidas al Islam, más un gran número de paganos, judíos y cristianos. Los árabes integraban la mayoría de los puestos de mando, más una élite de soldados profesionales.

Hacia 716 prácticamente toda la península Ibérica estaba bajo control islámico excepto una franja de terreno montañoso en la costa norte. Ésta permaneció autónoma, más bien que estrictamente independiente, bajo el mando de jefes visigodos locales, mientras que en el sudeste del país a un príncipe godo llamado Teodomiro se le permitía seguir siendo vasallo del califa Omeya en una región conocida posteriormente como Tudmira.

Entre 716 y 721, al-Hurr al-Thaqafi y al-Samh al-Jaulani, dos de los gobernadores omeyas de los que los musulmanes llamaban al-Andalus, extendió la autoridad islámica sobre el antiguo enclave visigodo de Narbona, en el sur de Francia. Sus hombres hicieron también ataques más al norte, penetrando por el valle del río Ródano y también por Burdeos hacia el Loira. Como consecuencia, el vasto, rico y en la práctica independiente ducado de Aquitania, en el suroeste de Francia, aceptó por un breve período de tiempo la soberanía islámica. Esta situación cambiaría tras la victoria francesa sobre un importante ejército islámico cerca de Poitiers en 732, pero por un tiempo muchos en Europa occidental temieron que los musulmanes árabes llegaran a invadir a la cristiandad occidental, como parecían dispuestos a derrotar a la cristiandad bizantina.

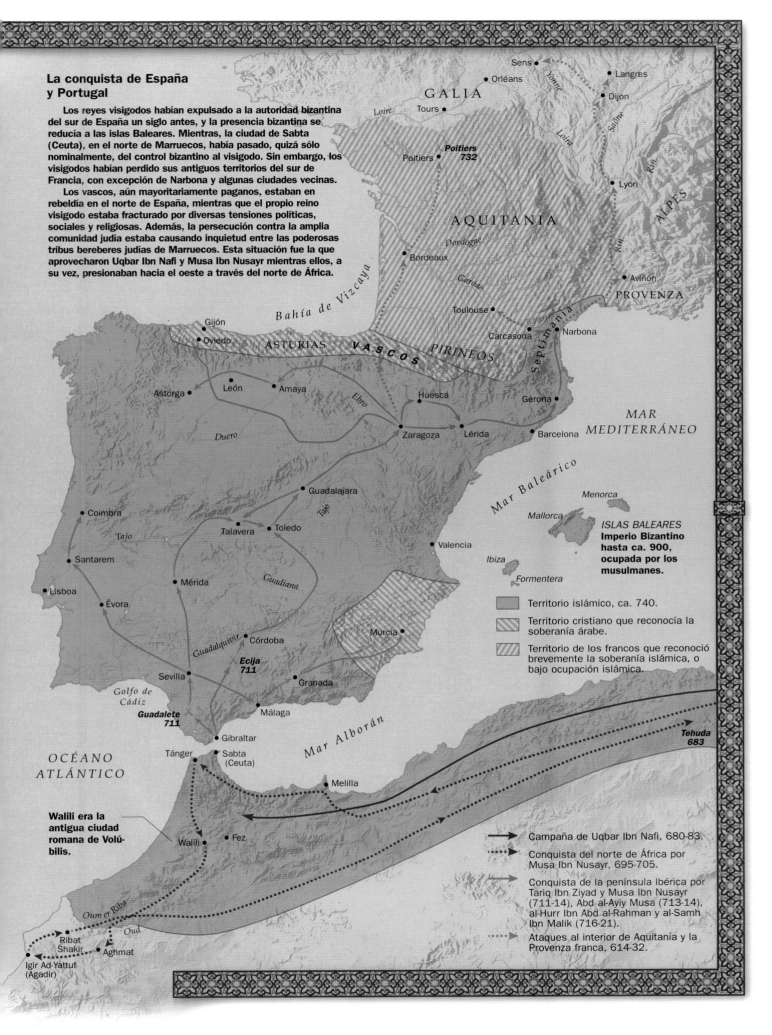

La conquista de España y Portugal

Los reyes visigodos habían expulsado a la autoridad bizantina del sur de España un siglo antes, y la presencia bizantina se reducía a las islas Baleares. Mientras, la ciudad de Sabta (Ceuta), en el norte de Marruecos, había pasado, quizá sólo nominalmente, del control bizantino al visigodo. Sin embargo, los visigodos habían perdido sus antiguos territorios del sur de Francia, con excepción de Narbona y algunas ciudades vecinas.

Los vascos, aún mayoritariamente paganos, estaban en rebeldía en el norte de España, mientras que el propio reino visigodo estaba fracturado por diversas tensiones políticas, sociales y religiosas. Además, la persecución contra la amplia comunidad judía estaba causando inquietud entre las poderosas tribus bereberes judías de Marruecos. Esta situación fue la que aprovecharon Uqbar Ibn Nafi y Musa Ibn Nusayr mientras ellos, a su vez, presionaban hacia el oeste a través del norte de África.

GALIA

Sens

Orléans

Langres

Loire

Tours

Dijon

Yonne

Poitiers 732

Poitiers

Loira

Saône

Lyon

Rin

AQUITANIA

ALPES

Dordogne

Bordeaux

Aviñón

Garona

Toulouse

PROVENZA

Septimania

Bahía de Vizcaya

Carcasona

Narbona

Gijón

Oviedo

ASTURIAS

VASCOS

PIRINEOS

Gerona

MAR MEDITERRÁNEO

Astorga

León

Amaya

Ebro

Huesca

Duero

Zaragoza

Lérida

Barcelona

Mar Baleárico

Menorca

Guadalajara

Tajo

Mallorca

Coimbra

ISLAS BALEARES
Imperio Bizantino hasta ca. 900, ocupada por los musulmanes.

Tajo

Talavera

Toledo

Valencia

Ibiza

Santarem

Formentera

Mérida

Guadiana

□ Territorio islámico, ca. 740.

Lisboa

Évora

▨ Territorio cristiano que reconocía la soberanía árabe.

Murcia

▧ Territorio de los francos que reconoció brevemente la soberanía islámica, o bajo ocupación islámica.

Guadalquivir

Córdoba

Sevilla

Ecija 711

Granada

Golfo de Cádiz

Málaga

Guadalete 711

Gibraltar

Mar Alborán

Tehuda 683

Tánger

Sabta (Ceuta)

OCÉANO ATLÁNTICO

Melilla

Walili era la antigua ciudad romana de Volúbilis.

Walili

Fez

→ Campaña de Uqbar Ibn Nafi, 680-83.

┈┈▸ Conquista del norte de África por Musa Ibn Nusayr, 695-705.

⟶ Conquista de la península Ibérica por Tariq Ibn Ziyad y Musa Ibn Nusayr (711-14), Abd al-Ayiy Musa (713-14), al-Hurr Ibn Abd al-Rahman y al-Samh Ibn Malik (716-21).

┈┈▸ Ataques al interior de Aquitania y la Provenza franca, 614-32.

Oum er Rbia

Oud

Ribat Shakir

Aghmat

Igir Ad-Yattuf (Agadir)

Córdoba, ciudad de la luz

El cambio más evidente que los dirigentes islámicos introdujeron en la península Ibérica fue trasladar la capital regional del Toledo visigodo a Córdoba en el sur. La ciudad prosperó, convirtiéndose en la más grande de Europa Occidental.

Derecha: Mihrab *de la Gran Mezquita de Córdoba, del siglo X.*

Debajo: Vista de Córdoba mirando hacia el norte sobre el Guadalquivir hacia la Gran Mezquita, con su catedral cristiana muy posterior irrumpiendo a través del centro del tejado más bajo de la mezquita. La propia mezquita fue construida sobre los restos de una iglesia visigoda anterior. En primer plano aparece el puente romano, con su vía para carruajes reconstruida por los conquistadores musulmanes.

El temor de los cristianos a que los musulmanes conquistaran Europa occidental resultó infundado, pues los árabes habían llegado al límite de lo que sus tropas y recursos podían abarcar. Esto era particularmente cierto en el oeste. Además, las prioridades estratégicas y culturales del califato estaban ya volviéndose hacia el este, y en Iberia su objetivo principal era consolidar y aprovechar su expansión territorial. Las ciudades de la región se convirtieron en importantes centros del comercio y la cultura.

Sin embargo, la idea de que los árabes y los bereberes, habiendo llegado hasta tierras norteñas frías y nubladas, no sintieron ningún deseo de ocuparlas, es un mito. En el este, los ejércitos árabe-musulmanes seguían presionando hacia las regiones más inhóspitas de Afganistán y Asia central. Lo que sucedió en la península Ibérica es un reflejo de lo que previamente había ocurrido en Irán. En ambas regiones, los árabe-musulmanes invadieron estados que ya existían: el reino visigodo en Iberia, y el Imperio Sasánida en Irán. En ambos casos, gobernaron como sucesores de los anteriores reyes o shahs, dejando intactas la mayor parte de la estructura administrativa, las comunicaciones y las fronteras existentes.

En el este, los árabes seguían avanzando, pero las nuevas conquistas se consideraban generalmente entidades nuevas. En el oeste, los musulmanes pronto abandonaron su breve soberanía sobre Aquitania, pero lucharon duramente por mantener la provincia ex-visigoda de Septimania, la región alrededor de Narbona, en el sur de Francia.

En muchos sentidos, el traslado musulmán de la capital desde las regiones escasamente pobladas del centro a las más ricas, fértiles y densamente pobladas regiones del sur, fue un regreso a la situación pre-visigoda. Gran parte del sur de Iberia había sido también dominada y colonizada por los semitas fenicios o los cartagineses en épocas pre-romanas, y habían conservado estrechos

vínculos tanto con el norte de África como con Oriente Medio. Esta zona era la que el Imperio Bizantino deseaba ardientemente reconquistar. Sobre todo, era la región en que la vida urbana había sobrevivido con mayor intensidad tras la caída del Imperio Romano de Occidente en el siglo V. El sur de Iberia seguía siendo cultural y económicamente parte del mundo mediterráneo que el primer califato islámico había heredado.

RÁPIDO DESARROLLO

Por supuesto, todas las provincias ibéricas que permanecían bajo dominio islámico durante más de unas décadas se beneficiaban del asombroso progreso económico y cultural que caracterizaba a la civilización islámica medieval. Incluso los enclaves cristianos del norte, que pronto recobraron su independencia del dominio islámico, iban a beneficiarse hasta cierto punto.

Sin embargo, fueron el este y el sur los que de verdad prosperaron. De hecho, el fértil valle del Guadalquivir, la franja costera mediterránea, y el igualmente fértil valle del Ebro, al noreste de Iberia, se convirtieron en los tres núcleos de población, culturales y económicos del al-Andalus islámico.

Ahora Córdoba crecía constantemente, y era ya la mayor ciudad al oeste de Constantinopla en el siglo VIII. Córdoba llegó al final a ser el hogar de alrededor de medio millón de personas, incluidos musulmanes, judíos y cristianos. Más allá de la ciudad originalmente rectangular conocida como al-Madina se extendían enor-

mes suburbios y zonas de huertos y jardines para abastecer a los habitantes de alimentos frescos. En un momento dado, según algunos historiadores, Córdoba llegó a tener más de 470 mezquitas, la más importante de las cuales era, desde luego, la fabulosa Gran Mezquita que se asomaba sobre el río Guadalquivir.

Además, había más de 200.000 casas para artesanos y mercaderes, 60.000 para autoridades y otros empleados del gobierno, y más de 80.000 tiendas variadas. Córdoba aún resultaba pequeña comparada con alguna de las ciudades islámicas de Oriente Medio, aunque en comparación Aix-la-Chapelle (Aachen), la capital coetánea del imperio Carolingio en lo que hoy es el oeste de Alemania, era poco más que un pueblo.

El campo que rodeaba Córdoba, sus suburbios y sus huertos estaban salpicados de pueblos, granjas, y de munyas o residencias campestres de la aristocracia de al-Andalus. También había varios grandes recintos palaciegos que servían como base militar y administrativa para el amir gobernante o, como más tarde se proclamaría, el califa.

Mientras tanto, gran parte de la población rural seguía siendo cristiana, como sucedía en el resto de al-Andalus, y había varios monasterios importantes alrededor de Córdoba.

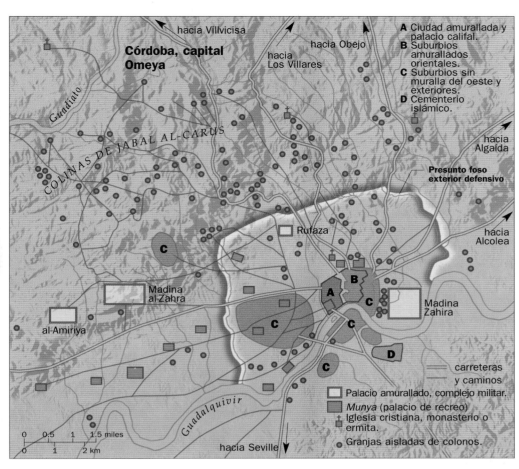

Córdoba, capital Omeya

A Ciudad amurallada y palacio califal.
B Suburbios amurallados orientales.
C Suburbios sin muralla del oeste y exteriores.
D Cementerio islámico.

Presunto foso exterior defensivo

carreteras y caminos
Palacio amurallado, complejo militar.
Munya (palacio de recreo)
Iglesia cristiana, monasterio o ermita.
Granjas aisladas de colonos.

Arriba a la izquierda: El cáliz de marfil andaluz hecho para al-Mughira en 968.

Islas místicas y ballenas

La navegación medieval islámica por el Atlántico se extendía por distancias más grandes de lo que generalmente se cree. Los vikingos no eran el único pueblo contemporáneo que navegaba rutinariamente más allá de la vista de la costa: los de al-Andalus también atravesaron las aguas del «Mar de la Oscuridad».

Derecha: Ilustración que muestra al barco Argo en un manuscrito de principios del siglo XIII de la Kitab al-Sufar de Ceuta, hoy en la biblioteca del Vaticano.

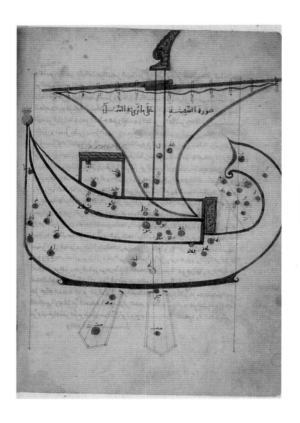

Los marinos islámicos navegaron por las aguas que rodeaban la península Ibérica, la costa noroeste de África y las islas Canarias, y puede que incluso llegaran hasta las Azores y Madeira. Algunas de esas islas eran muy conocidas, mientras que otras eran poco más que leyendas de marineros. Los mares de esta zona habían recibido el nombre de Mediterráneo Atlántico, porque allí la navegación estaba estrechamente ligada tecnológica, económica e históricamente al Mediterráneo.

Los bajeles romanos habían surcado las aguas costeras desde el estrecho de Gibraltar y la península Ibérica hasta el canal de la Mancha y las islas Británicas. Tras el hundimiento de la mitad occidental del Imperio Romano, al parecer sobrevivió un vínculo

Arriba: Ilustración de una Gran Inundación, que muestra personajes que se ahogan y galeras hundidas, en una copia del Beatus Comentarius, *922-52 d.C.*

marítimo entre el reino visigodo de Iberia y las zonas célticas de Bretaña, las islas Británicas, e Irlanda.

Puede que dicho vínculo sobreviviera tras la conquista árabe-islámica de España y Portugal, pues sí está claro que Bretaña siguió siendo la principal fuente de abastecimiento de zinc para al-Andalus hasta bien entrado el siglo IX. Merece la pena subrayar que las famosas historias

de terror sobre el Atlántico, o «Mar de la Oscuridad» como se le conocía en gran parte del mundo islámico, provenían de Oriente Medio más que de Marruecos o al-Andalus.

Los mejores navegantes conocidos de la baja Edad Media en el Atlántico eran los celtas irlandeses y los vikingos escandinavos. Sin embargo, sólo dos pueblos navegaban habitualmente por el este del Atlántico durante los primeros siglos de la Edad Media: los vikingos y los islámicos de al-Andalus. Los últimos puede que no se aventuraran tan lejos como los escandinavos, pero eran los únicos rivales de los vikingos. Además, los asaltos vikingos obligaron a los dirigentes islámicos de Córdoba a enviar al menos a una embajada oficial al lejano norte para descubrir el origen de aquellas repentinas agresiones navales.

La amenaza vikinga pronto se volvió lo bastante grave para que se creara un escuadrón naval omeya a mediados del siglo IX, específicamente para patrullar la costa atlántica. Las primeras bases navales omeyas de al-Andalus estaban en la costa mediterránea, pero a mediados del siglo X se construyeron instalaciones adicionales, incluidos arsenales para la construcción de barcos, en la costa atlántica de la península Ibérica. Entonces, las fuerzas navales islámicas demostraron ser capaces de repeler asaltos vikingos.

MÁS ALLÁ DEL HORIZONTE

La mayoría de los viajes de los marinos musulmanes por el Atlántico se emprendían por razones comerciales, diplomáticas o militares, aunque algunos fueron producto de la curiosidad intelectual. El comandante de una patrulla naval que se enfrentó a los vikingos en 889 se llamaba Jashjash Ibn Saíd de Pechina. Uno de los llamados «Aventureros de Lisboa» también se llamaba Jashjash, y quizá era el mismo hombre.

Ese Jashjash hizo varias expediciones adentrándose en el Atlántico, antes de desaparecer junto con sus compañeros. Su primer viaje al norte resultó peligroso y de poco provecho, aunque al parecer llegó hasta asentamientos vikingos en Irlanda. Los siguientes viajes de los aventureros se dirigieron al sur, y tuvieron más éxito en Bilad al-Sudán, «la isla de la gente negra», más allá de las islas Canarias. Es posible que llegaran hasta las islas de Cabo Verde.

Las grandes flotas pesqueras de Lisboa y el Algarve, en lo que hoy es Portugal, también se adentraron mucho en el Atlántico y se aventuraron a lo largo de la costa occidental africana buscando buenas capturas. Mientras, la costa Atlántica de Marruecos experimentó una considerable expansión económica en el siglo XII, y el jefe almohade Alí Ibn Yusuf incluso llegó a planear una expedición naval, posteriormente abortada, para conquistar las islas Canarias. A principios del siglo XII, un marino llamado Ibn Fátima y su tripulación naufragaron cerca de Ras Nuadibún, mucho más al sur de lo que actualmente es Mauritania.

En conjunto, estos fragmentos de información dan la impresión de que los viajes eran normales y casi rutinarios. Sin embargo, el relato quizá más sorprendente de todos habla de los intentos de un gobernante musulmán de principios del siglo XIV de Malí, al sur del Sahara, por conquistar las «islas occidentales», presumiblemente las islas de Cabo Verde. El mero hecho de que una expedición así pudiera planearse indica el conocimiento del objetivo, y la disponibilidad de naves y tripulaciones para abordar tal empresa.

Leyenda del mapa

- Territorio islámico en el siglo IX.
- El Malí islámico a principios del siglo XIV.
- Costas patrulladas por escuadrones navales Omeyas contra los asaltos vikingos, mediados siglo IX-siglo X.
- Centro islámico de ciencias navales y geográficas (incluido mundo esférico), que posteriormente influirían en los navegantes portugueses del siglo XV.
- ⚓ Arsenales de construcción naval.
- 🐟 Zonas de pesca frecuentadas por pescadores de al-Andalus (posiblemente incluía pesca de ballenas).
- ⊗ Derrotas vikingas a manos de los Omeyas.
- ⊗ Derrota castellana a manos de la flota marroquí, 1340.
- ······· Línea marítima entre Irlanda, el oeste de Gran Bretaña, Bretaña, y la Iberia visigoda preislámica.
- → Exportación de zinc de Cornualles, siglos VIII-IX.
- → Incursiones vikingas, 843–972.
- → Asalto naval de Santiago por parte de al-Andalus, 997.
- → Embajada islámica al «rey de los Mayus» (probablemente Turgeis, jefe vikingo de Dublín, 845).
- → Viajes de Jashjash y «los Aventureros de Lisboa», mediados siglo IX.
- ·······→ Intento abortado de invadir las islas Canarias por parte de Ibn Alí Yusuf, dirigente almorávide de Marruecos, (1107-42) y las islas de Cabo Verde hacia mediados del siglo XIV por el soberano Malí.
- ·······→ Tráfico costero entre al-Andalus-Magreb y Ras Nuadibán, y llegando quizá hasta Senegal y Gambia, hacia el siglo XIII.

«MAR DE NIEBLA» (OCÉANO ATLÁNTICO)

ESCANDINAVIA

IRLANDA

INGLATERRA

Bretaña

FRANCIA

Azores

Lisboa

AL-ANDALUS

Córdoba

MEDITERRÁNEO

Sala · Fez

MAGREB

Madeira

Marrakech · Sijilmassa

Taurirt

«Islas Eternas» (Canarias)

Ras Nu'adhibin

DESIERTO DEL SAHARA

caminos de comercio del desierto

Tombuctú

Cabo Verde

esclavos

Kumbi Saleh

M A L Í

Gambia

oro

esclavos

esclavos

oro

oro

Los reinos de Taifas

Almanzor gobernó al-Andalus con mano de hierro pero, poco después de su muerte, la España islámica se fragmentó en una multitud de diminutos estados. Aunque prosperaron, su falta de unidad les convirtió en el objetivo de los estados cristianos del norte.

Derecha: La mezquita Bab Mardum (hoy iglesia del Cristo de la Luz) en Toledo, construida entre 980 y 1000.

Durante finales del siglo X, un gran *wazir* (visir) llamado Almanzor se convirtió prácticamente en el dictador de al-Andalus, mientras que el califa omeya de Córdoba era una mera marioneta encerrado en su propio palacio. Los ejércitos de Almanzor fueron el terror de la península Ibérica, y los pequeños reinos cristianos de lo que hoy es el norte de España parecían incapaces de resistir. Sin embargo, sólo un año después de la muerte del sucesor de Almanzor, todo pareció venirse abajo. El al-Andalus islámico se fragmentó de repente en una asombrosa multitud de diminutos estados, algunos de ellos nada más que una ciudad y sus inmediatos alrededores. Fueron los reinos de Taifas o «reinos de partidos». En la zona sur y centro-sur, altos cargos de origen bereber tomaron el poder. A lo largo del Mediterráneo y en Lérida, al pie de los Pirineos, surgieron dinastías que se reclamaban descendientes de los eslavios europeos (antiguos eslavos, de donde deriva la palabra). Otras dinastías de distintos orígenes étnicos y culturales brotaron por todas partes.

Los mayores estados taifas surgieron a lo largo de la frontera con los reinos cristianos, basados los tres mayores en los thugur o provincias fronterizas militarizadas ya existentes. Con pocas excepciones, los más pequeños se encontraban en el sur, más urbanizado y densamente poblado. Esta fragmentación parece un suicidio político por parte de los musulmanes de al-Andalus, sin embargo en su época no se vio así. Los de al-Andalus estaban seguros de su propia civilización, y generalmente consideraban a los cristianos del norte poco menos que como bárbaros. Tampoco se sintieron especialmente amenazados los soberanos de Taifas de principios del siglo XI: algunos de los estados más pequeños prácticamente no tenían ejército.

Arriba: Una esfera celeste de latón de al-Andalus atribuida a Ibrahim Ibn Saíd alSahli.

PRÓSPEROS PERO INDEFENSOS

En unas pocas décadas, la amenaza se volvería dolorosamente evidente, pero en el ínterin la civilización islámica de al-Andalus prosperó mientras los soberanos rivales intentaban atraer a los poetas y los sabios a su corte. La poesía, la geografía, las matemáticas, la medicina y la horticultura progresaron. Varios de los principales sabios eran judíos, demostrando que la integración que había caracterizado la primitiva civilización islámica seguía siendo fuerte. Algunos de los soberanos más ambiciosos, como el de Sevilla, intentaron invadir otros estados taifas, en la esperanza quizás de restaurar la unidad de al-Andalus.

Desgraciadamente, la prosperidad que mantenía ese florecimiento cultural también despertó las ansias depredadoras de los estados cristianos del norte, más pobres. Aunque la cultura, las artes, la arquitectura y la organización militar de esos reinos norteños estaban fuertemente influenciadas por las del al-Andalus islámico, combatían frecuentemente contra los musulmanes sureños, y entonces se dieron cuenta de que los anteriormente temidos andaluces eran mucho más débiles que antes.

El hundimiento islámico comenzó cuando el más poderoso de los reyes cristianos, Alfonso VI de León y Castilla (1065-1109), forzó a sus vecinos islámicos a pagarle tributo. Luego, en 1085, el más grande de los estados de al-Andalus, Toledo, cayó en poder de Alfonso VI. Aquello despertó la alarma en toda Andalucía, y al-Mutamid, el soberano de Sevilla, recurrió al poder emergente de los almorávides del norte de África para que le ayudasen.

Sin embargo, el origen de los almorávides está en el otro extremo del desierto del Sahara, y sus ejércitos incluían grandes cantidades de tribus que se habían convertido al Islam de manera superficial. Como consecuencia, muchos miembros de la refinada elite de al-Andalus consideraron a estos recién llegados como una amenaza mayor que la de los cristianos del norte, sobre todo porque la aristocracia de los reinos cristianos tenía mucho en común con sus vecinos musulmanes. Muchos cristianos sabían hablar árabe, mientras que la mayoría de los de al-Andalus probablemente hablaban en sus hogares un idioma derivado del latín, una forma primiti-

va de español o portugués. Parecer ser que el árabe era la lengua de la cultura, el comercio, la diplomacia y la religión, pero no necesariamente la lengua materna de los musulmanes de al-Andalus.

La confusión que siguió a la primera expedición almorávide en apoyo de sus hermanos musulmanes en 1086, pareció convencer al soberano almorávide Yusuf Ibn Tashfin de que el al-Andalus islámico sólo se salvaría si era conquistado por los propios almorávides.

En 1090, comenzó a invadir los reinos de taifas y a finales de 1102 lo único que quedaba de ellos eran las Baleares y Zaragoza.

Arriba: *Ruinas del castillo de Gormaz, siglo X.*

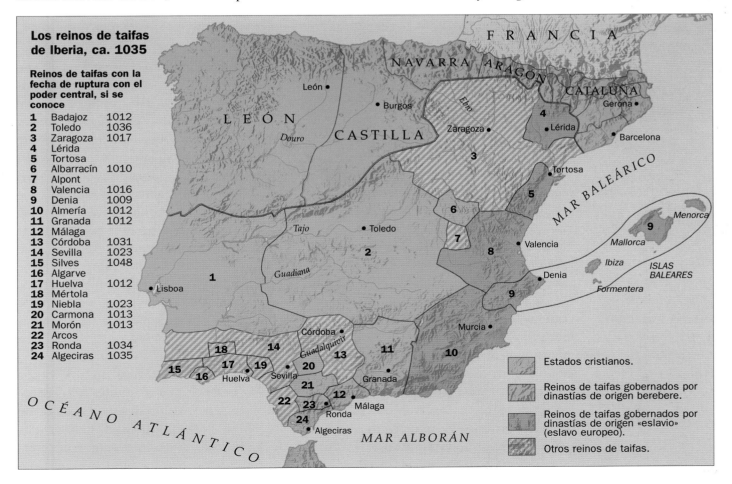

Los reinos de taifas de Iberia, ca. 1035

Reinos de taifas con la fecha de ruptura con el poder central, si se conoce

1	Badajoz	1012
2	Toledo	1036
3	Zaragoza	1017
4	Lérida	
5	Tortosa	
6	Albarracín	1010
7	Alpont	
8	Valencia	1016
9	Denia	1009
10	Almería	1012
11	Granada	1012
12	Málaga	
13	Córdoba	1031
14	Sevilla	1023
15	Silves	1048
16	Algarve	
17	Huelva	1012
18	Mértola	
19	Niebla	1023
20	Carmona	1013
21	Morón	1013
22	Arcos	
23	Ronda	1034
24	Algeciras	1035

Estados cristianos.

Reinos de taifas gobernados por dinastías de origen bereber.

Reinos de taifas gobernados por dinastías de origen «eslavio» (eslavo europeo).

Otros reinos de taifas.

Zaragoza, ciudad fronteriza

Bajo el dominio islámico, Zaragoza se convirtió en una ciudad cosmopolita, hogar de musulmanes y también de gran número de cristianos y judíos. Como ciudad fronteriza, fue testigo de conflictos casi incesantes, y a principios del siglo XII cayó finalmente en manos únicamente cristianas.

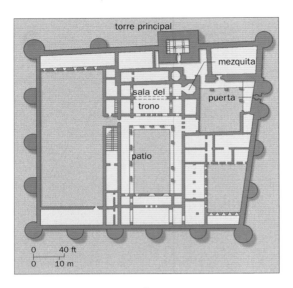

Derecha: Plano del palacio de la Alfajarería, construido a mediados del siglo XI por Ahmed I al-Muqtadir, el soberano taifa de Zaragoza. Saliendo de la sala del trono se encuentra la diminuta mezquita, o musalah.

Zaragoza era conocida por los árabes de al-Andalus como Sarakusta y como Medina al-Bayda, «la ciudad blanca». Bajo el gobierno de los Omeya de Córdoba, Zaragoza había sido la principal ciudad de la Marca Superior, la provincia fronteriza nororiental de al-Andalus. Durante el siglo XI, se convirtió en la capital de un reino de taifa relativamente poderoso y grande bajo los Banu Hud.

Estos hudíes no eran, sin embargo, los primeros soberanos independientes de Zaragoza, ya que, en fecha tan temprana como 1037,

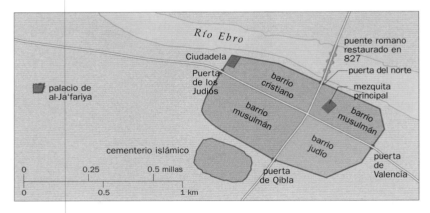

el gobernador local al-Mudhir al-Tujibi había seguido la estela de otros dirigentes locales de al-Andalus y había declarado la independencia. Su familia conservó Zaragoza hasta 1040, cuando Suleimán Ibn Hud al-Judhami tomó el poder. La dinastía hudí resultante tenía sus raíces en una familia árabe fundada hacía mucho, que se consideraban a sí mismos parte de la verdadera aristocracia de al-Andalus.

Enfrente (Pág. 101): La torre norte principal del palacio de la Alfajarería.

Conocido como al-Mustaín I, Suleimán Ibn Hud fue el primero de una dinastía que en distintos momentos gobernó sobre Zaragoza, Huesca, Tudela, Lérida, Denia, Tortosa y Calatayud. Siguió aferrada a algunos territorios del centro de España incluso después de haber perdido Zaragoza. Mucho más al sur, uno de los últimos miembros de los Banu Hud gobernó brevemente en Murcia a mediados del siglo XIII, entre el hundimiento almohade y la conquista cristiana.

Zaragoza prosperó bajo los hudíes, a pesar de estar rodeada de enemigos. La ciudad medieval permaneció dentro de las murallas romanas restauradas, en la orilla sur del Ebro. Sus dos calles principales unían las cuatro puertas y dividían la ciudad en cuatro barrios: uno habitado mayoritariamente por cristianos, otro por judíos, y dos por musulmanes.

En el barrio del nordeste se alzaba la mezquita principal, construida en el siglo VIII, probablemente en el emplazamiento de una iglesia anterior. Había sido considerablemente ampliada desde entonces, y al final sería reemplazada por una catedral, después de que Zaragoza cayera en poder del rey de Aragón.

Durante el siglo IX, los musulmanes habían restaurado el maltrecho puente romano sobre el Ebro, de resultas de una terrible inundación que también destruyó gran parte de la muralla fortificada de Zaragoza. Ese Puente de Piedra todavía existe, pero la construcción más notable del período islámico que aún perdura es el Palacio de la Alfajarería, cerca de la puerta oeste o judía. Fue construido entre 1046 y 1081.

REFINADA ARQUITECTURA

Dentro de un rectángulo irregular de muros de piedra y ladrillo y torres está el palacio de ladrillo de Ahmed I al-Muqtadir (1049-82). Está decorado con estucos, algunos de los cuales incluyen diseños florales y geométricos. Junto a la sala del trono del palacio hay una mezquita de ocho lados, cuyo interior está cubierto de estuco decorado.

Ahmed I al-Muqtadir de Zaragoza fue un soberano de espíritu abierto y práctico. Pagaba tributo al rey Fernando I de Castilla, el autoproclamado emperador de España, porque Castilla era más fuerte que Zaragoza. Tres años después, cuando el rey ramiro I de Aragón invadió su territorio, Ahmed I se enfrentó a él con un ejército que incluía un contingente de caballeros castellanos. La fuerza mixta islámica y cristiana de Ahmed I venció, y el rey Ramiro resultó muerto en la batalla.

Cuando el famoso héroe El Cid fue desterrado de Castilla por el hijo del rey Fernando, Alfonso VI, él y 300 caballeros encontraron refugio con Ahmed al-Muqtadir en Zaragoza. Ahmed encomendó al Cid una importante misión cuando Zaragoza entró en guerra con el reino musulmán de taifa vecino de Lérida. A su vez, el rey cristiano de Aragón apoyó al soberano musulmán de Lérida, teniendo como resultado el enfrentamiento entre sí de dos ejércitos mixtos cristiano-islámicos.

Mediante una hábil diplomacia y ocasionales ataques militares, los soberanos hudíes mantuvieron a raya a sus vecinos cristianos y preservaron su independencia

Arriba: Esta pila de abluciones rota de la mezquita preexistente se encuentra en los claustros de la catedral de Tudela.

de los almorávides, que habían invadido el resto del al-Andalus continental. Sin embargo, en 1110, los almorávides conquistaron finalmente Zaragoza, sólo para perderla ante Alfonso el Batallador de Aragón ocho años después.

La unión con Marruecos

Desde fines del siglo XI hasta mediados del XII, al-Andalus formó parte del enorme reino de los almorávides. En 1121, este sobresaliente imperio africano fue desafiado por un maestro islámico en las montañas al sur de Marrakesh, en Marruecos.

Derecha: Hebilla dorada y esmaltada de una funda de espada de Gibraltar, siglo XII.

Mohamed Ibn Tumart era un berebere que había estudiado en Oriente Medio antes de regresar a su tierra a predicar contra la laxitud moral y el conservadurismo teológico de los últimos soberanos almorávides. Los seguidores de Ibn Tumart eran conocidos como los almohades, o «los que proclaman la unidad de Dios». La Unidad de Dios era desde siempre, por supuesto, una doctrina fundamental del Islam, pero los almohades se concentraron en esa creencia primordial, y fueron también reformadores.

Entonces, los partidarios de Ibn Tumart anunciaron que era el Mahdi o jefe carismático prometido que conduciría al Islam a la victoria. Muchos musulmanes ortodoxos les acusaron entonces de herejía, sobre todo cuando Ibn Tumart fomentó la traducción de textos legales y religiosos del árabe al berebere.

El movimiento almohade ha sido considerado a veces una reacción de las tribus bereberes de las montañas contra las elites dominantes y mayoritariamente árabes de las ciudades de las llanuras. Sin duda, los guerreros bereberes que formaron el primer ejército almohade eran fieros y entregados. Fueron arrebatando Marruecos gradualmente a los debilitados almorávides hasta que, en 1147, el lugarteniente y sucesor de Ibn Tumart, Abd al-Mumín, conquistó la capital almorávide de Marrakech.

El hundimiento del poder almorávide en el norte de África provocó algo parecido a un vacío de poder en al-Andalus. Hubo un segundo pero breve período de taifas, en que varios jefes locales tomaron el control. Algunos establecieron alianzas con los pujantes reinos cristianos del norte, y unos pocos hasta prefirieron intentar entregar sus reinos a los cristianos antes que volverlos a ver caer en manos africanas. Esto inevitablemente provocó que fueran expulsados del poder por sus propios pueblos, y sin embargo esas jugadas políticas demuestran lo cerca que se sentía la aristocracia islámica andalusí de la nobleza feudal cristiana durante el siglo XII.

ENTRE DOS MUNDOS

En 1145, Abd al-Mumín envió un poderoso ejército a la península Ibérica y, tras una dura campaña y la fundación de una base naval

El imperio almorávide

Extensión máxima del imperio almorávide, fines del siglo XII.

Banu Ghaniya (ex-almorávies).

Otros territorios islámicos.

Estados cristianos del norte de Iberia.

Otros estados cristianos.

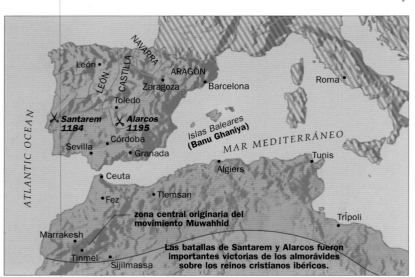

zona central originaria del movimiento Muwahhid

Las batallas de Santarem y Alarcos fueron importantes victorias de los almorávides sobre los reinos cristianos ibéricos.

998	ca.1000	1005	1006	1012	1018	1037	1038
El territorio gaznauí se extiende al interior de Afganistán y Persia.	Almanzor es el virtual dictador de al-Andalus, el califa de Córdoba una marioneta.	Los samaníes son reemplazados por los karajaníes (janes Illig) en Asia central.	El sunita Mahmud de Gazna invade Multan y lo incorpora a su estado hacia 1010.	Aparición del primer rey de taifa o de partidos durante la desintegración de al-Andalus.	Mahmud de Gazna termina con el poder de los estados hindúes del norte de la India.	Los reinos de León y Navarra se alían contra los musulmanes del sur de España.	El selyúcida Togril Beg toma Nishapur y se proclama campeón de los sunitas.

estratégica que se convirtió en la ciudad de Gibraltar, los almohades conquistaron lo que quedaba del al-Andalus islámico.

Lo único que quedó fuera de su control y del de los reyes cristianos fueron las islas Baleares, que estaban en manos de los Banu Ghaniya, los descendientes del último gobernante almorávide, y conservaron su independencia hasta 1203. Un miembro de esa familia llevó a sus seguidores a Túnez, donde continuaron luchando contra los almohades hasta ser finalmente derrotados en 1236.

Los heterodoxos almohades gobernaron al-Andalus y el norte de África durante más de un siglo, y fueron los artífices de algunos de los monumentos islámicos más refinados de la región. Los pocos manuscritos ilustrados del occidente medieval islámico que han llegado hasta nosotros datan mayoritariamente del período islámico, y también hubo un florecimiento tardío de la poesía árabe.

La corte almohade de Sevilla se convirtió en un centro de aprendizaje y filosofía, promocionando a eruditos como Ibn Tufayl (conocido en Europa como Abubacer) e Ibn Rush (en Europa, Averroes). Los últimos soberanos almohades llegaron a asumir el título de califas, aunque sólo se les reconocía en el interior de sus propios territorios.

Mientras, los supuestamente protegidos Pueblos del Libro (judíos y cristianos) sufrían una persecución sin igual en la historia de al-Andalus. Esto provocó una migración de cristianos al norte, donde sus sufrimientos reforzaron la ideología en expansión de la Reconquista, y alimentaron la xenofobia y el antisemitismo en la Europa cristiana. Entre los que huyeron se encontraba el médico y filósofo judío Maimónides, que se estableció en El Cairo.

La serie de complejos castillos que los almohades edificaron para detener el avance cristiano fracasó. A pesar de victorias como la de Alarcos en 1195, el ejército principal almohade fue aplastado por un ejército cristiano unido en Las Navas de Tolosa en 1212, a lo que siguió un rápido declive de la autoridad almohade en la península Ibérica y el norte de África.

Izquierda: La Torre del Oro almohade, una construcción fortificada junto al río de alrededor de 1220, se alza en Sevilla.

En 1277, la ciudad de Tinmel, cuna del movimiento almohade en las montañas del Atlas marroquí, fue conquistada finalmente por los Banu Marin, que trasladaron la capital de Marruecos a Fez.

Debajo: Una ilustración del Bayad wa Riyadh, un manuscrito andalusí del siglo XII, representa a un amante durmiendo junto a una noria.

1040
Suleimán Ibn Hud al.Judhami toma Zaragoza; comienzo de la dinastía hudí en España.

1040
Los turcos selyúcidas invaden Persia tras derrotar a los gaznauíes.

1046–81
Se construye en Zaragoza el palacio de la Alfajarería para los soberanos del reino taifa.

ca.1050. Los guríes sustituyen a los gaznauíes y retoman Mansura de los Rajput Sumeras.

1054
Se funda por los bereberes la dinastía almorávide en el norte de África.

1055
Toghril Beg entra en Bagdag y es nombrado Sultán por el califa.

1059. Los faznauíes firman la paz con los selyúcidas turcos y se concentran en la cultura y en la India.

1062
Yusuf Ibn Tashufin establece la dinastía almorávide en Marrakech, Marruecos.

103

El hundimiento de al-Andalus

El hundimiento de al-Andalus durante el siglo XIII ofrece un ejemplo notable de cómo la historia la escribe el bando vencedor, sobre todo en la secuencia de acontecimientos conocida como la Reconquista. Ese proceso supuestamente comenzó con una escaramuza en 718, recordada como la batalla de Covadonga.

Debajo: Mihrab e interior de la mezquita Ziyanida de Tlemsan, Argelia.

Hacia el siglo XIII, los estados cristianos del norte de Iberia habían adoptado el mito de la Reconquista, una ideología que tenía mucho en común con la de los cruzados. Ésta sostenía que los agresivos jefes cristianos de Portugal, Castilla-León, Navarra y Aragón lo único que hacían era recuperar los territorios del sur que habían sido retenidos ilegalmente por los soberanos islámicos desde la conquista morisca de principios del siglo VIII.

Sin embargo, en este punto la ideología de la Reconquista se centraba en la presunta ilegalidad de la soberanía islámica, no en la presencia real del Islam en la península Ibérica. De hecho, varios reyes cristianos se habían proclamado protectores tanto del cristianismo como del Islam, sugiriendo que no había ningún problema con los musulmanes que vivían en lo que hoy es España y Portugal mientras aceptaran la soberanía de un monarca cristiano. El rey Alfonso VII de Castilla (1126-57) no sólo se proclamó emperador de todos los estados de la península Ibérica, tanto cristianos como islámicos, sino también «Rey de las Dos Religiones».

Las ambiciones de Alfonso VII eran un poco prematuras, pero a medida que el dominio almohade se fragmentaba en al-Andalus tras la batalla de Las Navas de Tolosa en 1212, hubo un tercer y breve período de taifas. Empezó cuando la autoridad almohade se hundió, 12 años después de Las Navas.

Los jefes y los comandantes locales avanzaron entonces sobre Valencia al este, Niebla al oeste, Murcia en el sureste y, con mayor fortuna, contra Granada en el sur. Sólo en Murcia y en Granada surgieron dinastías reinantes, siendo fundada la de Murcia por otro miembro de los Banu Hud llamado Mohamed Ibn Yusuf. Sin embargo, sólo duró desde 1228 hasta 1266.

En casi todos los casos, dichos cabecillas islámicos locales tuvieron que aceptar la soberanía cristiana hasta que finalmente cayeron bajo su control directo. Los nazaríes, sin embargo, resistieron en Granada durante otros dos siglos y medio más. Esta dinastía fue fundada por un jefe islámico relativamente poco importante llamado Mohamed al-Ghalib, que afirmaba ser descendiente de uno de los Compañeros del Profeta Mahoma originales.

AMARGA LUCHA

Por todas partes, las grandes ciudades de al-Andalus caían una tras otra en manos de los cristianos del norte. Córdoba en 1236, y Sevilla 12 años después. Sin embargo, aquellas conquistas no fueron un paseo para los ejércitos de Portugal, Castilla y Aragón. Necesitaron de varias invasiones distintas, así como

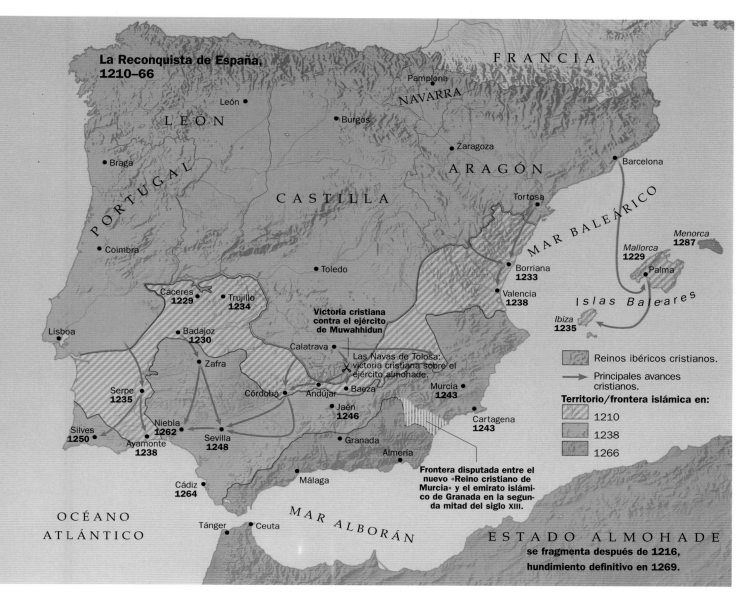

La Reconquista de España, 1210–66

FRANCIA

NAVARRA
Pamplona
León
LEÓN
Burgos
ARAGÓN
Zaragoza
Barcelona
CASTILLA
Tortosa
MAR BALEÁRICO
Braga
PORTUGAL
Menorca
1287
Mallorca
1229
Palma
Coimbra
Toledo
Borriana
1233
Valencia
1238
Islas Baleares
Cáceres
1229
Trujillo
1234
Victoria cristiana
contra el ejército
de Muwahhidun
Ibiza
1235
Lisboa
Badajoz
1230
Calatrava
Las Navas de Tolosa:
victoria cristiana sobre el
ejército almohade.
Zafra
Córdoba
Andújar
Baeza
Murcia
1243
Serpe
1235
Jaén
1246
Cartagena
1243
Niebla
1262
Silves
1250
Ayamonte
1238
Sevilla
1248
Granada
Almería
Cádiz
1264
Málaga
Frontera disputada entre el
nuevo «Reino cristiano de
Murcia» y el emirato islámi-
co de Granada en la segun-
da mitad del siglo XIII.
OCÉANO
ATLÁNTICO
Tánger
Ceuta
MAR ALBORÁN
ESTADO ALMOHADE
se fragmenta después de 1216,
hundimiento definitivo en 1269.

Reinos ibéricos cristianos.

Principales avances
cristianos.

Territorio/frontera islámica en:
1210
1238
1266

también de la destrucción de amplias zonas de las regiones más fértiles y ricas de la península Ibérica. También hubo asedios largos y desesperados. Cádiz siguió siendo islámica hasta 1264, y la isla de Menorca, hasta 1287.

En muchas regiones, la población islámica fue expulsada, sobre todo de las ciudades, y se transportó a colonos cristianos para que ocuparan su lugar. En muchas zonas, la ganadería sustituyó a la agricultura intensiva, y el sur de España no volvería nunca a alcanzar el nivel de tierras fértiles de regadío que tuvo en la época islámica.

Durante años, las ciudades conquistadas fueron poco más que cáscaras vacías, con pequeñas poblaciones que a su vez estaban más preocupadas por defenderse que por el comercio o la manufactura. Por todas partes, enormes extensiones de terreno fueron cedidas a las Órdenes Militares, cuya única razón de existir era la guerra contra los musulmanes.

Izquierda: El denominado «Minarete de San Juan», construido en 930, Córdoba.

CAPÍTULO SIETE

Amenazas procedentes del este y del oeste

Los selyúcidas, los cruzados y los mongoles

A principios del siglo XI, el mundo islámico había alcanzado su grado máximo de poderío económico y artístico. Paradójicamente, fue también en un estado de fragmentación política, confusión y debilidad, a medida que las luchas internas y las agresiones externas desgarraban el núcleo mismo de su estructura. Sin embargo, la situación no era totalmente lúgubre, pues una nueva fuerza, la de los turcos selyúcidas, irrumpió en las tierras islámicas de Oriente Medio y alteró radicalmente el equilibrio de poder a favor del Islam.

En la península Ibérica, los cristianos habían conquistado regiones que habían estado bajo soberanía islámica durante siglos. En el Mediterráneo, los italianos se apoderaron de Córcega y Cerdeña, mientras aventureros normandos pronto conquistarían Sicilia.

En Oriente Medio, el Imperio Bizantino había ocupado ya gran parte del este de Anatolia, donde reemplazó a las autoridades islámicas y, en una operación poco previsora, desarmó a las elites militares de Armenia. Los ejércitos bizantinos dominaban incluso partes de Siria, pero entonces el Imperio Bizantino volvió a adoptar una política de defensa estática, confiando en que sus vecinos islámicos ya no representaban una amenaza seria.

Mientras tanto, en las provincias nororientales del mundo islámico, los turcos selyúcidas habían empezado a desempeñar un importante papel. Su nombre era el de una familia noble de un clan que formaba parte de la tribu turca de los oguzos, que dominaba las estepas al norte de los mares Caspio y Aral. Después que la mayoría de los oguzos se convirtiera al Islam, los selyúcidas y sus seguidores sirvieron como soldados para varias dinastías orientales, incluidas las de los samaníes, los kanes de Qara y los gaznauíes, las dos últimas de las cuales eran también turcas.

Sin embargo, durante la primera mitad del siglo XI los selyúcidas llegaron hasta Jurasán

Gran Sultanato selyúcida.

Grandes tributarios selyúcidas con mayoría de población islámica.

Grandes tributarios selyúcidas sin mayoría de población islámica.

Otras regiones islámicas.

Comunidades islámicas bajo dominio no islámico.

Disputado por selyúcidas y Fatimíes.

Imperio Bizantino.

Otros estados cristianos.

y, guerreando por su cuenta, se hicieron con el control de Nishapur en 1038. Togril Beg, el soberano selyúcida, se proclamó campeón de los musulmanes sunitas y del califa Abasí. Con su muy eficiente ejército, integrado mayoritariamente por turcos, Togril Beg aplastó la resistencia de los buwaihíes chiítas y entró en Bagdad en 1055, donde fue proclamado sultán por el agradecido califa Abasí.

HUNDIMIENTO BIZANTINO

En unos pocos años, los selyúcidas conquistaron Irán, Irak y la mayor parte de Siria. Mientras, otras bandas de aventureros, no necesariamente selyúcidas y ni siquiera turcas, empezaron a hacer profundas incursiones en el territorio bizantino de la zona oriental de Anatolia. Puede que algunos de aquellos invasores fueran agitadores demasiado entusiastas, a los que el sultán selyúcida enviaba

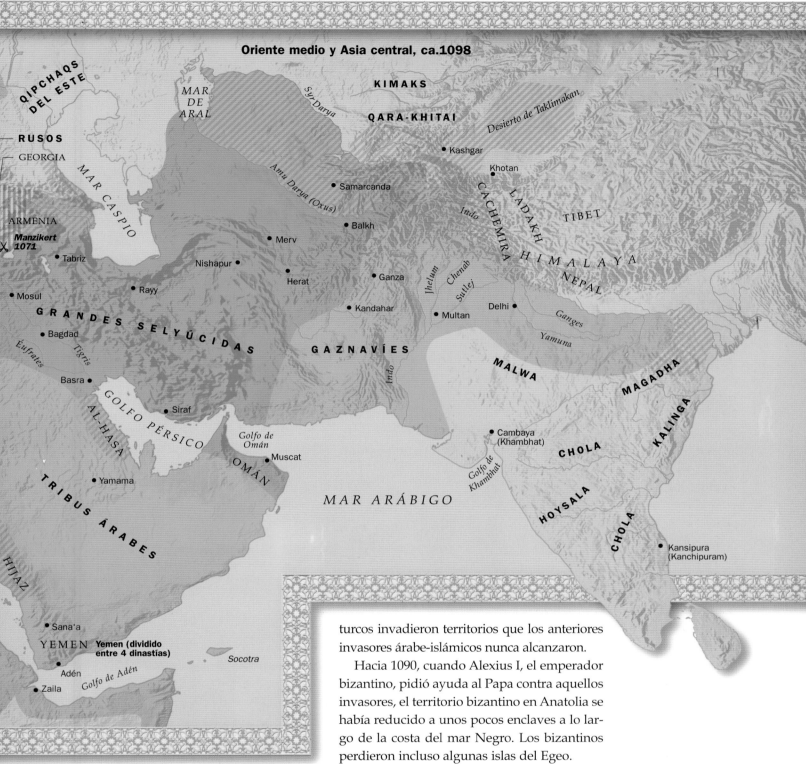

Oriente medio y Asia central, ca.1098

QIPCHAQS DEL ESTE

RUSOS

GEORGIA

MAR DE ARAL

Syr-Darya

KIMAKS

QARA-KHITAI

Desierto de Taklimakan

• Kashgar

• Khotan

ARMENIA

Manzikert 1071

MAR CASPIO

Amu Darya (Oxus)

• Samarcanda

LADAKH

CACHEMIRA

TIBET

• Tabriz

• Mosul

Nishapur •

• Merv

• Balkh

Indo

HIMALAYA

NEPAL

• Rayy

• Herat

• Ganza

Jhelum

Chenab

Sutlej

GRANDES SELYÚCIDAS

• Bagdad

Tigris

• Kandahar

• Multan

Delhi •

Ganges

Éufrates

• Basra

GAZNAVÍES

Yamuna

Indo

MALWA

MAGADHA

GOLFO PÉRSICO

• Siraf

AL-HASA

OMÁN

Golfo de Omán

• Muscat

• Cambaya (Khambhat)

CHOLA

KALINGA

• Yamama

Golfo de Khambhat

HOYSALA

CHOLA

TRIBUS ÁRABES

MAR ARÁBIGO

HIJAZ

• Sana'a

YEMEN

Yemen (dividido entre 4 dinastías)

Socotra

• Kansipura (Kanchipuram)

• Adén

• Zaila

Golfo de Adén

de buena gana contra el ancestral enemigo bizantino de los musulmanes. Hacia 1070, los ataques más importantes contaban con la abierta autorización selyúcida, y en 1071, un importante ejército selyúcida, bajo el mando del sultán Mohamed Alp Arslan, derrotó al principal ejército de combate bizantino al mando del emperador Romano IV.

Aquella fue la decisiva batalla de Manzikert. Fue seguida de guerras civiles bizantinas que minaron su autoridad en Anatolia. Bandas de

turcos invadieron territorios que los anteriores invasores árabe-islámicos nunca alcanzaron.

Hacia 1090, cuando Alexius I, el emperador bizantino, pidió ayuda al Papa contra aquellos invasores, el territorio bizantino en Anatolia se había reducido a unos pocos enclaves a lo largo de la costa del mar Negro. Los bizantinos perdieron incluso algunas islas del Egeo.

Mientras el Imperio Bizantino se hundía, la mayoría de las tierras del corazón del mundo islámico fueron absorbidas dentro del Gran Sultanato selyúcida, que también competía con el califato chiíta Fatimí de Egipto por el control de Palestina y Siria.

En Transoxania, los Kanes de Qara aceptaron la soberanía selyúcida, pero los soberanos gaznauíes de gran parte de lo que hoy es Afganistán, el sudeste de Irán, Pakistán y el norte de la India, siguieron siendo enemigos de los selyúcidas.

Los Fatimíes

El ambicioso objetivo del califato Fatimí, que afirmaba representar a la mayoría de los musulmanes chiítas, era derrocar al mucho más antiguo califato Abasí. Sin embargo, los Fatimíes son recordados principalmente por su patrocinio del arte y la arquitectura.

Derecha: Entrada decorada a la Mezquita Fatimí de Aqmar, El Cairo.

Por supuesto, la autoridad espiritual Abasí era reconocida por la mayoría de los musulmanes sunitas. Durante este período, el califato Abasí de Bagdad estaba controlado políticamente por la dinastía chiíta de los Buwaihíes de Irán. En semejantes circunstancias, las ambiciones políticas Fatimíes parecían tener muchos visos de cumplirse. Desgraciadamente para los Fatimíes, los Buwaihíes no estaban dispuestos a abandonar el poder. Por el contrario, los buwaihíes se proclamaron protectores de los Abasíes, pese a ser chiítas, aunque de una secta diferente de la de los Fatimíes.

El empeño Fatimí por reemplazar a los Abasíes se vio también frustrado por las limitaciones de su poder económico, político y militar. El estado Fatimí había sido fundado en el norte del África islámico, que era relativamente débil, atrasado, e incluso aislado en comparación con las tierras del corazón del

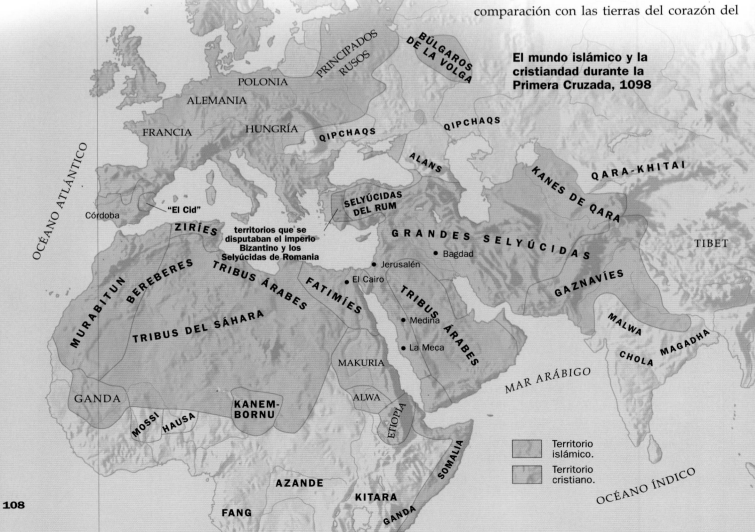

El mundo islámico y la cristiandad durante la Primera Cruzada, 1098

POLONIA
ALEMANIA
FRANCIA
HUNGRÍA
PRINCIPADOS RUSOS
BÚLGAROS DE LA VOLGA
QIPCHAQS
QIPCHAQS
ALANS
KANES DE QARA
QARA-KHITAI
OCÉANO ATLÁNTICO
Córdoba
"El Cid"
ZIRÍES
SELYÚCIDAS DEL RUM
territorios que se disputaban el imperio Bizantino y los Selyúcidas de Romania
GRANDES SELYÚCIDAS
TIBET
MURABITUN
BEREBERES
TRIBUS ÁRABES
FATIMÍES
• Bagdad
• Jerusalén
• El Cairo
TRIBUS ÁRABES
GAZNAVÍES
MALWA
TRIBUS DEL SÁHARA
• Medina
• La Meca
CHOLA
MAGADHA
MAKURIA
ALWA
MAR ARÁBIGO
GANDA
KANEM-BORNU
ETIOPÍA
MOSSI
HAUSA
SOMALIA
AZANDE
KITARA
Territorio islámico.
Territorio cristiano.
OCÉANO ÍNDICO
FANG
GANDA

mundo islámico del Oriente Medio. El grueso del ejército Fatimí estaba integrado por tribus bereberes, que siguieron empleando técnicas militares, de organización y de armamento bastante primitivas durante toda la Edad Media. Eso resultaba cierto cuando se comparaba a los ejércitos Fatimíes con las elites militares turcas.

Los Fatimíes eran conscientes de esos problemas, y trataban de contratar turcos y de adquirir esclavos para darles formación militar. Pero sus rivales orientales controlaban holgadamente las fuentes de donde procedían dichas tropas, así que los califas Fatimíes por lo general tenían que Abastecerse de hombres que eran considerados de segunda categoría. Éstos incluían sudaneses y otros africanos, mercenarios de Europa occidental, o esclavos alistados, y gran cantidad de armenios, quienes, pese a su alto rendimiento militar, seguían siendo cristianos, y por tanto, poco de fiar.

Arriba: Una talla de piedra en una pared de Kubachi, en el Cáucaso, representa a un jinete turco del siglo XII al XIII.

ismailíes se convirtieron en su arma más eficaz en la lucha contra los Abasíes sunitas.

Desgraciadamente, el impacto de dichos misioneros se vio a menudo amortiguado por divisiones dentro de ese movimiento religioso. Éstas condujeron a la aparición de una secta extremista en Siria conocida como los Drusos, a quienes al final se declaró fuera de la comunidad del Islam.

Otra división dio origen a la secta de los llamados Asesinos en Irán y Siria, mientras que una secta ismailí más moderada se desarrollaba en la India, la comunidad encabezada hoy en día por el Aga Kan. Los seguidores de esta tercera secta ismailí se encuentran mayoritariamente en Yemen e India.

A pesar de estos factores aparentemente negativos, Egipto y su nueva capital Fatimí de El Cairo disfrutaban de una prosperidad económica y de una lozanía cultural que superaban a las de Irak, que para entonces ya estaba en decadencia. El comercio con Europa se incrementaba por todo el Mediterráneo, al igual que lo hacía con la India al este. La comunidad judía de Egipto prosperó de igual modo, tanto económica como culturalmente. Lo mismo hicieron los cristianos judíos, aunque en menor grado e interrumpidos por persecuciones ocasionales.

Sin embargo, las joyas del período Fatimí fueron el arte islámico y la arquitectura. Algunos de los más soberbios ejemplos de metalistería, cerámica, textiles, cristalería y marfil tallado fueron realizados bajo el patrocinio Fatimí.

SECTA MINORITARIA

El grueso de la población islámica del califato Fatimí era sunita, sobre todo en Egipto, que se convirtió en el centro neurálgico Fatimí desde mediados del siglo X. Además, la mayoría de la población de Egipto, e incluso de Siria, seguía siendo más cristiana que musulmana. Egipto seguía siendo una base pobre para dominar el Oriente Medio, un factor geopolítico que ha sido un hecho desde tiempos de los faraones.

Quizás los califas Fatimíes se dieron cuenta pronto de que era improbable que sus aspiraciones se cumplieran por medios políticos o militares. Lo que es seguro es que se convirtieron en activos mecenas de la cultura, el arte, la arquitectura, y la erudición religiosa. Los daís o misioneros de los chiítas

Izquierda: Un músico y una bailarina son representados en este panel de madera tallada del palacio califal Fatimí, El Cairo.

Barbaros procedentes del oeste

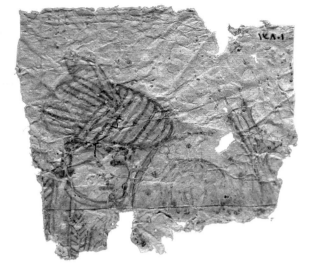

Antes de la Primera Cruzada, los musulmanes de Oriente medio sólo se habían enfrentado a un enemigo cristiano, el Imperio Bizantino. No estaban preparados para una cruel y genocida arremetida procedente del oeste, y pasaron varios años antes de que se comprendieran sus orígenes, sus motivos y sus propósitos.

Derecha: Fragmentos de papel pintado donde aparece un soldado islámico con un escudo y una jabalina, siglos XI-XII, de El Cairo.

Durante el siglo XI, las fuerzas europeas habían llevado a cabo varias acometidas contra el territorio islámico más cercano a la católica Europa occidental. Aunque las invasiones cristianas de al-Andalus fueron fácilmente rechazadas por los almorávides, invasores de la república marítima italiana de Pisa habían destruido puestos avanzados islámicos en Córcega, así como colonias más estables de Cerdeña. También incursionaron en el norte de África y Sicilia.

Lo más espectacular fue la invasión de la Sicilia islámica por parte de aventureros normandos desde el sur de Italia. Hacia 1090, habían conquistado toda la isla, aunque dejaron a la mayoría de la población musulmana y a sus elites dirigentes en su sitio. Entonces los normandos conquistaron Malta, que había sido mayoritariamente musulmana y de lengua árabe desde el siglo IX. Ahí, la población indígena conservaba su lengua semítica, que todavía se habla en la actualidad.

Cuando de repente, en 1098, aparecieron hordas de cruzados en la frontera del mundo islámico, se les consideró al principio como una extensión del ejército bizantino. Se creyó que habían sido reclutados por el emperador bizantino para recuperar el territorio que sus predecesores habían perdido en Anatolia frente a los selyúcidas y otros turcos.

Incluso cuando la Primera Cruzada atravesó las montañas hacia el interior de Siria, aún se pensaba que combatían de parte del imperio bizantino. Después de todo, las propias fuerzas del emperador bizantino estaban siendo diezmadas en el oeste de Anatolia. Mientras, los cruzados estaban combatiendo en zonas que estaban en poder del imperio bizantino unas pocas décadas antes.

Algunas comunidades cristianas locales, como los griegos de Antioquía, los armenios de Edesa, e incluso los escasamente militarizados cristianos de Siria se apresuraron a apoyar a los cruzados. De igual forma, muchos jefes indígenas árabe-musulmanes vieron en los cruzados a unos potenciales aliados contra la dominación de los turcos selyúcidas. Incluso cuando los cruzados se desplazaron hacia el sur y tomaron Jerusalén, los Fatimíes todavía parecían considerar a estos agresivos recién llegados como una extensión de Constantinopla.

Sin embargo, los países islámicos de alrededor fueron dándose cuenta de que se enfrentaban a un enemigo acérrimo y completamente nuevo. La matanza de la mayor parte de la población judía e islámica de Jerusalén a manos de los

Debajo: Una torre árabe construida entre los siglos XI y XII se alza junto a los restos del gran templo romano de Baco en el valle de la Bekaa, Líbano.

cruzados, y su «limpieza étnica» de las elites islámicas en las regiones que ocupaban, denotaban una intolerancia que los bizantinos rara vez habían mostrado.

AUMENTANDO LAS EXPECTATIVAS

Una vez establecidos, los nuevos Estados Cruzados (el Condado de Edesa, el Principado de Antioquía, el Condado de Trípoli, y el Reino de Jerusalén) siguieron atacando a sus vecinos. Rara vez buscaban alianzas, y pronto dejaron claro que querían dominar Egipto. Puede que incluso una cruzada frustrada sin numerar se dirigiera en 1101 contra Bagdad, el centro del califato Abasí. Al mismo tiempo, los gobiernos islámicos, tradicionalmente bien informados, pronto fueron conscientes de las tensiones entre los cruzados y los bizantinos.

Probablemente sería falso atribuir ambiciones estratégicas bien definidas a los primeros cruzados. La Primera Cruzada probablemente se veía a sí misma como poco más que una peregrinación armada, destinada a alcanzar Jerusalén y expulsar a los «infieles» de la Tierra Santa. Al parecer, se plantearon otros objetivos adicionales durante la última parte de la cruzada, y sobre todo después de la conquista de Jerusalén.

Sin embargo, el notable éxito de la Primera Cruzada sí que parece haber aumentado las expectativas de los cristianos de Occidente. Durante un tiempo, pareció factible que los ejércitos cristianos conquistasen todo el corazón de los territorios islámicos de Oriente Medio, derrocando a los califatos Abasí y Fatimí, y destruyendo las ciudades sagradas musulmanas de Medina y La Meca. Algunos cruzados contaban con desenterrar y destruir el cuerpo del «falso profeta» Mahoma.

Dados los sistemas de inteligencia tradicionalmente eficaces con que contaban los principales estados islámicos, lo más probable es que aquellos planes fuesen conocidos por los gobiernos islámicos vecinos. Si fue así, esa información contribuyó probablemente al resurgimiento del espíritu de yihad en la región. En todo caso, las ambiciosas metas de los cruzados resultaron completamente inalcanzables.

Arriba: La puerta Bab Wastani de 1123, Bagdad, Irak.

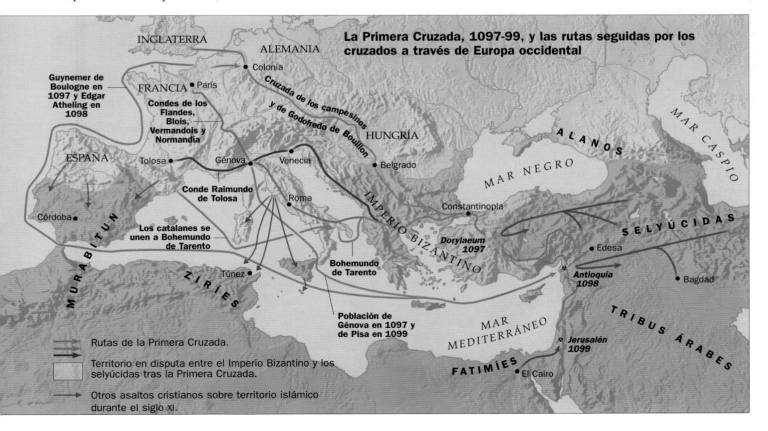

La Primera Cruzada, 1097-99, y las rutas seguidas por los cruzados a través de Europa occidental

INGLATERRA
ALEMANIA
Colonia
Guynemer de Boulogne en 1097 y Edgar Atheling en 1098
FRANCIA
París
Condes de los Flandes, Blois, Vermandois y Normandía
Cruzada de los campesinos y de Godofredo de Bouillon
HUNGRÍA
ESPAÑA
Tolosa
Génova
Venecia
Belgrado
Conde Raimundo de Tolosa
Roma
Córdoba
Los catalanes se unen a Bohemundo de Tarento
MAR NEGRO
Constantinopla
ALANOS
MAR CASPIO
MURABITUN
ZIRÍES
Túnez
Bohemundo de Tarento
IMPERIO BIZANTINO
Dorylaeum 1097
SELYÚCIDAS
Edesa
Antioquía 1098
Bagdad
Población de Génova en 1097 y de Pisa en 1099
MAR MEDITERRÁNEO
Jerusalén 1099
TRIBUS ÁRABES
FATIMÍES
El Cairo

Rutas de la Primera Cruzada.

Territorio en disputa entre el Imperio Bizantino y los selyúcidas tras la Primera Cruzada.

Otros asaltos cristianos sobre territorio islámico durante el siglo XI.

Resistiendo

Los primeros pueblos, gobiernos y soberanos islámicos en resistir el ataque de los cruzados fueron los directamente atacados en la Primera Cruzada. A medida que los cruzados ampliaban sus fronteras y reducían a las ciudades costeras que les habían desafiado, los musulmanes empezaron a percatarse de que aquellos invasores tenían intención de quedarse.

Pronto se hizo evidente para el mundo islámico que los cruzados no estaban atacando sólo para conjurar lo que consideraban una amenaza para Europa, sino que tenían la intención de permanecer en la zona. Tampoco guerreaban en nombre del emperador bizantino. En lugar de eso, eran representantes de

cruzados parecían dispuestos a hacer algo contra ellos. Casi todos los otros gobiernos islámicos siguieron enfrascados en sus propias disputas, generalmente contra soberanos islámicos como ellos, mientras no hacían otra cosa que expresar su piadoso horror ante el asalto de los cruzados. A veces contribuían con contingentes de soldados a crear frágiles coaliciones, pero éstas eran derrotadas demasiado a menudo por los cruzados en el campo de batalla.

En el plazo de dos o tres décadas, los predicadores y eruditos musulmanes empezaron a trabajar con el fin de revivir el espíritu de

Arriba: Arco del puente de los siglos XII-XIII que cruzaba el Tigris en Ayn Diwar, en Siria, y que ahora se alza en medio del campo porque el curso del río ha cambiado.

una forma más fanática del cristianismo. Sin embargo, la cultura relativamente primitiva que los cruzados llevaron a Oriente Medio iba de la mano de una eficacia militar indudable. Pequeñas cantidades de caballeros y soldados, más un número escasamente mayor de colonos, sacerdotes, mercaderes, y otros, habían creado pequeños estados, mientras los gobiernos islámicos más poderosos que les rodeaban eran incapaces de detenerles.

Las razones se hicieron pronto evidentes. Los musulmanes estaban fragmentados política, religiosa y socialmente.

Únicamente los soberanos islámicos directamente amenazados por la invasión de los

yihad para combatir a los cruzados, pero su obra no tuvo efecto durante muchos años. El concepto islámico de *yihad* es complejo y no se puede traducir simplemente como «guerra santa». Se basaba en la idea de la lucha contra el mal, siendo la forma más alta de *yihad* la de un individuo resistiéndose a las tentaciones y llevando una vida moralmente correcta.

La *yihad* como forma de esfuerzo común para defender el Islam, sobre todo si se expresaba en términos militares, siempre se había considerado secundaria, tanto en importancia como en méritos espirituales. No obstante, siguió existiendo ese concepto de «*yihad* menor» como medio para movilizar a la opinión pública islámica y emprender acciones en defensa del territorio. Aunque languideciente durante siglos, estaba presente como concepto religioso, listo para ser usado por los sabios, los predicadores, y al final por los soberanos, como medio para motivar a los ejércitos.

Ciertos soberanos islámicos de principios del siglo XII empleaban esa *yihad* como propaganda, sin embargo, es imposible saber cuan en serio se tomaban esa idea como individuos. Algunos eran sinceros en su llamada a la *yihad*, mientras que otros intentaban claramente aprovecharse de la disponibilidad de ese concepto para movilizar a las masas.

SALVADOR INESPERADO

Paradójicamente, el primer soberano islámico que obtuvo éxitos reales contra los Estados Cruzados no puede calificarse precisamente como un ejemplo de moralidad y motivación islamicas. Fue Imad al-Din Zangi, un soldado turco peleón, bebedor y bastante brutal, de tendencias sexuales variadas. Hijo de un *gulam* o esclavo reclutado como soldado que ascendió a un alto puesto bajo el gran sultán selyúcida Malik Shah, Zangi (conocido a veces como Zengi) fue nombrado gobernador de Alepo en 1127. Era también *atabeg*, o «personaje paterno» consejero de dos hijos del sultán.

Para entonces, otros gobernantes y *atabegs* del Creciente Fértil se habían vuelto independientes de hecho del Gran Sultanato selyúcida. Eso no sólo dio opción a Zangi de hacer lo mismo, sino que también le permitió ampliar su propio territorio a expensas de dichos gobernantes y soberanos locales.

Además, Imad al-Din Zangi guerreó contra los bizantinos y los cruzados, y con un éxito tal que, en 1144, Zangi reconquistó Edesa y acabó con el condado. Lo que quedaba de éste al oeste del Eúfrates caería después, pero la reconquista de Edesa hizo de Zangi el héroe del mundo islámico. También provocó una segunda cruzada, pero ésta resultaría un fracaso.

Estado Cruzado.

Frontera de Estado Cruzado en su máxima extensión.

Territorio Zangi, ca. 1145.

Territorio cruzado perdido ante Zangi.

Territorio cruzado perdido ante otros jefes islámicos.

Otros territorios cristianos.

Otros territorios islámicos.

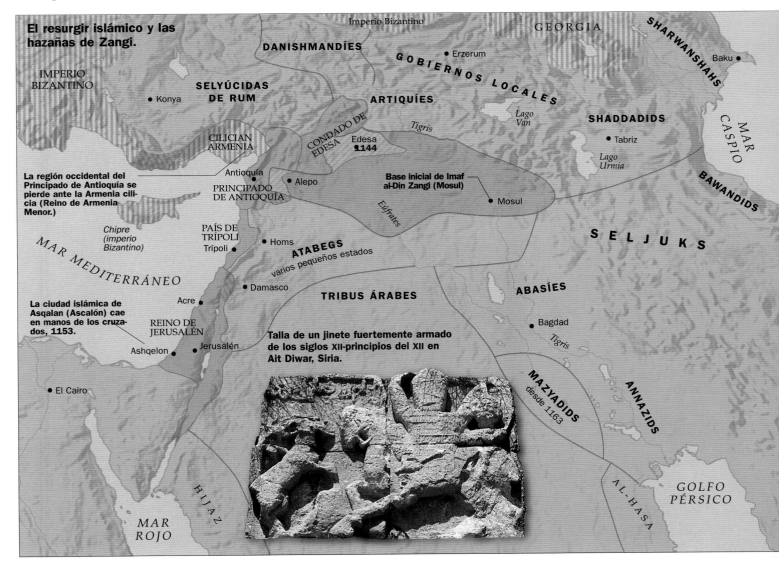

El resurgir islámico y las hazañas de Zangi.

Imperio Bizantino · GEORGIA · SHARWANSHAHS · Baku · DANISHMANDÍES · Erzerum · GOBIERNOS LOCALES · IMPERIO BIZANTINO · SELYÚCIDAS DE RUM · Konya · ARTIQUÍES · Lago Van · SHADDADIDS · MAR CASPIO · CILICIAN ARMENIA · CONDADO DE EDESA · Edesa 1144 · Tigris · Tabriz · Lago Urmia · BAWANDIDS · La región occidental del Principado de Antioquía se pierde ante la Armenia cilicia (Reino de Armenia Menor.) · Antioquía · Alepo · Base inicial de Imaf al-Din Zangi (Mosul) · Mosul · PRINCIPADO DE ANTIOQUÍA · Eúfrates · SELJUKS · Chipre (imperio Bizantino) · PAÍS DE TRÍPOLI · Homs · ATABEGS varios pequeños estados · Trípoli · MAR MEDITERRÁNEO · Damasco · Acre · La ciudad islámica de Asqalan (Ascalón) cae en manos de los cruzados, 1153. · TRIBUS ÁRABES · ABASÍES · Bagdad · Tigris · REINO DE JERUSALÉN · Talla de un jinete fuertemente armado de los siglos XII-principios del XII en Ait Diwar, Siria. · Ashqelon · Jerusalén · El Cairo · MAZYADIDS desde 1163 · ANNAZIDS · HIJAZ · AL-HASA · GOLFO PÉRSICO · MAR ROJO

Un héroe islámico

Saladino fue el héroe más famoso contra los invasores cruzados de Palestina y Siria. Comandante de talento, sus primeros destinos en Damasco y Egipto quedaron ensombrecidos por sus éxitos en el campo de batalla contra los cruzados.

Enfrente abajo (Pág. 115): La tumba de Saladino en Damasco fue restaurada a principios del siglo XX.

Debajo: El extremo occidental del acueducto islámico construido a fines del siglo XIII- principios del XIV, que originalmente llevaba el agua del Nilo a la ciudadela de El Cairo.

Salah al-Din Yusuf Ibn Ayyub, o Saladino como se le conoce en Europa, nació en Tikrit (Irak) en 1137 o 1138. La familia de Saladino, los Ayubíes, era de origen kurdo, pero tanto su padre como su tío sirvieron a las órdenes de Zangi, el jefe turco del norte de Irak y el nordeste de Siria (ver página anterior). Posteriormente, organizaron juntos la entrega de Damasco al hijo y sucesor de Zangi, Nur al-Din, convirtiéndole así en el soberano islámico más poderoso de la región.

El prestigio del padre y el tío de Saladino le ayudaron en su carrera al servicio de Nur al-Din. Educado como un soldado, un cortesano y un administrador, Saladino debió hacerlo bien, porque en 1156 fue puesto al mando de la guarnición de Damasco.

Sin embargo, el ascenso al poder de Saladino derivó de su participación en las tentativas de Nur al-Din por invadir el Egipto Fatimí. Desempeñó un papel fundamental en la tercera expedición victoriosa, y cuando su tío Shirkuh murió en 1169, fue proclamado jefe por los mandos de Nur al-Din en Egipto.

El nombramiento de Saladino como visir del impotente califato Fatimí fue una mera formalidad y cuando, en 1171, murió el último califa Fatimí, Saladino abolió el califato chiíta y restauró la lealtad de Egipto al califato Abasí de Bagadad. Saladino se convirtió en gobernador, aunque bajo la soberanía de Nur al-Din.

Las tensiones crecientes con el soberano nominal de Saladino hubieran terminado por provocar una acción militar, de no ser por la muerte de Nur al-Din en 1174. Entonces, Saladino se proclamó sucesor de Nur al-Din y extendió gradualmente su autoridad sobre Siria y el norte de Irak, lo que condujo inevitablemente al enfrentamiento armado con los sucesores de Nur al-Din, que se consideraban a sí mismos sus legítimos herederos.

Mientras, Saladino mantuvo una tregua con los Estados Cruzados, pero hacia 1183 había creado un frente islámico lo suficientemente unido como para desafiarles. Aunque sus primeros ataques fracasaron, lanzó otra ofensiva en 1187, que culminó con su victoria en la batalla de Hattin. Ésta fue seguida por la liberación de Jerusalén y la invasión de casi todo el Reino de Jerusalén y del condado de Trípoli. El Principado de Antioquía fue excluido en su mayor parte de esa ofensiva porque tenía un pacto con Saladino.

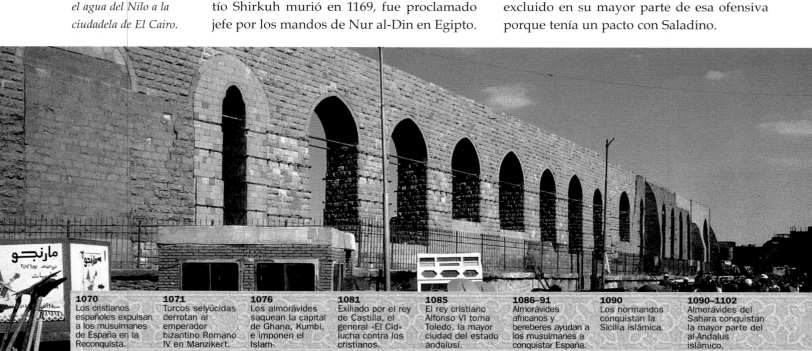

1070 Los cristianos españoles expulsan a los musulmanes de España en la Reconquista.

1071 Turcos selyúcidas derrotan al emperador bizantino Romano IV en Manzikert.

1076 Los almorávides saquean la capital de Ghana, Kumbi, e imponen el Islam.

1081 Exiliado por el rey de Castilla, el general «El Cid» lucha contra los cristianos.

1085 El rey cristiano Alfonso VI toma Toledo, la mayor ciudad del estado andalusí.

1086–91 Almorávides africanos y bereberes ayudan a los musulmanes a conquistar España.

1090 Los normandos conquistan la Sicilia islámica.

1090–1102 Almorávides del Sahara conquistan la mayor parte del al-Andalus islámico.

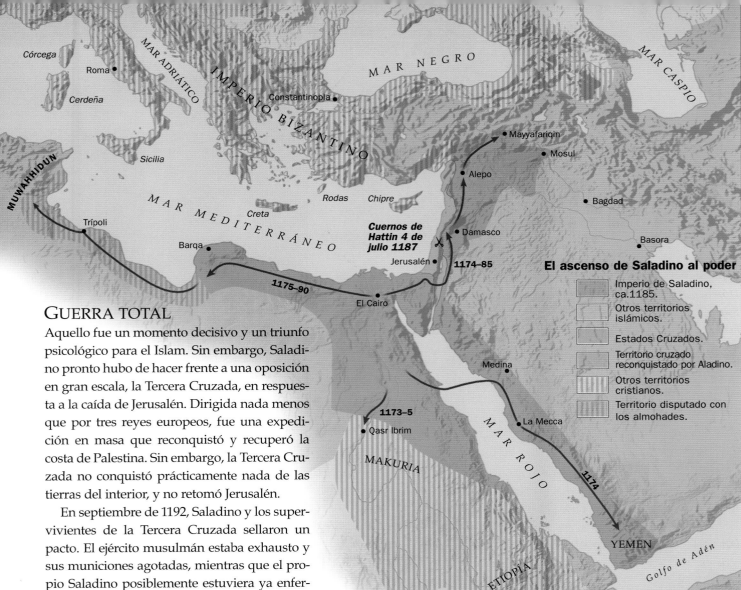

Córcega
Roma
Cerdeña
MAR ADRIÁTICO
IMPERIO BIZANTINO
MAR NEGRO
Constantinopla
MAR CASPIO
MUWAHHIDUN
Sicilia
Rodas
Chipre
Creta
MAR MEDITERRÁNEO
Mayyafariqin
Mosul
Alepo
Bagdad
Trípoli
Barqa
Cuernos de Hattin 4 de julio 1187
Damasco
Basora
1175–90
Jerusalén
1174–85
El Cairo

El ascenso de Saladino al poder

	Imperio de Saladino, ca.1185.
	Otros territorios islámicos.
	Estados Cruzados.
	Territorio cruzado reconquistado por Aladino.
	Otros territorios cristianos.
	Territorio disputado con los almohades.

Medina
1173–5
Qasr Ibrim
MAKURIA
MAR ROJO
La Mecca
1174
YEMEN
ETIOPÍA
Golfo de Adén

GUERRA TOTAL

Aquello fue un momento decisivo y un triunfo psicológico para el Islam. Sin embargo, Saladino pronto hubo de hacer frente a una oposición en gran escala, la Tercera Cruzada, en respuesta a la caída de Jerusalén. Dirigida nada menos que por tres reyes europeos, fue una expedición en masa que reconquistó y recuperó la costa de Palestina. Sin embargo, la Tercera Cruzada no conquistó prácticamente nada de las tierras del interior, y no retomó Jerusalén.

En septiembre de 1192, Saladino y los supervivientes de la Tercera Cruzada sellaron un pacto. El ejército musulmán estaba exhausto y sus municiones agotadas, mientras que el propio Saladino posiblemente estuviera ya enfermo de muerte. Murió el 3 de marzo de 1193, y fue enterrado en Damasco. Aunque los musulmanes estaban en una situación de superioridad con respecto a los Estados Cruzados, los sucesores de Saladino no se aprovecharon de su ventaja. Por el contrario, aquellos soberanos ayubíes establecieron alianzas políticas con lo que quedaba de los Estados Cruzados y desarrollaron relaciones comerciales con ellos.

Lo que Saladino había dejado tras de sí era un sistema de gobierno familiar colectivo, en el que la autoridad se delegaba en sus parientes y descendientes en las principales ciudades de seis estados extensos pero dispares. Éstos formaban una confederación, con el soberano de El Cairo al frente por lo general. Demostró ser un sistema notablemente eficaz, hundiéndose cuando se tuvo que enfrentar con las invasiones mongolas a mediados del siglo XIII.

1094–5. El emperador bizantino Alexius recurre a Roma en busca de ayuda contra los selyúcidas.	**1098** Los cruzados toman Antioquía, puerta de entrada a Tierra Santa.	**1099** Los cruzados se hacen con el control de Jerusalén (julio).	**1100** Balduino de Edesa se convierte en Rey de Jerusalén.	**1119.** Un ejército de Damasco y Alepo derrota a los cruzados en Ager Sanguinus, Antioquía.	**1123** Muerte de Omar Jáyam, poeta y místico persa.	**1123-4** Balduino I de Jerusalén es capturado por selyúcidas al mando de Balak de Mardin.	**1144** Joscelino II, conde de Edesa, pierde la ciudad frente a los selyúcidas.

Una nueva catástrofe

Fueron sus campañas en el mundo islámico las que dieron a Gengis Kan fama de ser uno de los mayores destructores del mundo. La marcha triunfal de la conquista mongola fue brutal sin concesiones, con ciudades arrasadas con total impunidad.

La unificación de Mongolia y el Turquestán oriental por parte de Gengis Kan implicó un considerable derramamiento de sangre, pero relativamente pocos daños materiales. Sus ataques contra China causaron devastación, pero nada fuera de lo común para una invasión nómada. La irrupción de los mongoles en Transoxania, Afganistán e Irán fue algo muy diferente.

Los estragos que los ejércitos de Gengis Kan y sus sucesores provocaron en Oriente Medio parecerían sugerir que los mongoles tenían una actitud especialmente vengativa contra la civilización islámica. Sin embargo, el trato amable dispensado por el kan a los musulmanes en lo que había sido el reino de Karajitai, en Asia central, y la presencia de turcos musulmanes entre sus filas, demuestran que no sentía un odio especial hacia el Islam. La matanza fue llevada a cabo por motivos políticos y militares, no religiosos.

Después de derrotar al último soberano de Karajitai, Gengis Kan se encontró con un adversario tan belicoso como él. Se trataba de Ala al-Din, el Shah de Jorezm, que también planeaba dominar Asia central. A finales de 1219, los mongoles avanzaban en tres frentes, seguidos unos meses más tarde por el propio Gengis Kan. La guarnición del shah de Jorezm en Bujara fue masacrada, y la confianza de su jefe pareció desvanecerse.

Lo que vino a continuación fueron una serie de asedios en los que guarniciones inferiores en número eran aniquiladas por las hordas mongolas. En casi todas partes, los defensores fueron exterminados, mientras que los jefes civiles y religiosos fueron pasados a cuchillo. La resistencia prolongada desembocaba en la eliminación de poblaciones enteras.

La destrucción que los mongoles causaron en Afganistán y el este de Irán fue todavía más salvaje. Los mongoles llegaron a profanar las tumbas de los soberanos islámicos que habían contribuido a que aquellas regiones prosperaran. Cerca de Tus, arrasaron la tumba del califa Harún al-Rashid.

HORDAS DESTRUCTIVAS

La muerte de Gengis Kan en 1227 desvió la atención de los mongoles por un tiempo, pero regresaron al mundo islámico 53 años más tarde, dirigidos por el nieto de Gengis, Hülegü. Al igual que su abuelo, Hülegü fue un jefe que conquistó un estado islámico detrás de otro, destruyendo Bagdad y matando al último califa Abasí que tuvo auténtico poder. Entrando en Siria, tomó Alepo y Damasco, siendo detenido el avance triunfal de sus fuerzas por un ejército egipcio.

Por otra parte, Hülegü fue también un constructor. La dinastía de los Ilkanes que fundó en Irak e Irán desempeñaría, tras su conversión al Islam, un importante papel en la configuración de la historia de Oriente Medio. Además, los sucesores de Hülegü hicieron mucho por el restablecimiento de la identidad nacional iraní, aunque probablemente sin querer. Los soberanos ilkanes ya no eran meros gobernadores de provincias islámicas en nombre de autoridades distantes como el califa Abasí. Ahora gobernaban

Izquierda: El mausoleo de Il Aslan, construido entre 1156 y 1172, se alza en Kunya Urgench, Turkmenistán.

Centro: Un plato de cerámica estilo Minai de principios del siglo XIII representa una escena de guerreros turcos y mongoles enzarzados en combate.

Enfrente a la izquierda (Pág. 116): El minarete gigante de Vabkent, construido en 1169, Uzbekistán.

un estado que, por vez primera desde la caída del Imperio sasánida en el siglo VII, estableció relaciones diplomáticas directas con China y Europa. La política centralista de los ilkanes allanó el camino para las posturas nacionalistas iraníes de soberanos posteriores, como los Safávidas del siglo XVI.

Sin embargo, la conquista mongola siguió siendo un desastre cultural y económico. La dinastía de los ilkanes no sólo duró relativamente poco, sino que los mongoles, al contrario que sus predecesores árabe-islámicos, fueron incapaces de crear una civilización iranio-mongola comparable a la civilización árabe-turco-iraní que habían destruido. El imperio mongol se hundió en menos de cien años, y dejó tras de sí poca cosa.

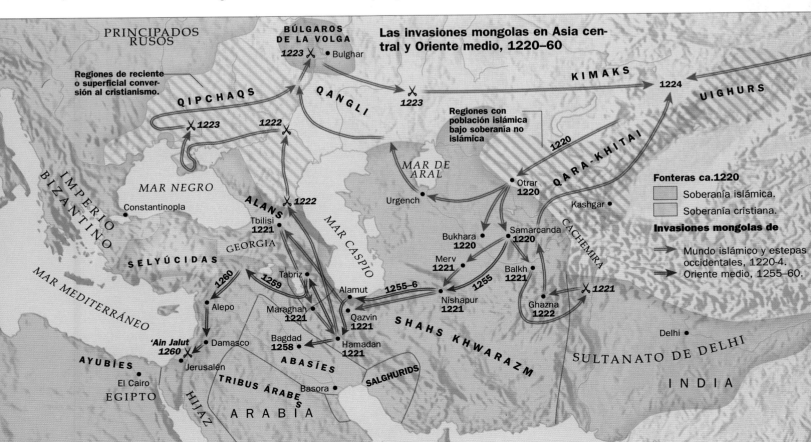

Las invasiones mongolas en Asia central y Oriente medio, 1220–60

Esclavos victoriosos: el ascenso de los mamelucos

El sultanato mameluco de Egipto y Siria estuvo gobernado por hombres que habían sido, con pocas excepciones, esclavos. Uno de sus mayores logros fue expulsar a los últimos cruzados de Oriente Medio.

Derecha: Un cazador a caballo y con armadura decora una vasija forrada de bronce del período mameluco, Egipto, ca. 1300.

La elite militar de esclavos reclutados de los mamelucos ostentó el poder y dominó el ejército egipcio. El sultanato mameluco duró más de 250 años, y siguió siendo la potencia dominante islámica durante todo ese tiempo. El mantenimiento de un ejército poderoso fue el principal objetivo del sistema político de los mamelucos, siendo aquel ejército la culminación de una tradición militar que se remontaba al siglo VIII. Los mamelucos proporcionaron el modelo que serviría de base al Imperio Otomano, cuyos ejércitos llegaron a las puertas de Viena sólo 12 años después de conquistar a los propios mamelucos.

En árabe, la palabra *mamluk* designaba a un soldado reclutado cuando era un esclavo joven,

Arriba: Leones heráldicos adornan el puente construido en Shubra, Egipto, por el sultán Baybars I, conquistador del gran castillo cruzado sirio de Crac des Chevaliers.

y posteriormente entrenado, educado y liberado como soldado. La mayoría de los mamelucos, o *gulams*, como también se les llamaba, eran de origen turco, y habían sido reclutados entre tribus paganas de Asia central.

En siglos anteriores, habían constituido el núcleo de la mayoría de los ejércitos de Oriente Medio, así como de varios de los de las zonas occidentales del mundo islámico. Hacia el siglo XII, los mamelucos integraban las elites, y a menudo, los puestos de mando

de los ejércitos que se enfrentaban a los cruzados. Éstos incluían a los ejércitos de Saladino y sus sucesores ayubíes.

LA SEGURIDAD EN CIFRAS

La invasión mongola de lo que hoy es el sur de Rusia y Ucrania desalojó de aquellas zonas a los turcos de Kipchap, originando un mayor número de esclavos para ser reclutados con fines militares. En parte como consecuencia de esto, el último soberano ayubí con auténtico poder, al-Salih, intentó reunificar los fragmentados estados ayubíes adquiriendo cantidades aún mayores de dichos mamelucos turcos. Formaron el regimiento Bahriyah, al igual que la Jamdariyah o guardia personal del Sultán. Sin embargo, en 1250, durante la campaña que impidió la invasión de Egipto por parte de la Sexta Cruzada, el Sultán al-Salih murió.

Su regimiento Bahriyah tomó el poder, y proclamaron *atabeg*, del joven hijo de al-Salih, a su jefe Aybak. Aybak fue proclamdo sultán, pero los primeros años de gobierno mameluco fueron confusos, y sería en el reinado de los Baibares (1260-77) cuando la nueva dinastía quedaría firmemente establecida.

Sin embargo, la palabra «dinastía» es potencialmente engañosa, pues sólo hubo unas pocas ocasiones en las que miembros de

una misma familia ostentaron realmente el poder. En muchos sentidos, el sistema político mameluco era antidinástico. Además los mamelucos, como «hombres de la espada», no se sentían inferiores a los «hombres de la pluma», nacidos libres y mayoritariamente de origen árabe, que suministraban las elites civiles administrativas, religiosas, legales y de otros tipos, que dirigían el imperio mameluco.

El Cairo siguió siendo el centro de la vida cultural y su foco de identidad, seguida de ciudades como Damasco, Alepo y Jerusalén. Aunque la elite mameluca se convirtió en mecenas de la arquitectura y de otras artes, al parecer pocos de sus miembros hablaban árabe, y por lo general se casaban con mujeres de parecido origen esclavo y turco, o con las hijas de otros mamelucos.

Quizá lo más notable desde un punto de vista moderno fuera la insistencia de los mamelucos en que sus propios hijos no llegasen a detentar puestos superiores de mando militar, siendo por el contrario destinados a carreras civiles. Se había acordado que los mejores soldados y oficiales siguieran siendo reclutados entre los esclavos.

Los mamelucos eran paradójicos en muchos sentidos, escandalizando a los musulmanes más tradicionales por su gusto por los espectáculos rebuscados y las ropas extravagantes, así como por los entretenimientos públicos y privados. Los últimos a menudo dejaban poco margen a la imaginación, y suministraron los modelos para algunos episodios de *Las mil y una noches*.

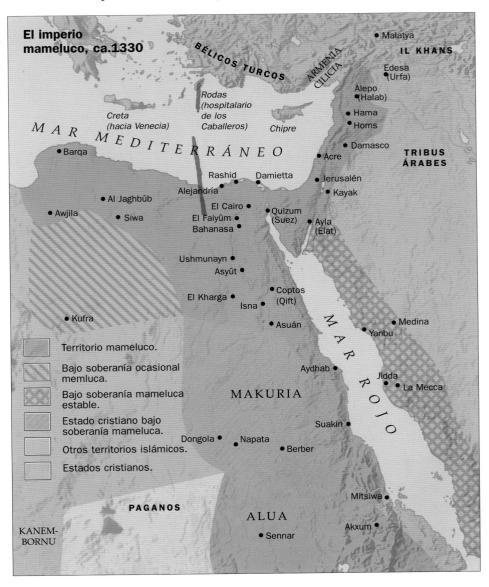

El imperio mameluco, ca.1330

MAR MEDITERRÁNEO

Malatya
IL KHANS
BÉLICOS TURCOS
ARMENIA CILICIA
Edesa (Urfa)
Rodas (hospitalario de los Caballeros)
Creta (hacia Venecia)
Chipre
Alepo (Halab)
Hama
Homs
Damasco
TRIBUS ÁRABES
Barqa
Acre
Rashid
Damietta
Alejandría
Jerusalén
Kayak
Al Jaghbūb
El Cairo
Qulzum (Suez)
Awjila
Siwa
El Faiyûm
Bahanasa
Ayla (Elat)
Ushmunayn
Asyût
El Kharga
Coptos (Qift)
Isna
Medina
Yanbu
Kufra
Asuán
MAR ROJO
Aydhab
Jidda
La Mecca
MAKURIA
Suakin
Dongola
Napata
Berber
Mitsiwa
PAGANOS
ALUA
Akxum
KANEM-BORNU
Sennar

Territorio mameluco.

Bajo soberanía ocasional memluca.

Bajo soberanía mameluca estable.

Estado cristiano bajo soberanía mameluca.

Otros territorios islámicos.

Estados cristianos.

CAPÍTULO OCHO
El período de los mamelucos
El régimen militarista de una casta de esclavos

PRINCIPADO DE NOVGOROD

Novgorod

MUSCOVY

Moscú

MAR BÁLTICO

REINOS TEUTÓNICOS

KANATOS DE LAS HORDAS DORADAS

Volga

MAR DE ARAL

LITUANIA

POLONIA

Kiev

Dnieper

Sarai

Dniester

Tana

MOLDAVIA

Danubio

Viena

MAR DE AZOV

MAR CASPIO

HUNGRÍA

Venecia

Kaffa
hacia Ottomans, 1475

GEORGIA

Belgrado

WALLACHIA

Serbia

Danubio

MAR NEGRO

TREBIZOND

Bosnia

Trebizond

Ragusa

IMPERIO OTOMANO

Roma

NÁPOLES

Albania

Constantinople to Ottomans, 1453

EMIRATOS TURCOS

QARA QOYUNLU

Atenas

Morea

Tigris

Alepo

Éufrates

Bagdad

Rodas

Chipre
hacia Mamluks, 1424–26
hacia Venice, 1489

Creta

MAR MEDITERRÁNEO

Damasco

Damietta

Alejandría

El Cairo

SULTANATO DE MAMLUK

Nilo

MAR ROJO

Sultanato mameluco.

Imperio Otomano.

Hordas Doradas mongolas y kanatos vasallos.

Imperio Bizantino (incluido el imperio de Trebisonda).

Lituania.

Avanzadillas comerciales genovesas.

República de Venecia y avanzadillas comerciales venecianas.

Principales rutas comerciales de suministro a Egipto de esclavos mamelucos con fines militares.

La civilización medieval islámica tenía una actitud hacia la esclavitud diferente de la de Europa occidental. Su estatus era bastante honorable. Incluso el uso de la palabra *abd* o «esclavo» variaba, y los hombres musulmanes incluyeron varias formas de decir «esclavo de Dios».

Las perspectivas profesionales que se ofrecían a un hábil mameluco o esclavo militar eran diferentes de las que se abrían ante un esclavo doméstico, e incluían tradicionalmente altos puestos de mando e incluso la jefatura política. Esos factores, y el reputado nivel de vida elevado del que se disfrutaba en Oriente Medio, hacían que, a menudo, entre los turcos paganos de Asia central hubiera poca resistencia a ser llevados como mamelucos. A finales de la época medieval, hubo incluso casos de individuos que se ofrecieron voluntarios para convertirse en mamelucos.

Por lo general, el mercader de esclavos era el primer amo del nuevo recluta. Calculaba el potencial de éste, y le llevaba a un mercado como el de la Ciudadela de El Cairo. El precio de cada individuo variaba considerablemente, pero hacia el siglo XV era generalmente cuatro veces más alto que el de un buen caballo de guerra.

El entrenamiento era duro y las campañas peligrosas, sin embargo parecen haber sido las epidemias de peste la principal causa de muerte entre las filas de los mamelucos. Muchas jóvenes mujeres turcas de Kipchap, tanto esclavas como libres, también aparecieron en la estela de los reclutamientos de los mamelucos, trayendo consigo algunas de las tradiciones de igualdad sexual de Asia central. Al menos una esposa mameluca del sultán dio consejos no sólo políticos, algo que las mujeres islámicas no habían hecho desde los tiempos del Profeta Mahoma, sino incluso sobre detalles del reclutamiento militar.

ACADEMIAS DE ENTRENAMIENTO

Las mejores oportunidades se ofrecían a los esclavos jóvenes que eran adquiridos por el propio soberano. Se convertían en estudiantes de la *kuttub* y se les enviaba a las escuelas *tabaqah* para recibir educación.

La disciplina en las tabaqahs era estricta, pero una vez que los estudiantes llegaban a la edad adulta, eran liberados y se convertían en los sultanes del propio mameluco. Al final del adiestramiento cada *kutub* recibía también un certificado *ítaqah* de libertad, y un uniforme, un caballo, escudos, flechas, aljabas, una armadura, y algunas espadas.

Durante el final del siglo XIII, este sistema de adiestramiento produjo unas actitudes de liderazgo y lealtad similares a las que se esperan de los licenciados de las academias militares más prestigiosas de la actualidad. Por ejemplo, las víctimas sufridas en 1291, durante el asedio definitivo de Acre, en poder de los cruzados, revelan una proporción de 13 oficiales muertos por cada 83 soldados, mucho mayor que la cifra proporcional de oficiales en relación con los soldados.

La preservación hasta nuestros días de varios manuales militares implica que sabemos más del adiestramiento de las fuerzas mamelucas que sobre ningún otro ejército medieval. Se basaba en una serie de campos de adiestramiento *maydan*, cuyo número y condiciones reflejaban la buena disposición militar del país. El propio sultán Baybars se entrenaba en uno de esos maydans diariamente desde mediodía hasta la plegaria de la tarde. De hecho, los ejercicios militares furusiyah del ejército mameluco se convirtieron casi en un espectáculo público para la gente de las principales ciudades.

Sin embargo, el *furusiyah* no era en sí mismo un código de conducta militar como el de la caballería, proclamado por la elite de los caballeros de Europa. Ni tampoco era meramente un ideal de valor. En lugar de eso, el furusiyah era un sistema de mantenimiento físico y técnicas militares basadas en el uso de armas específicas. Incluía también equitación y técnicas de caza, que se consideraban vitales para la cohesión de la caballería y para su capacidad para cooperar como unidades militares. La arquería se considera generalmente la especialidad militar más importante de los mamelucos. Para conservar sus caballos, especialmente cuando guerreaban contra los mongoles, quienes tenían mayores reservas de caballos, los mamelucos practicaban la arquería «en reposo», con una tasa de tiros muy alta.

Para contrarrestar la gran movilidad de los mongoles, un arquero mameluco solía ser capaz de acertar en un objetivo no más ancho que un metro a una distancia de 75 metros. También debía ser capaz de disparar tres flechas en un segundo y medio, mucho más deprisa que lo que se atribuye a los arqueros medievales ingleses.

Los manuscritos de entrenamiento mamelucos de la última época describen ejercicios en los que se empleaban ballestas a pie y a caballo, siendo considerada ese arma apropiada para un jinete pequeño o inexperto. La espada al parecer era vista como un arma secundaria para un jinete, quien confiaba más en su arco y su lanza.

Algo más que soldados

El sultanato mameluco mantenía el ejército mejor entrenado y equipado del mundo islámico, mientras que los miembros de su elite militar y gobernante se consideraban a sí mismos como los auténticos defensores del Islam. Sin embargo, la comunidad mameluca era algo más que un ejército profesional.

Debajo: Abu Zayd haciéndose pasar por un santo, en una copia del Maqamat de al-Hariri, mameluco, 1334. Los maqamat, que se puede traducir como «compilaciones», eran historias indiduales unidas por la persona de un narrador y los múltiples pícaros que se va encontrando. En el caso de al-Hariri (1054-1122), Abu Zayd es un sabio vagabundo que vive de su ingenio.

Los mamelucos estaban bien educados y eran generalmente más cultos que sus contemporáneos europeos, y fueron promotores muy apreciados del arte y la cultura islámicos. Por otra parte, los propios mamelucos no eran intelectuales destacados ni eruditos. Esos papeles los desempeñaban los Hombres de la Pluma, que eran civiles. Los mamelucos seguían siendo Hombres de la Espada. Pero eso no impedía que compitiesen entre ellos como mecenas de las artes. Además de en la arquitectura, el sultán y sus altos cargos gastaban enormes sumas de dinero en elaborado mobiliario y decoración para sus palacios, incluida alguna de la metalistería más refinada jamás producida por los artesanos islámicos.

Una escuela de iluminación de manuscritos floreció en el sultanato mameluco, aunque sus mejores obras eran mayoritariamente religiosas. Las ilustraciones de recopilaciones de historias como el *Maqamat* de al-Hariri se volvieron más impresionistas.

Un mameluco de alto rango tenía que tener gustos exquisitos, sobre todo durante finales del siglo XIV y comienzos del XV, cuando los mamelucos más poderosos eran los reclutados en el Cáucaso y el norte de Europa, en vez de los de las estepas turcas. Muchos de sus jefes eran hombres con cultura, a quienes gustaba codearse con personas ilustradas. A algunos les atraía la historia turca, a otros, la filosofía griega. El sultán al-Muayyad (1412-21) fue un buen poeta árabe, un músico virtuoso, y un consumado orador.

CADA VEZ MÁS REFINADOS

Había también una literatura turca para esa etnia, mientras que el propio turco servía como lengua habitual entre las elites militares de la mayor parte de Oriente Medio y los estados de las estepas del norte. Se publicaron varios diccionarios árabe-turcos, al parecer para uso de los que hablaban árabe en sus relaciones con los de lengua turca.

Al mismo tiempo, varios altos dirigentes mamelucos eran jefes de distintas facciones políticas, apoyados por mamelucos de menor rango que de vez en cuando resolvían las diferencias de sus jefes en peleas callejeras. Sin embargo, la lealtad entre un jefe y sus seguidores era frágil, y necesitaba ser pagada con regularidad. Si un jefe moría o se exiliaba, sus seguidores sencillamente buscaban otro patrón, estando todo el sistema basado en cálculos políticos más que en el concepto de la lealtad. Por otra parte, las escaramuzas políticas solían ser breves.

| **1145** El ejército almohade de Abd al-Mumin controla el al-Andalus islámico. | **1147** Los almohades toman Marrakech y expulsan a los almorávides del norte de África. | **1147–8** La Segunda Cruzada es derrotada a las afueras de Damasco. | **1154** Al-Idrisi hace un atlas del mundo para el rey Rogelio de Sicilia. | **1155–1194.** Los selyúcidas pierden algunas zonas de Mesopotamia en favor de un nuevo califato Abasí. | **1157** Alfonso VII de Castilla invade la España musulmana, pero muere en Muradiel. | **1167** Una fuerza conjunta salyúcida-fatimí defiende Egipto de los cruzados el Día de Al-Babein. | **1169** A la muerte de Shirkuh, Salah al-Din (Saladino) se convierte en visir de Egipto. |

Algunas de esas fiestas eran claramente de tradición turca, más que árabe, e incluían grandes cantidades de carne de caballo y leche de yegua. Gran parte de ésta se fermentaba para hacer una típica bebida alcohólica turca llamada *kumiss*.

Pese a sus costumbres militares, las bajas solían ser escasas, y una detallada informa-

Debajo: Tumba Qubbat de un santo musulmán desconocido, siglos XIV-XV, se alza en Ramalah.

ción sobre una facción de principios del siglo XV revela que la mayoría moría por causas naturales, por ejemplo infartos, hernias y gota. Mientras, la promoción y los ascensos solían basarse en la edad, la experiencia, y los puestos vacantes, y no en los complots, los golpes de estado o las peleas callejeras.

Hacia el siglo XV, los vínculos entre las elites civiles y militares de los mamelucos eran muy estrechos, quizá porque en esa época muchos Hombres de la Pluma descendían de los Hombres de la Espada. Aunque los hijos nacidos libres de los mamelucos eran excluidos de la elite militar, ellos y sus descendientes a menudo llegaron a ser grandes Hombres de la Pluma.

Al haber sido criados en un entorno totalmente islámico y de lengua árabe, varios de ellos se convirtieron en importantes eruditos o intelectuales. De hecho, el siglo XV ha sido calificado como el período más prolífico de la literatura egipcia, igualado sólo por Siria durante el mismo período y bajo los mismos sultanes mamelucos.

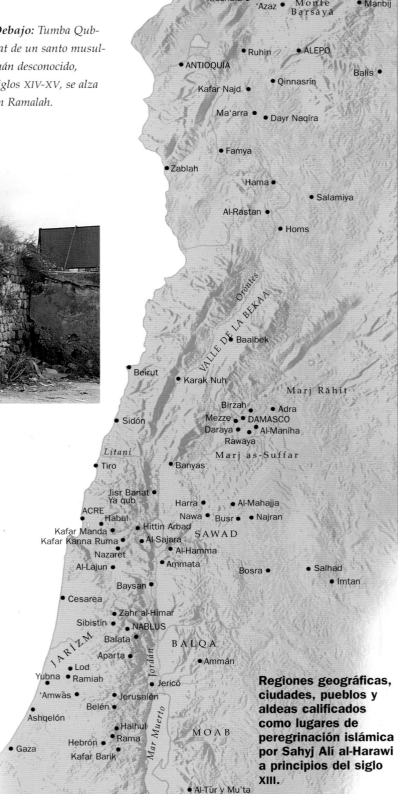

Regiones geográficas, ciudades, pueblos y aldeas calificados como lugares de peregrinación islámica por Sahyj Alí al-Harawi a principios del siglo XIII.

El ejército es el estado

Presionados por todas partes, la capacidad militar de los mamelucos fue puesta a prueba en los siglos XIII y XIV. El gobierno, la justicia y la administración estaban también estrictamente organizados, estructurados de forma similar al ejército

Derecha: talla de un escudo heráldico mameluco e inscripciones en la muralla de la Ciudadela de Damasco, Siria, siglos XIV-XV.

A fines del siglo XIV, el sultanato mameluco estaba amenazado por el ejército desbocado de Tamerlán (o Timur), y durante las décadas finales del dominio mameluco, Siria se convirtió de nuevo en una región fronteriza, enfrentada al creciente poder del imperio otomano. De las dos principales zonas geográficas del sultanato (Siria y Egipto), Siria era la más militarizada. En la segunda mitad del siglo XIII se enfrentó con lo que quedaba de los Estados Cruzados, y también con el peligro que representaban los mongoles y los ilkanes de Irak e Irán. Las amenazas exteriores nunca habían sido tan imponentes.

Siria estaba dividida en las mismas unidades administrativas, llamadas *mamlaka*, que habían existido bajo los anteriores sultanes Abasíes. Cada *mamlaka* contaba con una versión reducida del sistema administrativo existente en Egipto, y estaba regida por un *nayib al-sultana* o virrey del sultán gobernante.

Los oficiales de los Hombres de la Espada de cada *mamlaka* eran mamelucos, al igual que las autoridades administrativas de las unidades territoriales menores, como las *niyabas* y *wilayas*. Los más importantes de entre dichos Hombres de la Espada supervisaban el ejército, la recaudación de impuestos, y el sistema postal gubernamental.

Los funcionarios del consejo de gobierno provincial, o *diwan*, eran tanto mamelucos como Hombres de la Pluma civiles, mientras que el jefe del *diwan* era por lo general un civil. Los deberes del *nayib al-sultana* como virrey implicaban que era el responsable del mantenimiento de la ley y el orden en su *mamlaka*, y además hacía la guerra, se aseguraba de que las fortalezas de la frontera norte estuvieran en buen estado y convenientemente guarnecidas, era el responsable de un flota local si su *mamlaka* era costera, y también administraba justicia.

Tanto Damasco como Alepo, en tanto que ciudades principales de Siria, tenían otro alto cargo llamado *nayib al-qalá*. Eran indepen-

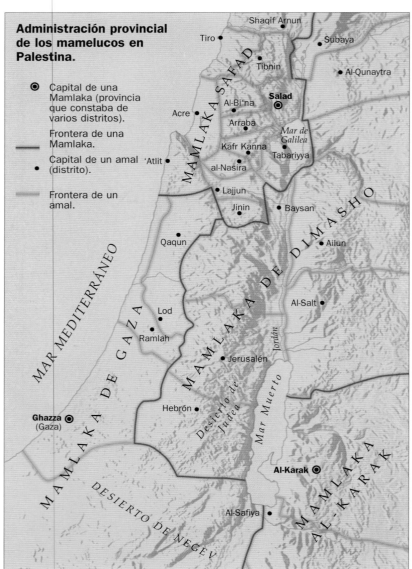

Administración provincial de los mamelucos en Palestina.

⊚ Capital de una Mamlaka (provincia que constaba de varios distritos).

—— Frontera de una Mamlaka.

• Capital de un amal (distrito).

—— Frontera de un amal.

Shaqif Arnun
Tiro
Subaya
Tibnin
Al-Qunaytra
MAMLAKA SAFAD
Al-Bi'na
Salad
Acre
Arraba
Mar de Galilea
'Atlit
Kafr Kanna
Tabariyya
al-Nasira
Lajjun
Jinin
Baysan
MAMLAKA DE DIMASHO
Qaqun
Ailun
MAR MEDITERRÁNEO
Al-Salt
Lod
MAMLAKA DE GAZA
Ramlah
Jordán
Jerusalén
Desierto de Judea
Mar Muerto
Hebrón
Ghazza ⊚ (Gaza)
Al-Karak ⊚
MAMLAKA AL-KARAK
Al-Safiya
DESIERTO DE NEGEV

dientes del *nayib al-sultana* local, y responsables de estas grandes ciudadelas.

Otros altos cargos eran el *shadd al-dawawin*, que se encargaba de los ingresos financieros de las *mamlakas sirias*, y el *shadd al-muhimmat*, que atendía las necesidades específicas del sultán cuando visitaba Siria. El consejo de gobierno provincial *diwan* incluía otros altos cargos, siendo uno de los más importantes el Nazir al-Juyush, que se encargaba de las necesidades de los soldados estacionados en Siria.

El tamaño y la composición del ejército mameluco de Siria cambiaban según las circunstancias. Incluía soldados profesionales mamelucos, árabes, turcos y kurdos autóctonos alistados, algunos mercenarios griegos y rusos, y auxiliares tribales.

COMUNICACIONES EFICIENTES

Otro importante aspecto de la administración mameluca de Siria y Palestina era el *barid*, o servicio de correos gubernamental. Sistemas semejantes de mensajería de alta velocidad se conocían desde los tiempos preislámicos, y habían sido una característica de los gobiernos islámicos más ricos y eficientes.

El *barid* del sultanato mameluco utilizaba sobre todo caballos, aunque los camellos eran imprescindibles en algunas zonas desérticas. También había un correo con palomas mensajeras, y un sistema de almenaras con hogueras. Por ejemplo, el aviso de un ataque costero a cargo de piratas cristianos podía llegar desde Beirut a Damasco en una noche. El personal de este notable sistema estaba integrado por correos cuidadosamente seleccionados que portaban insignias distintivas. Sin embargo, parece haber entrado en decadencia a fines del siglo XIV, siendo prácticamente destruido durante las invasiones de Tamerlán.

Las ciudades más pequeñas tenían su propio *wali* o *nayib*, responsable del gobierno y la seguridad locales. Los de las ciudades costeras debían garantizar que los «hombres del mar» locales tuvieran preparadas sus naves y sus armas en caso de necesidad, así como tenían que atender a los mercaderes europeos

Izquierda: Un jinete mameluco armado con un arco en bandolera decora la parte superior y el cuello de esta lámpara de cristal esmaltado de principios del siglo XIV.

que les visitaban. Cada *wali* tenía una *shurta* o fuerza policial para que le ayudara, y la mayoría de las ciudades contaba también con vigilantes reclutados entre los lugareños, bajo el mando de su propio *rais* o jefe. En el ámbito municipal, un *rais* local era el encargado de la justicia, el orden y la seguridad, siendo el representante del estado mameluco.

Belleza sin dinero

Hasta la aparición de la tradición de la ilustración de manuscritos a finales de la Edad Media, los artistas islámicos destacaban en metalistería, cristalería, textiles y cerámica. Una amplia gama de técnicas y vidriados innovó la cerámica decorativa, influyendo sobre artistas de culturas diferentes y posteriores.

Derecha: Jarro de cerámica Minai ilutrado con escenas del Shahnamah, Irán, siglos XII-XIII.

Una de las principales características del arte y la arquitectura medieval islámica era el uso de formas atrevidas pero relativamente simples que se decoraban con complejos diseños. Eso se ve con claridad tanto en las cúpulas de las mezquitas y palacios como en las obras de metal y cerámica. Comparada con la china, la cerámica preislámica de Oriente Medio era primitiva. La alfarería del primer período islámico siguió las sencillas tradiciones bizantinas y del Irán sasánida durante muchos años.

Durante el período omeya, la cerámica era más bien un artículo utilitario que uno de lujo, y la cerámica islámica refinada no apareció hasta el siglo IX. Esto puede que fuera resultado de la importación de porcelana china, a la que los alfareros de Oriente Medio trataban de imitar. Puede que fuera también consecuencia de una escasez de metales durante la cual, incluso en las tierras del corazón del mundo islámico, empezaron a escasear el oro y la plata que se utilizaban anteriormente para fabricar lujosas vajillas. Esta carestía fue sin duda responsable del desarrollo de técnicas que empleaban pequeñas cantidades de metales preciosos para decorar las superficies de vasijas hechas de bronce o latón, mucho más baratos.

Esas técnicas de incrustación tuvieron tanto éxito que al final se empleaban para decorar puertas de metal enteras o algunos edificios importantes, incluidas mezquitas.

El mundo islámico no tenía acceso a la fina arcilla necesaria para fabricar porcelana, así que los artesanos le imitaban recubriendo la cerámica corriente con vidriados opacos blancos o blanquecinos, y a veces la decoraban utilizando óxido de zinc.

Puesto que no podían competir con la calidad de la propia cerámica, los alfareros islá-

La expansión de la tecnología de la porcelana china en el mundo islámico y Europa, siglos XIV-XVII

Cerámica con decoración azul cobalto en el siglo IX.

Cerámica con franjas azul cobalto, siglos XII-XIII, minas de cobalto cerca de Kashan.

Exportando cerámica azul y blanca desde aproximadamente 1305.

EUROPA

Londres 1635

Delft c.1610

Francfort 1670

Rouen 1690

Padua 1625

Florencia 1575

Iznik 1520

MAR NEGRO

Ragqa a principios del siglo XIII

Damasco

Kashan

Kirman siglo XV

Chuan-Chu

CHINA

INDIA

IRAQ

MAR MEDITERRÁNEO

ARABIA

MAR ARÁBIGO

OCÉANO ATLÁNTICO

ÁFRICA

MAR ÁRABE

OCÉANO ÍNDICO

1520 Fecha de la manufactura más temprana conocida de estilo chino (imitación de China) de cerámica azul y blanca fuera de China.

Principales rutas para:
- Exportación china de cerámicas.
- Exportación de cobalto desde Irán y China.

micos experimentaron con diversas formas de decoración, incluidas las superficies talladas o moldeadas, y el desarrollo de nuevos y espectaculares vidriados. Éstos pronto se adelantaron a todo lo visto con anterioridad en Oriente Medio, y a menudo estaban tecnológicamente por delante de los chinos, a quienes se consideraba los mejores alfareros del mundo. Esas artes se introdujeron después en Europa, sobre todo en la Italia renacentista.

Las más impresionantes de esas técnicas eran el barniz y el uso del cobalto para obtener diseños de color azul brillante. Irónicamente, el cobalto necesario para fabricar la famosa cerámica azul y blanca china provenía del Irán islámico, habiendo sido utilizado por primera vez en Irak para el vidriado durante el siglo IX. El barniz, que daba a un humilde plato de arcilla la apariencia de metal pulido, se desarrolló también en Irak en los siglos IX y X, durante la edad de oro de la civilización Abasí. Requería añadir óxido de plata y cobre durante una segunda cocción de la cerámica a menos temperatura. Se podían conseguir varios colores metálicos, aunque el dorado era el más solicitado. Con posterioridad, estas técnicas se extenderían a Siria, Egipto e Irak.

Otra técnica que permitía un gran control al dibujar sobre una superficie de cerámica era la llamada decoración a tiras. En ella, se añadían a la superficie finas líneas de arcilla muy húmeda para contener los colores, y el conjunto se fijaba bajo un vidriado claro.

INOVACIONES Y EXPERIMENTOS

En los siglos XII y XIII, bajo el gobierno de los turcos selyúcidas, se inventaron otras técnicas de vidriado que permitían a los alfareros dibujar o colorear diseños muy realistas en sus cerámicas. También incorporaron una mayor variedad de colores.

Esta cerámica a veces representaba historias, como la epopeya persa Shahnamah, y estaba seguramente influida por una arraigada tradición de pinturas murales, aunque a una escala mucho menor. Es interesante recalcar que la ilustración de libros en este período y en otros posteriores parece haber estado igualmente influida por la pintura mural.

La cerámica *kashan* fue el último avance importante durante el período medieval, apareciendo en los siglos XIII y XIV. Combinaba vidriados multicolores y barniz, siendo

empleada no sólo para la cerámica portátil, sino también para baldosas en arquitectura. Como resultado, grandes zonas de los edificios podían parecer recubiertas por una superficie de metal. Al mismo tiempo, a fines de la Edad Media, Málaga se convirtió en un importante centro de fabricación de barniz, gran parte del cual era exportado a Europa occidental. Otro centro rival se desarrolló en Valencia, en el reino cristiano de Aragón, aunque la mayoría de sus alfareros eran musulmanes o recién convertidos al cristianismo. Fue aquí donde comenzó la tradición artística europea del barniz.

En Oriente Medio, algunos de los estados turcos de Anatolia se revelaron como centros productores de cerámica fina. Sus primeros diseños incorporaban diseños iranio-mongoles y chinos; a partir de éstos se desarrollaría la escuela de cerámica turca otomana.

Arriba: Puertas de bronce recamadas de plata de la mezquita de Asan, 1356-9, El Cairo, Egipto.

El Cairo, madre del mundo

Aunque los conquistadores islámicos trasladaron la capital de Egipto de Alejandría a El Cairo, dejaron el casco antiguo de El Cairo para los judíos y los cristianos coptos, construyendo una nueva ciudad para sí mismos al nordeste.

Debajo: El Janqah de Baybars II, que data de 1310, se alza entre las calles del mercado moderno.

Desde antes de la conquista árabe-islámica de Egipto, en el siglo VII, había habido un asentamiento en lo que ahora es El Cairo. El barrio sur de lo que ahora se conoce como el Viejo Cairo era una ciudad bizantina fortificada. El Cairo del período

Derecha: El casco antiguo de El cairo, con sus estrechas y abarrotadas calles, oculta sus tesoros al visitante. Aquí se ve la mezquita de al-Muayad, construida entre 1415-21, entre el humo de los talleres.

mameluco era aún una auténtica «Ciudad de las mil y una noches». Fue aquí donde se escribió la extraordinaria recopilación de historias llamada *Las mil y una noches* en la forma en que se conoce actualmente. Muchas de esas historias datan de cientos de años antes, pero los cuentos de *Las mil y una noches* que gustan tanto a los niños como a los adultos están en su mayor parte ambientados en un mundo que refleja el de El Cairo mameluco.

Las mil y una noches fue una obra despreciada por las elites ilustradas de su época, y aún hoy no se considera digna de estudio serio por parte de la mayoría de los musulmanes. Sin embargo, proporciona un retrato de la vida cotidiana, la mentalidad, la ropa y las costumbres del Egipto mameluco, más nítido que el que se dispone de la mayoría de los otros países medievales.

Cuando los conquistadores islámicos construyeron su nueva ciudad, la llamaron al-Fustat, «La tienda de campaña», o Misr, el

nombre árabe moderno de Egipto. Con el transcurso de los siglos, nuevos asentamientos extendieron la ciudad hacia el norte y el este. En 1168, el propio suburbio de al-Fustat fue incendiado para impedir que cayera en manos de los cruzados, y actualmente la mayor parte del mismo sigue siendo un solar polvoriento, únicamente atractivo para los perros y los arqueólogos con vocación.

CIUDAD TRIUNFANTE

Mientras El Cairo seguía siendo una prolongación mayoritariamente no musulmana de la ciudad hacia el sur, el corazón de El Cairo medieval terminó por ocupar completamente la zona situada entre un acueducto que corría desde el Nilo hasta la Ciudadela, la propia Ciudadela, la muralla norte fortificada del palacio Fatimí de los siglos X-XI llamado al-Kahira (El Cairo, que significa «la triunfante») y el antiguo lecho del Nilo al oeste.

Sin embargo, incluso antes de que los Fatimíes crearan al-Kahira, sus predecesores ya habían fundado los suburbios al norte de al-Fustat. Por ejemplo, al-Áskar, o «los acantonamientos», fue creado después de que los califas Abasíes derrocaran a los omeyas en 750, mientras que al-Katai, o «la guardia» fue fundado en 870, la propia al-Kahira fue construida en 969.

De ese modo, El Cairo siguió creciendo en dirección nordeste. Algunos monumentos de esa primera época han sobrevivido, algunos de ellos obras maravillosas de arquitectura, pero El Cairo medieval debe su perfil y su carácter general a los sultanes mamelucos que gobernaron desde mediados del siglo XIII hasta 1517.

Al mismo tiempo, algo sucedía al oeste, donde el lecho del Nilo se iba alejando gradualmente de la ciudad medieval. A principios del siglo XIV, un gran lago creado por el río en retirada se convirtió en una especie de estanque de recreo, rodeado de palmeras y parcialmente cubierto de lirios de agua amarillos. Se construyeron encantadores palacios para los ricos y poderosos alrededor de lo que llegó a ser conocido como lago Ezbekiya. La gente corriente también se relajaba allí en las calurosas tardes de verano.

La llanura situada entre el lago Ezbekiya y el nuevo cauce del Nilo se veía a menudo inundada por la crecida del río y era por tanto muy fértil, siendo pronto cubierta de jardines, huertos y campos de judías. Bulaq

prosperó y se convirtió en un activo puerto, y remontando un poco el río, frente a la isla de Rawda, se desarrolló otro barrio, formado principalmente por soberbios palacios en medio de grandes jardines.

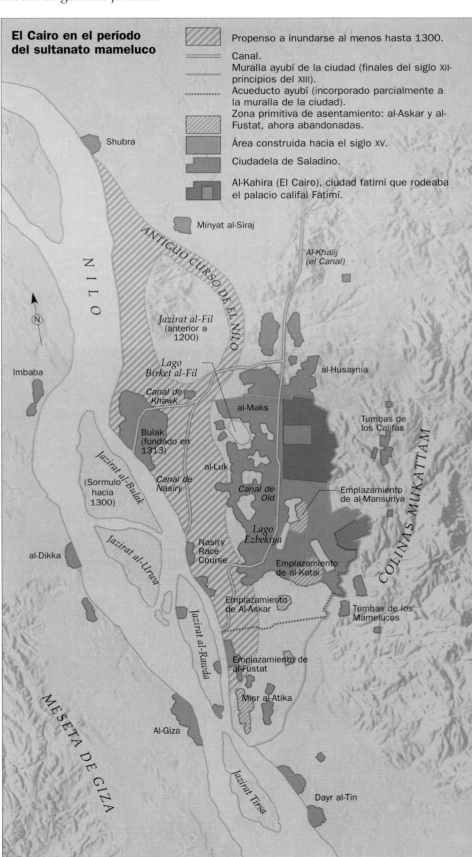

El Cairo en el período del sultanato mameluco

Propenso a inundarse al menos hasta 1300.

Canal.

Muralla ayubí de la ciudad (finales del siglo XII-principios del XIII).

Acueducto ayubí (incorporado parcialmente a la muralla de la ciudad).

Zona primitiva de asentamiento: al-Askar y al-Fustat, ahora abandonadas.

Área construida hacia el siglo XV.

Ciudadela de Saladino.

Al-Kahira (El Cairo), ciudad fatimí que rodeaba el palacio califal Fatimí.

Tesoros textiles

Los productos textiles y las alfombras se manufacturaban en muchos lugares del mundo medieval islámico, estando Egipto entre los centros de producción más importantes. Irónicamente, los productos textiles islámicos se pusieron de moda en Occidente gracias a los cruzados que regresaban a sus hogares.

Debajo: Unos hombres enjuagan unas balas de lana teñidas de rojo, cerca de Arak, en Irán, donde la fabricación de alfombras persas sigue siendo una industria importante.

La fabricación de alfombras a base de nudos tejidos y aplanados estilo kilim era una técnica principalmente turca e iraní. Las alfombras eran una pieza de mobiliario muy adecuada para pueblos nómadas.

Dentro del mundo islámico, Transoxania, Afganistán, Irán y Turquía eran los más famosos por sus alfombras. Por supuesto, todos esos países habían sido colonizados por pueblos tribales turcos en el transcurso de la Edad Media, y a medida que aquellos turcos se iban extendiendo hacia el oeste, surgían nuevos centros de producción.

Las alfombras se fabricaban en algunas de esas regiones desde tiempos preislámicos. Hay testimonios chinos que mencionan las del Irán sasánida de fines del siglo VI y principios del VII, poco antes de la conquista islámica. Sin embargo, la alfombra más antigua que ha sobrevivido hasta nuestros días fue encontrada por un arqueólogo en las montañas Altai, al norte de Siberia, cerca de lo que hoy es Mongolia. Es la famosa alfombra Pazyrik, que data del año 500 a.C., y que está ahora en un museo de San Petersburgo. Su procedencia sigue siendo motivo de debate, y algunos expertos sugieren que procedía de Irán, mientras otros afirman que fue fabricada en el Asia central.

Sus azules claros, beiges y amarillos son muy parecidos a los de las alfombras hechas en el período medieval. Incluso hoy en día, las alfombras de lana que llevan tintes naturales o tradicionales siguen teniendo una gama similar de colores. Y, lo que es quizás aún más notable, el concepto global del diseño de la alfombra de Pazyrik es parecido al de muchas alfombras posteriores. De hecho, la manufactura de alfombras era una artesanía conservadora, y las tecnologías de que disponían los tejedores de las tribus turcas impedían cambios importantes.

REFLEJANDO LA NATURALEZA EN LOS TEJIDOS

Muchos pueblos islámicos, y sus vecinos no islámicos, veían la alfombra como un medio de representar la imagen de un jardín o del interior de una tienda de campaña. La técnica de tejido, empleando lanas brillantemente coloreadas, se prestaba también a ese fin. Los poetas persas combinaban muy a menudo la imagen de la alfombra de colores con el jardín, así como con umbrías arboledas,

La manufactura de alfombras persas y turcas en la Edad Media

Urganj
Isfijab
Bukhara
Samarcanda
Badakhshan
Ersinian (erzurum?)
Konya
Balkh
Kabul
Nishapur
Mosul
Rayy
Hamacan
Qazvin
Bagdad
Isfahan
Damasco
Tustar
Kirman
Istakhr
Shiraz
El Cairo
Medina

◉ Centro principal de fabricación de alfombras.

cursos de agua, frutas, y la compañía de bellas mujeres, para evocar una imagen del paraíso, o al menos, de algo aproximado en la Tierra.

Imágenes de jardines y flores fueron incorporadas a los diseños de muchas alfombras, sobre todo de las alfombras persas en comparación con las de los pueblos turcos. Aunque no hay una línea de separación clara entre las alfombras persas y las turcas, los tejedores persas solían emplear diseños más fluidos y en ocasiones más naturalistas. Los tejedores turcos, más tradicionales, por lo general se basaban en patrones abstractos o muy estilizados, y en formas geométricas. Hasta cierto punto, eso reflejaba gustos diferentes, pero también estaba motivado por la tecnología disponible. Por ejemplo, un tejedor que trabajase en una ciudad podía disponer de un telar más grande y complejo que un tejedor de una tribu que trabajaba en la puerta de su tienda de campaña. Sin embargo, este argumento tampoco debe ser sobrevalorado.

Diseños muy estilizados y abstractos eran los empleados por los tejedores urbanos turcos en los grandes centros de Bujara y otras ciudades de Transoxania, y también por los tejedores persas de las ciudades de Irán. Es improbable que las posiciones divergentes de los musulmanes chiítas y sunitas respecto a la representación naturalista de seres vivos haya tenido algún impacto durante el período medieval, aunque puede que tuviera importancia en

siglos posteriores, cuando el chiísmo islámico se convirtió en la religión oficial de Irán.

Se cree que muchas alfombras fueron llevadas por los cruzados de regreso a sus hogares en los siglos XII y XIII, aunque parece improbable que esos peregrinos armados fueran los primeros en llevar tales objetos a Europa Occidental. Sin embargo, la época de las Cruzadas se caracterizó por una creciente afición hacia las novedades y los diseños islámicos, y varios aspectos del arte y la arquitectura islámica influyeron en el gusto europeo. A fines del siglo XIV, y sobre todo durante todo el siglo XV, las alfombras islámicas se habían puesto de moda. Seguían siendo artículos de lujo y en la Italia renacentista su incorporación en pinturas simbolizaba la importancia de la escena o de la persona retratada. De hecho, las alfombras persas o turcas que se pueden ver a los pies de la Virgen en pinturas italianas u holandesas del Renacimiento, y en muchas otras escenas, aportan pruebas sobre los diseños y colores de aquellos productos textiles, pues muy pocos han perdurado hasta nuestros días.

Arriba: El diseño decorativo de las superficies interiores del mausoleo de Barkuk, en el Cairo, de principios del siglo XV, guarda una gran semejanza con el utilizado en muchas alfombras islámicas.

Arriba a la izquierda: Un fragmento de tejido de fines del siglo IX-principios del X representando a un hombre sentado con una taza, un motivo turco muy tradicional y antiguo.

El fracaso de una elite

Tras la conquista otomana de Constantinopla en 1453, el sultán Mehmet el Conquistador envió noticias de su victoria a los soberanos islámicos. Su mensaje al sultán de El Cairo incluía un desafío, codificado, a la afirmación de los mamelucos de que ellos eran los defensores del Islam.

Arriba: «La llegada de los embajadores venecianos al Damasco mameluco», de la escuela de Bellini, fue pintado en el siglo XVI. Al encontrarse con la hostilidad otomana, la república mercantil de Venecia tenía buenas razones para hacer causa común con los mamelucos.

Derecha: El fuerte del sultán Katabey se alza en la costa de Alejandría.

En su mensaje al sultán de El Cairo, Mehmet el Conquistador se refería a sí mismo como el «Defensor de las Fronteras Islámicas», mientras sólo llamaba al soberano mameluco «Defensor de los Santos Lugares Islámicos», o sea Medina y La Meca en Arabia. En 1481, Cem, el hijo de Mehmet, llegó a la Siria mameluca, buscando refugio tras un intento fallido por apoderarse del trono otomano.

El sultán mameluco Katabey invitó a Cem a El cairo, y al año siguiente, éste regresó a territorio otomano al frente de un pequeño ejército de seguidores. Cem fue derrotado de nuevo, y esta vez buscó asilo entre los Caballeros Hospitalarios de la isla de Rodas.

Mientras, a medida que la eficacia del ejército turco aumentaba sin cesar, la del ejército mameluco decaía. En 1483, jóvenes reclutas mamelucos provocaron disturbios en El Cairo, al igual que lo hicieron sus predecesores diez años antes. Aquellas revueltas eran en parte consecuencia del impago de los salarios por parte de un gobierno que estaba muy escaso de dinero, y en parte respondían a una quiebra de la disciplina y de la moral. Para entonces, el estado mameluco se enfrentaba a amenazas procedentes de su vulnerable frontera norte. Era en esa zona donde siempre se habían con-

centrado los mayores esfuerzos defensivos de los mamelucos, primero contra los mongoles en el siglo XIII y principios del XIV, y ahora de nuevo contra levantiscos turcos.

En 1483, el pequeño estado de los Dulgadir Ogullari, en el sur de Anatolia, atacó Malatya, que estaba en poder de los mamelucos, supuestamente a petición del sultán otomano en venganza por el apoyo prestado por los mamelucos a su hermano Cem. Un ejército de apoyo mameluco fue derrotado pero, tras una dura lucha, los Dulgadir Ogullari fueron obligados a retroceder. Durante ese proceso, fueron capturadas algunas tropas otomanas.

Los intentos por restablecer relaciones pacíficas fracasaron, y en 1487 un ejército otomano invadía la provincia mameluca fronteriza de Cilicia. A pesar del estado destartalado de las fuerzas militares mamelucas, y su insistencia en aferrarse a tácticas anticuadas, salió victorioso un ejército bajo el mando del gran emir uzbeco. Ésta iba a ser casi la última victoria de el ejército mameluco.

TIEMPOS DE CAMBIO

A los pocos años, el sultanato mameluco tuvo que enfrentarse a una amenaza completamente nueva que venía de una dirección totalmente diferente. En 1498-9, Vasco de Gama circunnavegó África del Sur y realizó su épico viaje a la India. Siete años más tarde, los piratas portugueses empezaron atacar a los navíos mercantes islámicos y a asaltar las colonias comerciales islámicas a lo largo de las costas del océano Índico. En 1506, se lanzaron sobre la isla de Socotra, frente al Cuerno de África, y luego consiguieron varia victorias navales en las costas indias. En 1513, atacaron el propio territorio mameluco, asediando Suakin.

Hacía tiempo que los mamelucos habían perdido en gran medida el interés por las artes militares navales, aunque no estaban tan volcados hacia la tierra firme como se ha sugerido a veces. Sin embargo, sus flotas no eran muy eficientes, y una gran escuadra naval fue destruida por los Caballeros Hospitalarios frente a la costa de Cilicia en 1510.

Para enfrentarse a esa nueva amenaza, los mamelucos y los otomanos intentaron cooperar, pero no consiguieron nada. Por el contrario, el sultán otomano llegó a la conclusión de que la fuerza de los mamelucos estaba agotada. Había que derrocarles por el bien

del conjunto de los musulmanes. En 1514, la guarnición mameluca de Alepo se amotinó. En 1516, los otomanos invadieron Siria, derrotando al ejército mameluco y matando al sultán mameluco al-Ghawri.

Al año siguiente, el sultán otomano Selim el Adusto invadió Egipto y destruyó el último ejército mameluco en Raidaniya, en los suburbios nororientales de El Cairo. Los mamelucos resistieron allí durante más de tres meses, pero no podían ignorar el hecho de que su época se había acabado, y su derrota marcó el final de la Edad Media para el mundo islámico.

Arriba: Cañones mamelucos capturado por los turcos otomanos a fines del siglo XV- principios del XVI se pueden ver en el museo Askeri, Estambul.

El colapso de los mamelucos, finales del siglo XV-principios del XVI

- Territorio islámico.
- Sultanato mameluco.
- ⊗ Guerras/batallas entre mamelucos y otomanos.
- ⊗ Flota mameluca destruida por los Hospitalarios en Rodas.
- ⋯ Escuadra portuguesa bajo el mando de Vasco de Gama.
- ⊗ Ataque portugués contra una flota, isla o puerto islámico.
- ✳ Disturbios mamelucos.

CAPÍTULO NUEVE

El Islam en el este

La frontera olvidada

Durante el principio del siglo VIII, como parte de la política del califato omeya de invadir todo el territorio que había formado parte del imperio Sasánida, los ejércitos islámicos fueron enviados a combatir en algunos de los terrenos más difíciles a los que se habían enfrentado. Allí estaban las enormes montañas y los escarpados valles de lo que hoy es el oeste de Pakistán, Afganistán y las provincias más orientales de las repúblicas ex soviéticas de Asia central.

Una de las regiones más hostiles de todas era el desierto montañoso donde se unen los actuales Irán, Pakistán y Afganistán. Además de las dificultades planteadas por el clima y la geografía, lo ejércitos islámicos se enfrentaban a enemigos muy feroces. Mientras que la mayoría de la población de las provincias centrales y orientales del antiguo imperio sasánida era zoroastriana, la del este era budista, hindú y pagana.

Los zoroastrianos, como los mercantilistas budistas de Transoxania, ofrecieron una fuerte resistencia, pero luego se dieron cuenta de que el imperio sasánida era cosa del pasado, y aceptaron mayoritariamente el dominio islámico. En las zonas fronterizas salvajes del este de Afganistán, donde la autoridad sasánida ya se había desmoronado antes incluso de la llegada del Islam, belicosos pueblos tribales mayoritariamente budistas lucharon con ahínco y durante mucho tiempo contra los árabes musulmanes recién llegados.

Una de las más notables de estas campañas omeyas fue la invasión de Sind, en la extremo sudoriental de lo que hoy es Pakistán, durante 712 y 713. Estuvo dirigida por Mohamed Ibn Kasim al-Tafaki, y requirió una épica marcha a través de los desiertos de Mukran hasta el río Indo.

Medio siglo más tarde, el califato Abasí lanzó una ofensiva naval en la misma dirección. En esta ocasión, una gran flota navegó desde Irak por todo el golfo Pérsico, transportando casi 9.000 soldados para destruir un refugio pirata en Barabad.

CONVERSIÓN Y ASIMILACIÓN

Una vez que el dominio islámico se hubo asentado a lo largo del curso bajo del Indo, la minoría budista local de lo que se convirtió en las provincias de Multan y Mansura al parecer cooperaba con sus nuevos soberanos islámicos más de lo que lo hacía la mayoría hindú. Eso desembocó en la absorción gradual de la población budista, que también desapareció del vecino Afganistán. El gran viajero al-Biduni no encontró ni rastro de budistas cuando visitó Sind a mediados del siglo XI. Es interesante observar que Tibet, que se había convertido al budismo recientemente, también entró en una fase de expansión beligerante en el siglo VII, aunque en dirección norte. Tras una breve confrontación entre Tibet y el califato, esas dos fuerzas (islámicas y budistas) estuvieron generalmente en paz.

La conquista árabe-islámica de Sind restableció los antiguos vínculos entre Irak y el valle del Indo, las dos grandes civilizaciones basadas en los ríos del oeste de Asia, pero desde el siglo VIII al siglo X, Mansura y Multan parecieron desaparecer en la oscuridad. Sin embargo, en realidad prosperaban con relativa tranquilidad como centros culturales, económicos e intelectuales, evitando la mayoría de las tensiones y las guerras civiles que marcaron gran parte de la historia del resto del mundo islámico medieval. Hacia el siglo IX el control califal se había vuelto muy laxo, y en lugar de ser gobernados por autoridades enviadas desde Bagdad, aceptaron la jefatura de familias locales de colonos de origen árabe. Al mismo tiempo, hindúes y musulmanes generalmente coexistieron pacíficamente durante esos siglos.

En el siglo X, aparecieron en escena misioneros chiítas ismaelíes, sobre todo alrededor de Multan, y durante un breve período la jutba o dedicatoria de la oración comunal de cada semana se hacía en el nombre del distante califa Fatimí de El Cairo. Eso atrajo la atención del ambicioso y estrictamente sunita sultán Mahmud de Gazna.

Su base de operaciones estaba en las montañas del noroeste. Deseoso de demostrar su lealtad hacia el califa sunita Abasí de Bagdad, Mahmud de Gazna aprovechó esa excusa para invadir Multan en 1006. Cuatro años después, derrocó al soberano local e incorporó Multan a su estado en expansión.

En algún momento de la primera mitad del siglo XI, la provincia sureña de Mansura experimentó un resurgimiento hinduista hindú encabezado por un clan de Rajput llamados los Sumeras. Sin embargo, fue reconquistada para el Islam por los sucesores aún más belicosos de los gaznauíes, los guríes, cuyo centro neurálgico estaba otra vez en las montañas de lo que hoy es Afganistán.

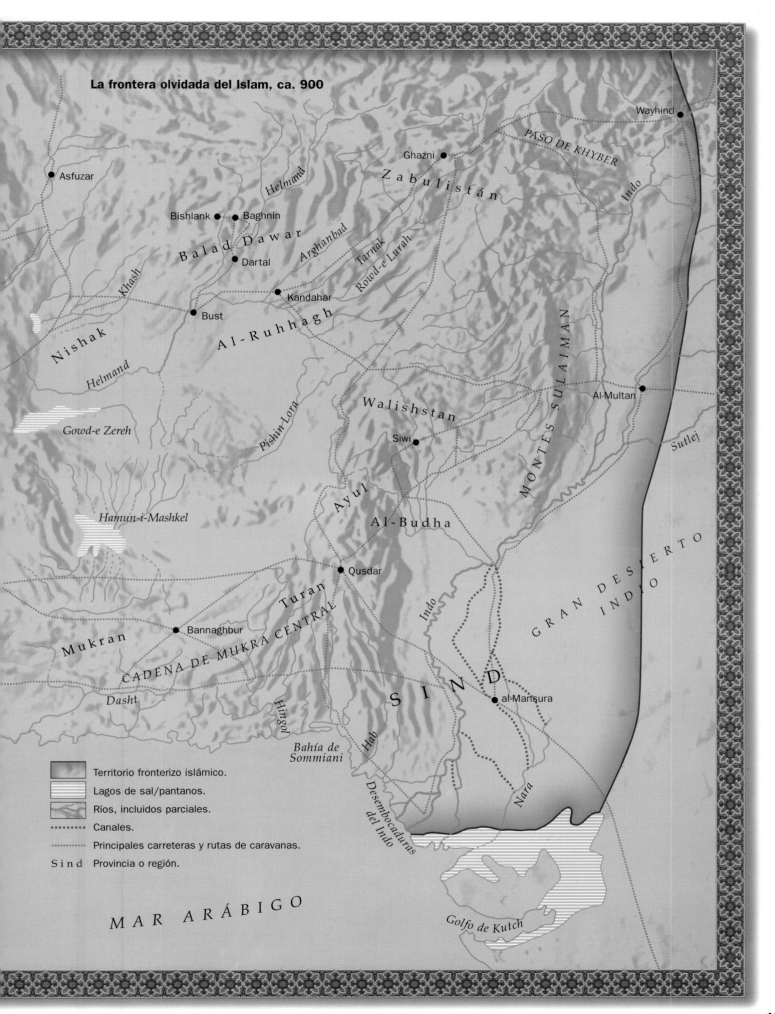

La frontera olvidada del Islam, ca. 900

Asfuzar

Wayhind

PASO DE KHYBER

Ghazni

Zabulistán

Helmand

Indo

Bishlank

Baghnin

Balad Dawar

Arghanbad

Dartal

Tarnak

Rowd-e Lurah

Khash

Kandahar

Bust

Al-Ruhhagh

Nishak

MONTES SULAIMAN

Helmand

Al-Multan

Walishstan

Gowd-e Zereh

Pishin-Lora

Siwi

Sutlej

Ayul

Hamun-i-Mashkel

Al-Budha

GRAN DESIERTO INDIO

Qusdar

Turan

Mukran

Bannaghbur

CADENA DE MUKRA CENTRAL

Indo

Dasht

SIND

al-Mansura

Hingol

Hab

Bahía de
Sommiani

Nara

Desembocaduras
del Indo

Territorio fronterizo islámico.

Lagos de sal/pantanos.

Ríos, incluidos parciales.

·········· Canales.

············ Principales carreteras y rutas de caravanas.

Sind Provincia o región.

MAR ARÁBIGO

Golfo de Kutch

Fuera de Afganistán

Desde mediados del siglo VIII hasta finales del siglo X, las fronteras orientales del califato, frente al Tibet y lo que hoy es el norte de Pakistán y de la India, permanecieron sin grandes cambios. Con el paso de los siglos, esas culturas vecinas tendrían un efecto sutil pero duradero sobre el imperio islámico.

Debajo: Las influencias artísticas y culturales orientales se desplazaron hacia el este, como muestra este elefante de cerámica de los siglos XII-XIII encontrado en Rayy (Teherán).

Incluso el ascenso y caída de varias dinastías islámicas de la parte oriental del mundo islámico tuvieron poco impacto sobre la estabilidad de la frontera. Sin embargo, dentro de las regiones de dominio islámico de lo que hoy es Afganistán, iban a tener lugar importantes cambios, aunque a la autoridad califal le llevó mucho tiempo convertirse en algo más que meramente superficial. Después vino un largo período en el cual los belicosos pueblos tribales locales se fueron convirtiendo gradualmente del budismo, el hinduismo y diversas formas de paganismo, al Islam.

Durante ese proceso, pobremente documentado, parece ser que diversos aspectos del misticismo budista tuvieron un profundo impacto sobre el fenómeno en auge del misticismo islámico, especialmente sobre la forma conocida como sufismo. De manera completamente distinta, la tradición budista de monasterios fortificados y monjes-guerreros, que existía en Tibet y en Japón, probablemente contribuyó al surgimiento de la *ribat* islámica

En ésta, los voluntarios con motivación religiosa pasaban mucho tiempo, o de hecho toda su vida, practicando la oración, la meditación y la defensa de la frontera islámica. Pronto pudieron verse tales *ribats* a lo largo de la frontera con el imperio Bizantino, en la costa norte de África enfrentándose a los piratas cristianos, y en al-Andalus, haciendo frente a la Reconquista española.

En el este, mientras tanto, durante la confusión que acompañó a la decadencia de la dinastía Samaní, Alptigin, un alto mando militar turco de origen esclavo o gulam, se estableció en Gazna, desde donde él y sus seguidores atacaron los enclaves indios de más al este.

Aquello resultó ser tan lucrativo que Gazna se volvió lo bastante rico como para desafiar a los gobiernos islámicos vecinos. Aunque tuvieron cierto éxito, Mahmud de Gazna (998-1030) decidió que el futuro de su dinastía se encontraba en la India. Habiendo asegurado su frontera norte mediante varias victorias sobre sus rivales islámicos, lanzó una serie de osadas ofensivas que le valieron el título de Martillo de los Infieles. Los ejércitos gaznauíes irrumpieron en Cachemira, llegando hasta las costas del océano Índico, donde destruyeron el famoso templo e «ídolo» de Somnath, y penetraron en la llanura del Ganges.

Izquierda y debajo:

El complejo Kutub Minar es uno de los monumentos islámicos más antiguos de la zona de Delhi, con su alto minarete y el patio de Aladino.

UNA ELITE DE ESCLAVOS

Cuando Mahmud de Gazna murió, sus dominios eran los más impresionantes que se habían visto en el mundo oriental islámico desde hacía siglos, mientras que su ejército era el más eficiente de su época. Sin embargo, bajo el reinado del hijo de Mahmud, la parte oriental del imperio cayó en poder de los selyúcidas.

su poderío militar se desmoronaba, hasta que el último soberano gaznauí fue derrocado por otra belicosa dinastía, los guríes.

Gur era una región pobre, remota y muy montañosa de Afganistán, que hacía tiempo que era conocida por sus exportaciones de armaduras de hierro de alta calidad, y de los soldados que las usaban. Pese a formar nominalmente parte del califato, la población de Gur se aferró tenazmente al paganismo hasta bien entrado el siglo XI.

Durante el siglo XII, a medida que el poder de los gaznauíes se desvanecía y el de los selyúcidas apenas tenía impacto a escala local, una familia autóctona se alzó con el poder.

Después de 1059, se llegó a un acuerdo de paz con los selyúcidas, permitiendo a los gaznauíes concentrarse una vez más en sus territorios de la India. Pero no iba a producirse demasiada expansión. La corte gaznauí se convirtió en un brillante centro de la cultura persa-islámica. Eso siguió siendo así mientras

Eran los shansabaníes. Cuando el Gran Sultanato selyúcida de Irán también entró en decadencia, los shansabaníes pudieron constituir un reino independiente propio, reemplazando a los gaznauíes pero continuando su tradicional guerra contra los príncipes hindúes «infieles» del norte de la India.

También al igual que los gaznauíes, los guríes, como se les conocía, no pudieron resistir la tentación de expandirse hacia el oeste. En general, fracasaron, y se concentraron en la India. El último sultán gurí fue derrocado en 1215 por el mismo y ambicioso shah de Jorezm, Jalal al-Din, que pronto sería conquistado a su vez por los mongoles.

No obstante, la soberanía militar gurí sobre el norte de la India continuaría. Aquellos hombres eran de origen turco gulam o mameluco y, tras haber sobrevivido a un ataque mongol, se hicieron conocidos como los Reyes Esclavos de Delhi.

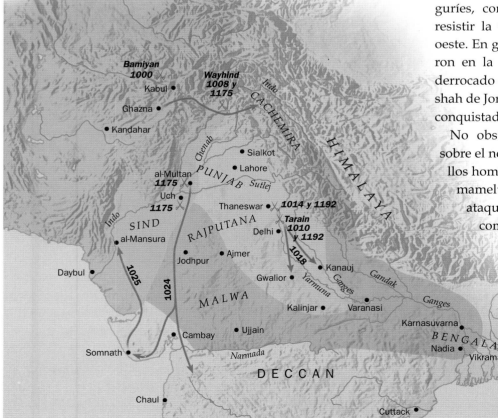

Territorio islámico, ca.1000.

Conquistas gaznauíes, 1000–1186.

Conquistas guríes, 1186–1215.

Principales ataques del sultán Mhmud de Gazna.

Los mongoles se hacen musulmanes

Los musulmanes no tenían verdadera experiencia en ser gobernados por no creyentes. A los del este les habría causado asombro unos conquistadores no musulmanes, pero es que los mongoles ni siquiera estaban reconocidos como Pueblo del Libro.

Debajo: Una soberbia decoración de mosaicos adorna el tímpano y la cúpula del palacio de Tugata Beg Jatún en Kunyia Urguench, Turkmenistán, ca. 1370.

Cuando los mongoles conquistaron la mitad oriental del mundo islámico en el siglo XIII, invadieron regiones donde se clasificaba a la gente básicamente por su religión, no por su origen étnico. Ahí el Islam era, por supuesto, la religión dominante, mientras otros Pueblos del Libro, como los cristianos, los judíos y los zoroastrianos, tenían libertad de culto total. Aunque algunos mongoles eran budistas, y una pequeña minoría cristianos, se cree que la gran mayoría eran chamánicos, seguidores de cultos tribales, los que les volvía paganos a los ojos del Islam.

convirtiera al Islam), el budismo tenía una gran influencia. Los monjes budistas llegaban de lugares tan lejanos como Tibet y China, erigían pagodas con pinturas religiosas y estatuas, e incluso excavaron templos-gruta en el noroeste de Irán. Éstos serían posteriormente destruidos, sin dejar casi ni huella, pero el impacto del arte budista y chino en los del Irán islámico y regiones vecinas dejó huella. A fines del siglo XIII, los budistas de la India introdujeron las técnicas del misticismo yoga e influyeron sobre el sufismo islámico.

Mientras tanto, los cristianos y los judíos eran favorecidos por los soberanos ilkanes, hasta tal punto que la posterior conversión de los ilkanes al Islam fue seguida de una persecución anti-cristiana. De hecho, la estrecha alianza surgida entre varias comunidades cristianas, incluidos los armenios, con sus conquistadores mongoles, causaría finalmente un tremendo daño al cristianismo en Oriente Medio.

DIFÍCIL TRANSICIÓN

Algunos mongoles ya se habían convertido al Islam antes incluso de que Hülegü, el fundador de la dinastía de los ilkanes, invadiese Irak y devastase Bagdad. Tegüdür, el hijo de Hülegü, se convirtió al Islam poco después de ocupar el trono en 1282, pero sus seguidores mongoles no estaban preparados para algo así, y su conversión desembocó en una guerra civil.

El Islam no se convirtió en la religión oficial del estado hasta que Gazán se hizo soberano de los ilkanes y proclamó su fe musulmana. Aquello fue seguido de una brutal persecución anti-budista. Sus templos fueron destruidos y los ídolos arrastrados por las calles, mientras que los monjes y lamas budistas tenían que convertirse o dejar el país.

No todos los mongoles se convirtieron enseguida al Islam, pero la suerte estaba echada, y la asimilación gradual de los invasores en la sociedad islámico-irania se hizo inevitable. Aunque continuaron siendo mayoritariamente nómadas durante muchas décadas, la

Los mongoles continuaron gobernando el mundo islámico durante muchas décadas. Durante esos años, su cultura extranjera tuvo un profundo impacto sobre muchos aspectos de la vida en Transoxania, Irán, Irak, Turquía, el Cáucaso, y las zonas de las estepas occidentales que se habían convertido al Islam en esa época.

Bajo el reinado de los primeros ilkanes mongoles de Irán (antes de que la dinastía se elite mongol desarrolló estrechas relaciones con la población urbana y agrícola, al igual que habían hecho los turcos selyúcidas antes que ellos, y durante el siglo XIV, los mongoles de Irán perdieron su identidad específica. Sin embargo, ser miembro de una tribu o familia de origen mongol siguió teniendo gran prestigio durante más de un siglo.

Los mongoles yagatais, cuyo kanato incluía gran parte de Afganistán, toda Transoxania, parte del Turquestán chino, y los territorios que se extendían hasta las fronteras de Mongolia, resistieron la asimilación islámica a pesar de que muchos de sus súbditos habían sido musulmanes durante siglos. De hecho, cuando el Kan yagatai Tarmashirin se convirtió al Islam y adoptó el nombre de Ala al-Din, las tribus mongolas fuertemente anti-islámicas de la mitad oriental del kanato se rebelaron y mataron a Tarmashirin. Esto fue seguido de la rápida desintegración del estado yagatai.

Más al oeste, la Horda Azul, que más tarde sería conocida como la Horda Dorada, fue el primer estado mongol en adoptar el Islam. Pronto desarrolló estrechas relaciones con el sultanato mameluco de Egipto, pero la con-versión de las tribus de la Horda Dorada continuó siendo sólo superficial durante generaciones, y no fue hasta mediados del siglo XIV que aquel kanato mongol, el más occidental, pudo considerarse plenamente islámico.

La Horda Blanca, cuyo impreciso estado abarcaba gran parte de Siberia occidental, también incluía a muchos musulmanes en teoría. Sin embargo, de nuevo el propio estado no se hizo oficialmente islámico hasta que se unió a la Horda Azul para crear un vasto estado, a fines de la Edad Media, conocido como la Horda Dorada.

Debajo: Una ilustración de un manuscrito ilustrado del siglo XIV representa una escena de hombres de caballería e infantería en combate, probablemente mongoles o Ak Koyunlu, en Irak, Irán o Azerbaiyán.

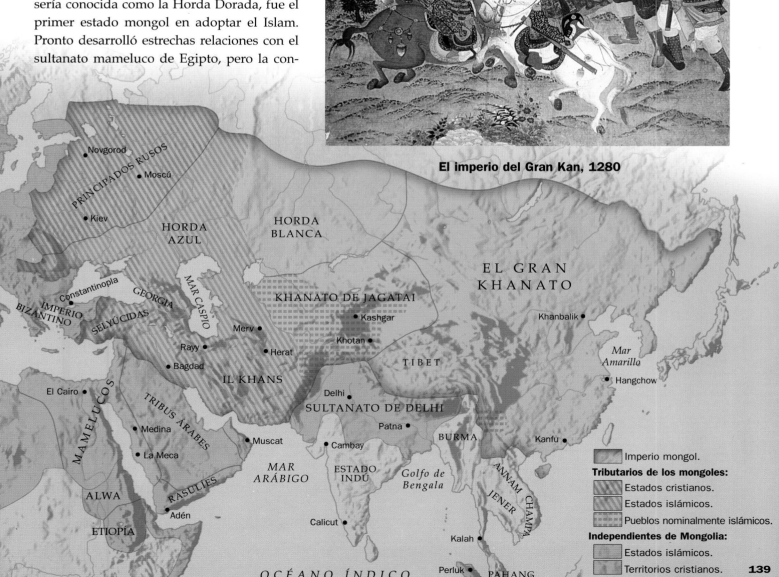

El imperio del Gran Kan, 1280

Novgorod
PRINCIPADOS RUSOS
Moscú
Kiev
HORDA AZUL
HORDA BLANCA
EL GRAN KHANATO
Constantinopla
GEORGIA
MAR CASPIO
IMPERIO BIZANTINO
SELYÚCIDAS
KHANATO DE JAGATAI
Kashgar
Khanbalik
Merv
Khotan
Rayy
Herat
Mar Amarillo
Bagdad
IL KHANS
TIBET
Hangchow
El Cairo
MAMELUCOS
Delhi
SULTANATO DE DELHI
TRIBUS ÁRABES
Patna
BURMA
Kanfu
Medina
Muscat
Cambay
MAR ARÁBIGO
ESTADO INDÚ
Golfo de Bengala
ANNAM CHAMPA
La Meca
JENER
RASULIES
ALWA
Adén
ESTADO INDÚ
ETIOPÍA
Calicut
Kalah
Imperio mongol.
Tributarios de los mongoles:
Estados cristianos.
Estados islámicos.
Pueblos nominalmente islámicos.
Independientes de Mongolia:
Estados islámicos.
Territorios cristianos.
OCÉANO ÍNDICO
Perluk
PAHANG
Mogadiscio

139

Tamerlán

Su nombre se convirtió en sinónimo de crueldad, pese al hecho de que Tamerlán era un hombre de considerable cultura, genuina inteligencia, y suprema destreza como comandante militar. Conocido en el mundo islámico como Timur-i Lenk, afirmaba ser descendiente de Gengis Kan.

Derecha: Un cuarto de arco de piedra con varios grados de elevación en un pozo en pendiente del observatorio astronómico de Ulugh Beg, Samarcanda, siglo XV.

Conquistas de Timur, fines del siglo XIV-principios del XV

- Imperio de Timur en su máxima expansión.
- Otros territorios islámicos.
- Territorios cristianos.

Campañas:
- 1371
- 1375–6
- 1381–4
- 1386–8
- 1391–2
- 1392–6
- 1398–9
- 1399–1404

Tamerlán nació en 1336 en el seno del clan Barlas, que dominaba una pequeña región al sur de Samarcanda. Esos turcos o turco-mongoles eran miembros de la elite militar del kanato yagatai. En una extraordinaria sucesión de crueles campañas, Tamerlán y su ejército invadieron grandes zonas de Asia central, Rusia, Irán, Oriente Medio e India, y sólo la muerte de Tamerlán en 1404 impidió a los mongoles invadir China. Aquellas guerras estuvieron marcadas por crueldades y matanzas salvajes, que superaron incluso a las de sus predecesores mongoles.

Otra característica de las épicas conquistas de Tamerlán fue la fragilidad del estado que creó. Al haber nacido y ascendido al poder en la zona fronteriza entre las estepas nomádicas del Asia central y las tierras sedentarias y urbanizadas de Transoxania, Tamerlán era un hombre de ambas culturas. Su estado y su muy eficiente ejército estaban igualmente mezclados. Incluso en lo referente al sistema

legal, Tamerlán se basaba en dos tradiciones: la yasa mongola de Gengis Kan, y la sharia o ley religiosa del Islam.

El comportamiento de la corte nómada pero suntuosa de Tamerlán era también una extraña mezcla de tradiciones islámicas y paganas turco-mongolas. Por ejemplo, sólo a los cristianos les estaba permitido beber vino, pero los cortesanos de Tamerlán se emborrachaban habitualmente con otras bebidas alcohólicas no fabricadas a partir de las uvas.

Aunque nómada de corazón, y causante de un terrible daño al frágil sistema agrario de sus

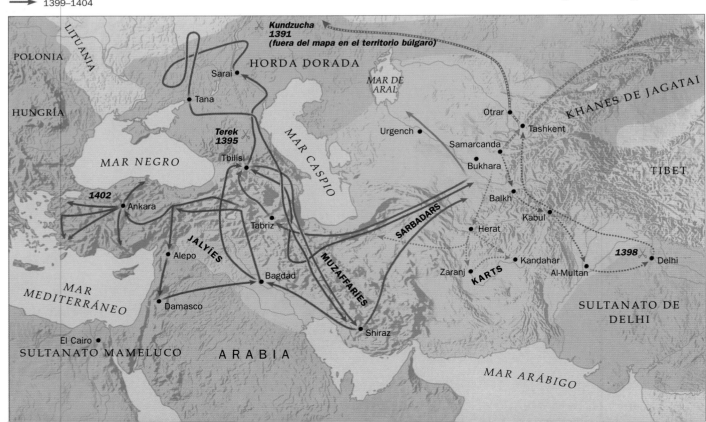

enemigos, basado en la irrigación, se dice que Tamerlán estuvo interesado en la agricultura.

GUERRA COSTANTE

A pesar de la administración que Tamerlán puso en pie, su imperio no consiguió arraigar en los territorios que conquistó. Tuvo que reconquistar algunas provincias más de una vez, y nunca fue capaz de consolidar sus posesiones de más allá de Transoxania. Su hijo, Shah-Ruj, reestableció el control, y puede que tuviera más éxito como estadista que el propio Tamerlán. Otros de sus descendientes fueron también brillantes soberanos, pero aun así fueron incapaces de construir algo permanente sobre las frágiles bases que sentó Tamerlán. Sin embargo, la dinastía timúrida sobrevivió hasta finales del siglo XV. Construyó ciudades como Herat, Bujara, y sobre todo, Samarcanda, el gran centro islámico de la arquitectura, las artes, la artesanía, la literatura e incluso de los descubrimientos científicos medievales de fines de la Edad Media.

El período timúrida fue igualmente impresionante en lo que se refiere a la ilustración de manuscritos. Parece ser que no quedaba apenas nada de la rica escuela de pintura de los mongoles ilkanes cuando Shah-Ruj subió al trono, así que envío agentes a recopilar los que aún existiesen. Ordenó que éstos fueran copiados, y en algunos casos, alargados para asegurar su supervivencia. Sin embargo, el auténtico estilo timúrida de ilustración de manuscritos surgió de una tradición diferente, que era la escuela autóctona persa, la cual se desarrolló en el suroeste de Irán e Irak tras la fragmentación del imperio de los ilkanes. Inspirada en ese estilo anterior, se fundó una nueva escuela de pintura en el oeste del Irán timúrida. Ésta a su vez fue continuada por otro centro en Herat, en el norte de Afganistán, que finalmente se convertiría en la auténtica cuna del estilo cortesano clásico timúrida.

Menos conocidas pero igualmente soberbias eran las artes decorativas del período timúrida. Incluían encuadernaciones de libros en piel, incrustado de metales, grandes formas de esculturas de bronce, tallas de madera, y un estilo de tallado del jade que mostraba claramente una fuerte influencia china.

En muchos sentidos, el arte timúrida representa el refinamiento máximo de una tradición creativa que se remontaba a los albores de la historia islámica. Así pues, resulta tristemente paradójico que fuera producido por una dinastía de soberanos fundada por un hombre cuyas acciones demostraron que no entendía nada de la humanidad fundamental del mensaje de Mahoma.

Arriba: Aunque la arquitectura timúrida estaba influida por las construcciones de las dinastías islámicas orientales anteriores del siglo XIV, lo que la hace especialmente llamativa es la abundancia de monumentos que han perdurado, con sus azulejos coloreados cubriendo tanto sus paredes como sus cúpulas. La cúpula vidriada del mausoleo de Tamerlán en Samarcanda es un estupendo ejemplo.

El lejano norte

En 921-2, el califa Abasí envió una embajada al lejano norte, al soberano de un estado turco poco conocido cuya capital quedaba cerca de la unión de los ríos Volga y Kama. Ese pueblo eran los búlgaros.

Arriba: una máscara de hierro con incrustaciones de plata, encontrada en el territorio del kanato del Volga. Esta especie de protección era utilizada por la elite de la caballería pesada de arqueros de varios ejércitos turcos y mongoles de la Edad Media. También fueron adoptadas en algunas partes de Oriente Medio. Máscaras similares han sido encontradas en Rusia, en Ucrania, y en las ruinas del palacio imperial bizantino de Estambul, donde los turcos eran reclutados en uno de los regimientos de la guardia personal del emperador.

Los búlgaros eran un importante eslabón en el comercio de larga distancia que fluía entre el nordeste de Europa, el califato Abasí y el imperio bizantino. Uno de los hombres de más alto rango de la embajada Abasí se llamaba Ibn Fadlan, y su relato acerca de los misteriosos búlgaros del Volga es uno de los más detallados que han llegado hasta nuestros días. Muchos, probablemente la mayoría, de estos búlgaros se habían convertido del chamanismo pagano al Islam hacia principios del siglo X, quizás como un medio de afirmar su identidad específica con relación a su amo nominal, el kanato de Jazar, cuya elite gobernante era judía.

La historia de los primeros tiempos de los búlgaros del Volga está entremezclada con la leyenda, pero al parecer descendían de una rama de los pueblos búlgaros que emigraron hacia el norte desde las estepas que bordean el mar Negro. Eso tuvo lugar cuando el antiguo kanato de la Gran Bulgaria se desintegró bajo la presión de Jazar en el siglo VII. Otros búlgaros habían emigrado a los Balcanes, donde fundaron el estado que hoy se conoce como Bulgaria, mientras que otros continuaban bajo dominio de Jazar.

El grupo que emigró al norte creó el kanato búlgaro del Volga, que sobrevivió hasta ser aplastado por los mongoles en el siglo XIII. Incluso entonces, continuó la tradición de un estado turco independiente en la zona, resurgiendo con el kanato de Kazán. Éste terminaría sucumbiendo ante el zar ruso Iván el Terrible en 1552.

Los musulmanes fueron expulsados de la ciudad de Kazán y sus mezquitas destruidas, y reemplazados por colonos rusos y sus iglesias. No obstante, alguna población turca permaneció en la región, recuperando cierta autonomía bajo el dominio ruso, y hoy en día su tierra natal de Tartarstán es una de las varias regiones islámicas con amplia autonomía de la parte europea de la Federación Rusa.

COMERCIANTES E INTERMEDIARIOS

El antiguo estado de los búlgaros del Volga era al parecer una confederación tribal bajo el mando de un jefe superior o *yiltuwar*, quien era más bien un patriarca que un soberano. Éste estaba a su vez subordinado al kagán de Jazar. Los búlgaros del Volga también pagaban tributo a sus soberanos de Jazar en forma de valiosas pieles y otros productos del bosque que obtenían de sus súbditos o vecinos fineses y eslavos.

Cuando el estado de Jazar desapareció en 965, los búlgaros del Volga obtuvieron la independencia. Esto permitió a sus soberanos aumentar su autoridad, adoptar el título árabe de emir, y robustecer su alianza con el califa

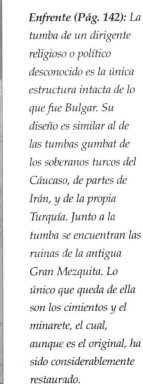

Abasí. Aun así, la mayoría de la población seguía llevando una vida nómada, criando ganado como principal fuente de ingresos.

Durante el siglo X, muchos búlgaros del Volga se volvieron sedentarios. Apareció un grupo de pequeñas ciudades, algunas de las cuales contaban con robustas fortalezas de madera. Según un viajero musulmán, al-Istajri, mucha gente pasaba el invierno en casas de madera y el verano en tiendas de campaña. La agricultura se extendió hasta tal punto que los búlgaros del Volga pronto exportaban cantidades significativas de cereales. Al menos en una ocasión, sus exportaciones de grano salvaron de la hambruna a la ciudad rusa de Suzdal.

Los búlgaros del Volga eran ya expertos mercaderes, comerciando con los pueblos de los bosques del lejano norte y utilizando a veces el sistema llamado de trueque a ciegas, pues ninguna de las partes entendía el lenguaje de la otra. Así, los rusos aportaron pieles, esclavos, y armas de hierro, que eran reexportados en gran parte a las tierras del corazón del mundo islámico de más al sur, a lo largo de rutas de caravanas al mar Caspio y Transoxania, o bajando por el Volga hasta el mar Negro.

Según el prestigioso geógrafo palestino al-Mukadadi, los búlgaros del Volga del siglo X exportaban una exótica variedad de artículos: pieles de visón, marta, castor, ardilla, caballo y cabra, zapatos de piel, sombreros, flechas, hojas de espadas, armaduras, ganado, ovejas, halcones de caza, colmillos de peces, madera de abedul, nueces, cera, miel y esclavos. A cambio, las exportaciones del mundo islámico más deseadas por los búlgaros eran los productos textiles militares, la cerámica, y artículos de lujo.

Arriba: Los restos de un hamam (baño público caliente) del siglo XIV en las ruinas de Bulgar. Sin embargo, la mayoría de los edificios eran de madera. Los baños caldeados, conocidos a menudo en Occidente como baños turcos, fueron copiados por los rusos, cuyos baños tradicionales tiene mucho en común con el hamam islámico y con la sauna escandinava.

Enfrente (Pág. 142): La tumba de un dirigente religioso o político desconocido es la única estructura intacta de lo que fue Bulgar. Su diseño es similar al de las tumbas gumbat de los soberanos turcos del Cáucaso, de partes de Irán, y de la propia Turquía. Junto a la tumba se encuentran las ruinas de la antigua Gran Mezquita. Lo único que queda de ella son los cimientos y el minarete, el cual, aunque es el original, ha sido considerablemente restaurado.

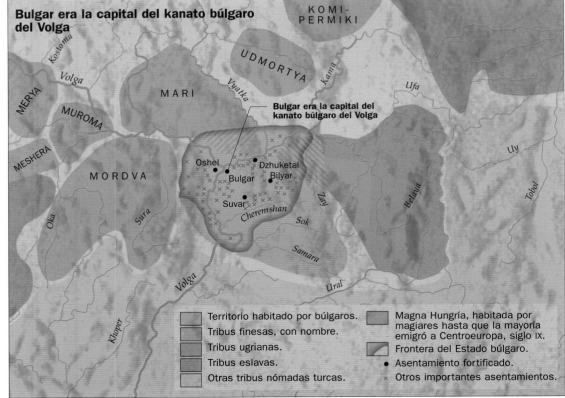

Bulgar era la capital del kanato búlgaro del Volga

KOMI-PERMIKI

Kostoma
Volga
MERYA
MUROMA
MESHERA
MARI
UDMORTYA
Vyatka
Kama
Ufa
Bulgar era la capital del kanato búlgaro del Volga
Oshel
Bulgar
Dzhuketal
Bilyar
MORDVA
Suvar
Cheremshan
Zay
Sok
Uy
Belaya
Tobol
Ola
Sura
Samara
Volga
Khoper
Ural

| Territorio habitado por búlgaros. |
| Tribus finesas, con nombre. |
| Tribus ugrianas. |
| Tribus eslavas. |
| Otras tribus nómadas turcas. |

| Magna Hungría, habitada por magiares hasta que la mayoría emigró a Centroeuropa, siglo IX. |
| Frontera del Estado búlgaro. |
| ● Asentamiento fortificado. |
| × Otros importantes asentamientos. |

143

Los sultanes de Delhi

Las invasiones de los gaznauíes y los guríes pusieron de manifiesto la debilidad militar y política de los principados autóctonos hindúes de la India. Incluso los belicosos Rajputs del noroeste de la India fueron derrotados. Pese a sus continuos esfuerzos, los sultanes de Delhi no pudieron imponer su autoridad sobre toda la India.

Tras las breves pero devastadoras incursiones mongolas de la primera mitad del siglo XIII, los llamados Reyes Esclavos establecieron su capital en Delhi. Fueron los primeros sultanes de Delhi, y fueron una fuerza importante dentro del contexto de la India hasta el siglo XVI. Esos primeros soberanos eran mamelucos, parecidos a los sultanes esclavos-reclutas que gobernaron Siria y Egipto durante un cuarto de milenio.

La extensión de su territorio fluctuaba espectacularmente, de acuerdo con el poder y la personalidad de cada sultán. Por ejemplo, ya en 1235 el sultán Itutmish gobernaba desde Sind hasta Bengala, aunque los Rajputs seguían resistiendo al dominio islámico no lejos de la propia Delhi. Hacia fines del siglo XIII, otro grupo de turcos tomó el poder. Se les conocía como los jalyíes, y fueron capaces de anexionarse una parte aún mayor de la India, enviando a sus ejércitos al interior de las provincias más sureñas.

Igual que los sultanes mamelucos de Egipto, esos soberanos turcos de Delhi dedicaron todo su sistema de gobierno a mantener un ejército que, en consecuencia, se había convertido en una fuerza de combate muy eficiente. Pero, al contrario que sus predecesores islámicos en Delhi, los jalyíes admitían gustosamente en su administración a los indios que se convertían al Islam, alcanzando algunos de esos hombres puestos de gran responsabilidad.

Durante este período, los musulmanes del norte de la India sufrieron un proceso de indianización, igual que los colonos árabes de principios de la Edad Media se habían convertido en una parte integrante de la población de Sind. Esos cambios en las mentalidades tenían además la ventaja de hacer que los sultanes jalyíes fueran mejor aceptados por sus súbditos hindúes. Por supuesto, éstos excedieron grandemente en número a los indios musulmanes durante toda la Edad Media.

Al mismo tiempo, los reinos hindúes que quedaban aceptaron la soberanía jalyí, y se convirtieron en vasallos del sultán. Los sultanes de Delhi fueron los primeros soberanos a los que se puede llamar soberanos indios en lugar de simplemente soberanos de la India. La dinastía jalyí se hundió en 1320 cuando uno de los favoritos del sultán, un converso al Islam de Bujara, subió al trono por poco tiempo, y se dijo de él que había abandonado el Islam. Antes de un año fue destronado, y el control islámico fue restaurado por un jefe militar turco-indio llamado Tugluk Shah I.

KANATO DE JAGATAI

CACHEMIRA

IL KHANS

LAHORE

KALANAU

MULTAN

UCH

SIVASTAN

RAJPUTANA

Delhi

BUDAUN

OUD

Kanauj

Gwalior

KARA

MALWA

Ujjain

GUJARAT

Girnar

LAKHNAUT

BIHAR

BENGALA

KAMARU

DEOGIR DECCAN

Daulatabad

Desembocaduras del Ganges

Sudkawan

PARSIS

JAJNAGAR

Gulbarga

Sultanpur

TELINGANA

DVARASAMUDRA

Sindabur

Malabar

Manjarur

Jurfattan

Calicut

MABAR

Costa de Coromandel

GOLFO DE BENGALA

Costa de Malabar

Islas Andaman

SULTANATO DE MADURA

Quilon

Madura

MAR LACADIVE

CEILÁN

Sultanato de Delhi.

Otras zonas islámicas.

1212
Una coalición de ejércitos cristianos derrota a los almohades en las Navas de Tolosa.

1215
Los shas de Jorezm derrotan a los guríes, pero éstos permanecen en el norte de la India.

1218. Los cruzados asedian el puerto de Damietta; el cardenal Pelagio rechaza oferta de la paz.

1220
Asaltos cruzados en la desembocadura del Nilo terminan con su rendición a la armada egipcia.

1220–4
Invasión mongola de Transoxania e Irán.

1228
Los almohades son reemplazados por la dinastía hafsí en Túnez.

1236
Córdoba cae en manos de los cristianos castellanos españoles.

1236
Los mongoles controlan Persia, Armenia, Azerbaiyán y el norte de Mesopotamia.

Sus descendientes gobernaron hasta principios del siglo XV, y bajo su hijo Mohamed Shah II, el Sultanato de Delhi alcanzó su máxima extensión. Durante unos pocos años, llegó a incluir hasta el extremo sur de la India.

FRAGMENTACIÓN POLÍTICA

Mantener un estado tan extenso, y al ejército necesario para tenerlo bajo control, requería enormes cantidades de dinero. Así que los impuestos subieron, creando un descontento generalizado. Entonces el sultán decidió trasladar su capital, de Delhi a una nueva ciudad en Dawlatabad en el Decán. Esta localización estaba más en el centro y debió parecer una buena idea en aquella época, pero al final demostró ser un error desastroso.

En 1341, los soberanos islámicos de Bengala se independizaron. Seis años más tarde sucedió lo mismo en el Decán, donde había aparecido el poderoso reino de los bajmaníes. Otras regiones siguieron su ejemplo, y a principios del siglo XV, la dinastía tugluk se desmoronó y toda la India islámica se fragmentó.

Sin embargo, muchas de esas pequeñas dinastías regionales siguieron siendo ricas y relativamente poderosas. Estos años fueron testigos también de un acercamiento entre las civilizaciones hindú e islámica, no en el terreno religioso, por supuesto, pero sí en muchos otros aspectos de la cultura. Algunos pensadores religiosos hindúes, como Kabir (1440-1532) llegaron incluso a afirmar que no había contradicciones entre el concepto islámico de Dios y el hindú.

Arriba: Unos hombres descansan a la sombra de la puerta del Fuerte Multan, a través de la cual se ve la tumba de Shayk Rukn-i Alam, Multan, Pakistán.

Izquierda: La tumba de Mamad Shah (1433-43), tercer soberano de la dinastía de los sayíes, se recorta contra el alba en los jardines Lodi, India.

1237
Los mongoles se unifican bajo el Kanato de la Horda Dorada, el Islam es su religión oficial.

1243
La victoria mongola sobre los selyúcidas en Kose Dagh asegura su dominio sobre Anatolia.

1244. Los shas de Jorezm saquean Jerusalén se alían con los egipcios para derrotar a los cruzados.

1248
Sevilla cae también en manos de los cristianos españoles.

1248
Comienzan las obras de la fortaleza de la Alhambra en Granada, España.

1250
El gobierno Fatimí en Egipto termina al subir los mamelucos al poder.

1258
La conquista mongola de Bagdag pone fin al califato Abasí en Irak.

1259
Se construye un observatorio en Maragha, Irán, para el matemático Nasir al-Din Tusi.

Un nuevo empuje

Hoy en día, Indonesia cuenta con la mayor población islámica del mundo. Aunque los mercaderes árabes y musulmanes en general llevaban visitando el vasto archipiélago del sureste asiático desde los albores de la época islámica, el Islam no arraigó allí hasta finales de la Edad Media.

Debajo: Taman Sari (Castillo de Agua) era el lugar donde los sultanes de Yakarta descansaban. Construido en su mayor parte entre estanques a principios de 1700, tiene una mezquita y un búnker protector, que ilustra aquellos tiempos tan turbulentos para los soberanos islámicos mientras extendían su poder sobre todo Java.

El hinduismo y el budismo ya habían sido aceptados por las elites gobernantes de la mayor parte del sudeste asiático en los siglos II y III. Ésa fue una etapa expansionista para la civilización india, que influyó profundamente sobre sus vecinos orientales, incluida China. Tras un período inicial de gran éxito, el hinduismo decayó en el sudeste asiático durante los siglos VII y VIII, mientras el budismo continuaba extendiéndose. Sería la religión dominante en la mayor parte del sudeste asiático, tanto en las islas como en el continente, hasta el siglo XV.

Mientras tanto, el Islam estaba confinado en unos pocos enclaves costeros, donde seguía siendo la religión de los mercaderes-colonos de Oriente Medio, más unos pocos conversos locales. Sin embargo, hacia finales del siglo XIII, el Islam arraigó en la parte norte de la enorme isla de Sumatra, en una zona conocida como Aceh.

El sultanato de Aceh fue extendiendo gradualmente sus dominios hacia el sur por la mayoría de las regiones costeras de Sumatra, dominando a otros jefes islámicos locales. Hacia principios del siglo XVI, los mercaderes de Aceh al parecer habían tomado el control de gran parte del lucrativo comercio con la India y China. Por supuesto, eso les llevaría a una confrontación directa con los recién llegados portugueses en el siglo XVI.

CHOQUE CON LA CRISTIANDAD

Malaca, en la península Malaya, fue el siguiente estado en adoptar el Islam como religión oficial. Durante el siglo XV, el nuevo sultanato de Malaca se convirtió en un poderoso estado tanto en el continente, donde repelieron las invasiones de los tais budistas (siameses), como en el mar, donde los mercaderes de Malaca demostraron ser eficientes misioneros. Fueron probablemente los principales responsables de la expansión del Islam hacia muchas otras islas, sobre todo Java, las Islas de las Especias o Molucas, y el norte de Borneo. De hecho, el avance del Islam en esta parte del mundo sólo se detendría a la llegada de los españoles a finales del siglo XVI, quienes introdujeron el cristianismo a punta de espada.

La expansión del Islam por Asia central durante fines de la Edad Media siguió unas pautas diferentes. Allí, una elite mongola gobernaba vastos kanatos, y en algunos casos se oponía activamente a la expansión del Islam. Aunque el Islam experimentó pocos avances entre los propios mongoles, siguió extendiéndose entre sus súbditos turcos. Muchas, si no la mayoría, de las tribus turcas de las estepas eurasiáticas al oeste del lago Balkash probablemente habían adoptado ya el Islam hacia finales del siglo XIV, en muchos casos sólo de manera superficial. Los turcos uigures de Sinkiang, en lo que hoy es el Asia central china, ya se habían convertido al Islam hacia mediados del siglo XII.

Entonces, la riada mongola detuvo o ralentizó posteriores conversiones durante un tiempo. Luego, desde el siglo XV en adelante, otros dos pueblos mayoritariamente turcos, los kirguises y los kazajos del norte de las montañas de Tien-Shan, fueron adoptando gradualmente el Islam. Ese proceso llevó varios siglos, pero sería seguido por otros pueblos.

Los musulmanes habían estado comerciando y estableciéndose en los puertos de China desde al menos el siglo VIII. Sin embargo, esas comunidades de mercaderes seguían siendo pequeñas y muy vulnerables a los cambios de actitud de los gobiernos imperiales chinos hacia aquellos «huéspedes extranjeros».

o forzados por los soberanos mongoles. Esas comunidades islámicas eran especialmente numerosas en Yunan, cerca de las fronteras sudoccidentales de China. En siglos posteriores, su número aumentaría, pese a ocasionales y terribles persecuciones, aunque hoy en día sus mayores concentraciones están en el extremo nordeste de China y Manchuria.

Enfrente (Pág. 146):

Los restos de Sendangduwur, de principios del siglo XII, en el nordeste de Java, consisten en un cementerio islámico primitivo, una mezquita, puertas con alas, y un edificio de madera que contiene la tumba de un predicador islámico. La mezquita más antigua de Java fue construida en el asentamiento de un templo preislámico.

El Islam llega a las Indias orientales

Islámico, ca. 1500.
Superficialmente islámico o convirtiéndose.
Principales centros con minorías islámicas.
Hindú, ca.1500.
Budista, ca.1500.
Cristiano, c.1500.

Principales rutas comerciales a las Indias Orientales y las Islas de las especias, a lo largo de las cuales se expandió el Islam.

PRINCIPADOS RUSOS
• Moscú
Kiev •
• Bulgar
MAR CASPIO
MAR DE ARAL
MONGOLIA
MANCHURIA
Mar de Japón
JAPÓN
Hokkaido
Honshu
COREA
Shikoku
Kyushu
OCÉANO PACÍFICO
Rayy •
Nishapur •
Bukhara •
TURKESTÁN
Samarcanda •
Kashgar •
Urumchi •
Desierto de Talimakan
Peking •
Mar Amarillo
• Balkh
• Khotan
PERSIA
Ghazni •
TIBET
Xi'an •
Shanghai •
• Hormuz
Lahore •
HIMALAYA
CHINA
Muscat •
SIND
• Delhi
Taiwán
GUJARAT
• Patna
Quangzhou (Khanfu) •
• Cambay
BENGALA
BURMA
ANNAM
Hanoi •
MAR ARÁBIGO
INDIA
• Sudkawan
Hainan
FILIPINAS
desde Socotora y el Mar Rojo
Golfo de Bengala
PEGU
CHAMPA
Luzón
MAR DE LA CHINA MERIDIONAL
• Goa
Islas Andaman (islámicas)
SIAM
JENER
Palawan
Calicut
Mar Andaman
Golfo de Tailandia
Mindanao
Islas Maldivas (islámicas)
Islas Nicobar (islámicas)
Sri-Lanka
Islam, 1414
Islam, 1500
Mar de Célebes
Islam, 1500
ACHEH
Perluk
Malaca
BORNEO
Célebes (islas de las especias)
SUMATRA
Islam, 1290
Islam, 1400
Mar de Flores
Mar de Java
JAVA
INDONESIA

Sin embargo, tras la conquista mongola de China en el siglo XIII, importantes contingentes de musulmanes procedentes de Asia central y de más al oeste llegaron a la zona, estableciéndose en ella de buen grado

CAPÍTULO DIEZ

El Islam en África

La lucha por el continente negro

El África sub-sahariana no estaba aislado del continente en la antigüedad, y el desierto del Sahara, tal y como lo conocemos hoy, es relativamente joven. Esto no quiere decir que el desierto fuera un vergel, pero el comercio trans-sahariano estaba sólidamente establecido, y la tecnología del hierro probablemente llegó hasta el oeste de África a través de dichas rutas.

Los descubrimientos arqueológicos demuestran que pueblos de pastores que empleaban carretas de dos ruedas vagaban por el oeste y el centro del Sahara en el primer milenio, e incluso en el segundo, antes de la era cristiana. El comercio entre esos pueblos contribuyó al desarrollo de estados organizados, y eso fue lo que atrajo a los mercaderes árabes y bereberes cuando la civilización islámica revitalizó el comercio regional en los comienzos de la Edad Media. Puede que dichos mercaderes llegaran a controlar el tráfico trans-sahariano y a estimular la construcción de ciudades que sirvieran como centros comerciales, pero muchas de las propias ciudades habían sido fundadas antes de la llegada de los mercaderes islámicos.

Los camellos se utilizaban para el transporte en Egipto y el norte de África antes de la conquista árabe-islámica, pero no se les consideraba importantes. Sin embargo, durante el período islámico, el camello de joroba simple o dromedario provocó una revolución en las tácticas militares y el comercio en el desierto. Se convirtieron en auténticos «navíos del desierto», al tiempo que las caravanas comerciales eran como convoyes que navegaban por el Sahara como si fuera por el mar.

No obstante, no hay que llevar esa analogía demasiado lejos. Los camellos y los hombres seguían necesitando agua, así que las caravanas mercantiles tenían que seguir rutas establecidas entre un oasis y el siguiente. Resultaba muy peligroso y mayormente inútil apartarse de esas rutas, y en consecuencia, el control de los oasis estratégicos del Sahara y de su agua proporcionaba el

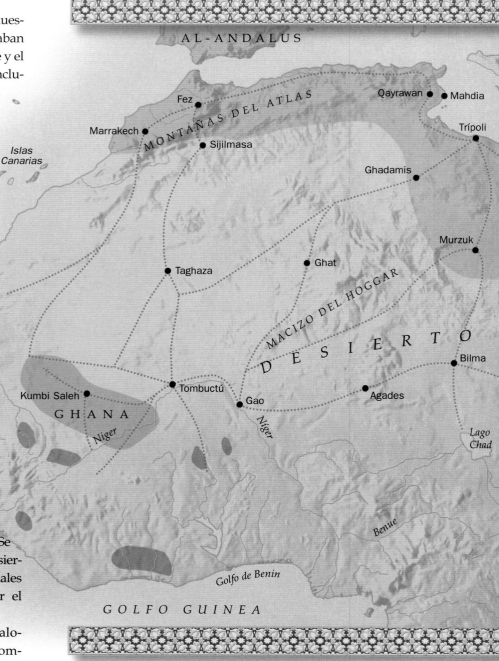

control sobre el comercio que pasaba por ellos.

Sin embargo, el contacto cada vez más frecuente con regiones prósperas y ricas como el norte de África y Egipto dio un enorme impulso a las ciudades. La mayoría se desarrollaron en el Sahel, la zona esteparia que bordeaba el desierto, o en las praderas y bosques despejados de más al sur. Sin embargo, no apareció ninguna en las densas selvas de la costa del océano Atlántico y del golfo de Guinea.

TIERRA DE ORO

Además de riqueza, el comercio trajo nuevas tecnologías, ideas y estilos artísticos al África occidental, donde el reino Soninke de Ghana se convirtió en la potencia dominante. Su capital era una ciudad también llamada Ghana, la cual se cree que estaba en lo que hoy es Kumbi Saleh, en el sureste de Mauritania.

Ghana ocupaba una posición estratégica alrededor de las terminales sureñas de varias rutas trans-saharianas, controlando el acceso a ricos campos de oro situados en la zona donde se unen los actuales estados de Senegal, Guinea y Malí. Aquellas minas de oro fueron en tal medida las protagonistas de los relatos árabes sobre África occidental, que muchos historiadores han asumido que eso era lo único que les interesaba a los mercaderes islámicos. De hecho, el comercio trans-sahariano abarcaba una gran variedad de productos, desde artículos de lujo hasta esclavos y sal, esta última un ingrediente vital para la vida en el desierto.

El comercio entre las regiones sub-saharianas estaba principalmente en manos de mercaderes locales africanos. Mientras, el reino de Ghana, al igual que otros pequeños estados preislámicos del oeste de África, tenía un sistema político, social y religioso propio y altamente desarrollado. En algunos casos, esos sistemas se caracterizaban por el estatus casi divino del rey. Hasta cierto punto, esa veneración hacia el soberano sobreviviría incluso a la llegada del Islam, con su ideología esencialmente igualitaria y de democracia social. También sobrevivieron ciertos aspectos de los cultos paganos ancestrales, pese a la desaprobación de los musulmanes más ortodoxos.

El reino preislámico de Ghana no fue derrocado a consecuencia de su conquista por los bereberes almorávides a fines del siglo XI. En lugar de eso, Ghana probablemente decayó en el siglo XII como consecuencia de la presión ejercida por fuerzas indígenas de oposición ayudadas por otras tribus bereberes del sur del Sahara. También se produjo durante este período una expansión gradual pero constante del Islam entre los pueblos de Ghana y las regiones vecinas.

Hubo, por supuesto, retrocesos. Por ejemplo, a principios del siglo XIII, los paganos soninke (de la misma tribu que dominaba Ghana, pero que vivían en la región de Soso) se apoderaron de la capital de Ghana. A eso pronto le siguió la derrota de los soninke de Soso a manos de los manlike. Fueron sus sucesores los que fundarán un poderoso reino islámico llamado Malí.

IMPERIO BIZANTINO

MAR MEDITERRÁNEO

Barqa

Alejandría

Fustat

Siwa

EGIPTO

Nilo

MAR ROJO

Medina

Kufra

NUBIA

EL SAHARA

Dongola

al-Fasher

Mercaderes y misioneros: África occidental entra en la órbita del mundo islámico

Territorio islámico, ca. 900.

Reino de Ghana, siglos IX-XI.

Principales zonas productoras de oro.

Principales rutas comerciales.

El Islam en el este de África

Los mercaderes islámicos descubrieron que el este de África era una zona notablemente avanzada, con ricos recursos poblacionales y económicos que explotar. Las avanzadillas comerciales islámicas surgían y desparecían, difundiendo la Palabra mientras el dinero y los productos cambiaban de manos.

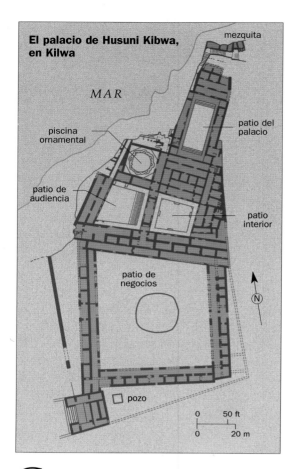

El palacio de Husuni Kibwa, en Kilwa

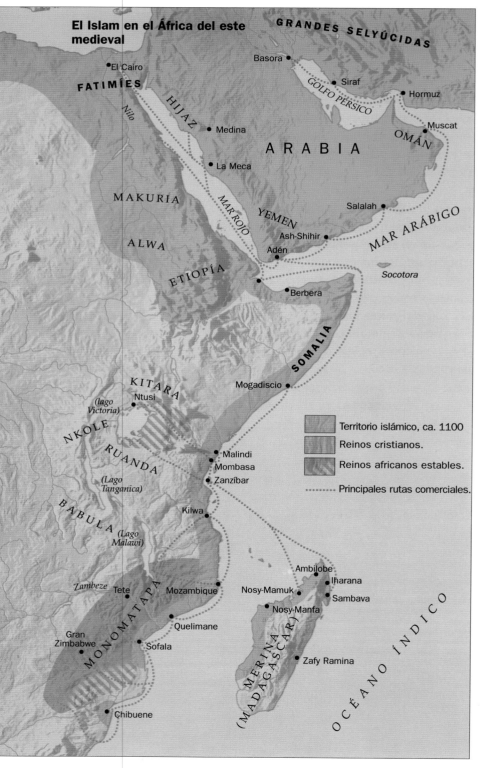

El Islam en el África del este medieval

Territorio islámico, ca. 1100
Reinos cristianos.
Reinos africanos estables.
.... Principales rutas comerciales.

Cuando los mercaderes islámicos árabes y de otros orígenes llegaron a la costa este africana, ya existían en esa parte del continente varios estados organizados. En muchos aspectos, África oriental estaba muy avanzada tecnológicamente, produciéndose acero con alto contenido carbónico alrededor de los Grandes lagos y la costa mucho antes del período islámico medieval. Los exploradores islámicos se encontraron con una gran riqueza de materias primas y de oportunidades para hacer negocio en la región.

Los antiguos egipcios y otros mercaderes se habían aventurado más allá del mar Rojo, mientras que durante los períodos helenístico y romano los mercaderes de Egipto llegaron mucho más lejos. Llegaron incluso hasta Rapta, que estaba en algún lugar de las cercanías de Zanzíbar, en la costa de Tanzania. Mercaderes árabes procedentes del mar Rojo, Yemen y el golfo Pérsico comerciaban en esa misma zona, probablemente en mayor número, ya que había allí una colonia o comunidad de mercaderes árabes ya en tiempos preislámicos. Se cree incluso que la propia Rapta fue gobernada por un soberano de origen árabe.

Aún más sobresalientes fueron los viajes llevados a cabo por marineros procedentes de lo

que hoy es Indonesia, en el sudeste asiático. Cruzaban las inmensas extensiones de agua hasta Madagascar, cuya costa oriental colonizaron, y hasta el continente, donde vendían canela, tan apreciada por los pueblos mediterráneos.

Hacia el siglo IX el núcleo comercial árabe-islámico más importante de la costa este africana era Manda, cerca de la frontera actual entre Somalia y Kenia. Sin embargo, hacia el siglo XIII Kilwa, situada mucho más al sur de lo que hoy es la costa Tanzania, se había convertido en la ciudad más importante. Ahí, impresionantes edificios de piedra comenzaron a sustituir a las construcciones tradicionales locales de pajas y barro. Entre aquellos estaba el palacio de Husuni Kibwa, que data de 1245. Se dice que fue construido para un monarca llamado al-Malik al-Mansur Ibn Suleimán, y consta de más de cien habitaciones, más patios, terrazas, estanques ornamentales, sótanos y cúpulas. Kilwa tenía también una gran mezquita de piedra del siglo XII, cuyo techo estaba hecho de coral y yeso, y sostenido por pilares de madera.

El gran viajero marroquí Ibn Batuta, que visitó Kilwa en 1331, la describió como una de las ciudades más bellas del mundo. Es una opinión muy reveladora, ya que Ibn Batuta también visitó la mayor parte del resto del mundo islámico, incluida la India y otras zonas del centro de Asia, al igual que China.

COMERCIO CONTINENTAL

Mientras que los puestos comerciales avanzados como Kilwa comerciaban principalmente con los pueblos africanos que habitaban entre la costa y el lago Victoria, había otro grupo de asentamientos islámicos mucho más distante. Éstos se encontraban en la costa de lo que hoy es el sur de Mozambique.

La más conocida era Sofala, más allá del estuario del Zambeze, aunque los arqueólogos también han encontrado restos de un puesto comercial islámico cerca de Chibuene, no lejos de la actual Maputo. Una de las rutas comerciales que discurrían entre el interior y este puesto avanzado comercial islámico, el más

sureño de todos los de la Edad Media descubiertos por ahora, puede que remontara el río Limpopo hacia el interior de África del Sur.

De nuevo era el oro la razón de que los mercaderes árabes se aventuraran tan al sur. Tierra adentro de sus avanzadillas comerciales de Sofala y Chibuene, un poderoso reino había surgido en la llanura de Zimbabwe. Su centro principal era probablemente el extraordinario yacimiento arqueológico llamado en la actualidad Gran Zimbabwe, que era presumiblemente el poderoso reino entonces conocido como Monomatapa. Al tiempo que este estado continental africano suministraba cobre, hierro, zinc y oro a las comunidades islámicas de la costa, Monomatapa importaba cerámicas chinas e islámicas, diversos artículos de lujo, y quizás armamento de la costa.

Las dos sociedades prosperaron durante siglos. Ambas entraron en decadencia en la segunda mitad del siglo XV.

Unas pocas décadas después, la población árabe-islámica vio cómo su monopolio del comercio era desafiado por los portugueses. Éstos habían rodeado el cabo de Buena Esperanza y llegado hasta Sofala en 1497, y a partir de entonces todo cambió.

Arriba: Durante los siglos XI y XIII, el Gran Zimbabwe acumuló gran riqueza a través del control de las rutas comerciales, y se convirtió en un socio importante de los mercaderes islámicos. Los altos muros y las torres cónicas de la ciudadela estaban construidos de bloques de granito tallado sin necesidad de mortero.

Debajo: Los barcos de bajura de los mercaderes islámicos eran similares a estos barcos de pesca abandonados de diseño tradicional y de factura trenzada, Qurayat, Omán.

De la cruz a la media luna

Los nubios y los egipcios se convirtieron al cristianismo durante el siglo VI, pero múltiples desgracias desembocaron en su absorción por parte de los musulmanes. Los conquistadores mamelucos expandieron aún más el Islam, hasta que los reyes cristianos contraatacaron y las dos religiones chocaron entre sí.

Derecha: Pintura mural de principios del siglo XI que representa a un santo, iglesia de Abd Allah, Nirqi, Nubia.

Los etíopes se convirtieron al cristianismo durante el siglo IV, y los pueblos nubios del sur de Egipto, en el siglo VI. Entonces aparecieron tres estados en lo que hoy es Sudán: Nobatia al norte, Makuria (Muqurra), que tenía su capital en Dongola y dominaba el gran meandro en forma de ese del río Nilo, y Alwa al sur, que tenía su capital en Soba, no lejos de la actual Jartum. Nobatia sería finalmente absorbida por Makuria para formar un poderoso reino, que seguiría siendo el vecino sureño de Egipto durante la mayor parte del período medieval.

Los mapas del África norte occidental medieval dan la impresión de que Makuria, Alwa y Etiopía estaban aislados del resto del mundo cristiano por el ascenso del Islam. Sin embargo, la expansión del Islam por todo Egipto, Arabia y el norte de África en realidad sólo separó a esos estados africanos de la Europa cristiana. En cambio, no les aisló de los cristianos de Egipto ni, de hecho, de los de ninguna otra parte del mundo musulmán. Los principales jefes de su iglesia seguían procediendo de Egipto, ya que todos esos estados eran miembros de la Iglesia Copta. Es más, durante varios siglos Makuria fue tan poderosa como para considerarse a sí misma (y ser considerada por los soberanos islámicos) como la protectora de la Iglesia Monofisita de Egipto.

El poder de esos reinos cristianos nilóticos procedía de su control sobre el río Nilo, la ruta comercial más importante de todo el Sahara oriental. Pero cuando el Nilo dejó de ser la principal arteria comercial, el poder de Makuria y Alwa decayó. También intervinieron otros factores, incluida la disminución de la demanda de esclavos nubios, lo que le quitó a Nubia su tradicional protagonismo en el tráfico de esclavos.

Mientras, durante el período ayubí, varias tribus árabes fueron prácticamente obligadas a abandonar Egipto y marchar a Sudán. Allí se entremezclaron con la población local. Algunos pueblos nómadas que vagaban por los desiertos y las estepas del centro de Sudán fueron también «arabizados» durante el

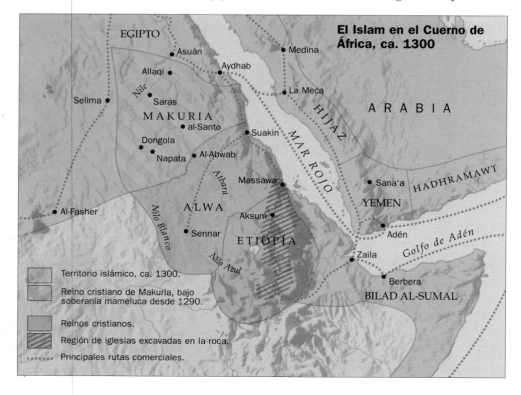

El Islam en el Cuerno de África, ca. 1300

EGIPTO

Asuán
Allaqi
Selima
Saras
MAKURIA
al-Santo
Dongola
Napata
Al-Abwab
Atbara
Al-Fasher
Nilo Blanco
ALWA
Sennar
Nilo Azul
ETIOPÍA
Aksum
Massawa

Aydhab
Medina
La Meca
Suakin
MAR ROJO
HIJAZ
ARABIA
Sana'a
YEMEN
HADHRAMAWT
Adén
Zaila
Golfo de Adén
Berbera
BILAD AL-SUMAL

Territorio islámico, ca. 1300.

Reino cristiano de Makuria, bajo soberanía mameluca desde 1290.

Reinos cristianos.

Región de iglesias excavadas en la roca.

Principales rutas comerciales.

final de la época medieval, y convertidos asimismo al Islam.

Al final los soberanos mamelucos, al darse cuenta de la debilidad de los reinos nubios, empezaron a inmiscuirse en sus asuntos internos. Makuria aceptó la soberanía mameluca a fines del siglo XIII, y pronto sus soberanos empezaron a tener nombres islámicos. El primero fue Sayf al-Din Abd Alá Barshambu, sobrino de un rey cristiano anterior llamado David, quien había sido puesto en el trono por los mamelucos en 1316. Nada se sabe, sin embargo, de cómo se convirtió al Islam la gente corriente de Nubia, aunque el proceso llevó algún tiempo.

Mientras tanto, el reino sureño de Alwa seguía siendo un centro de tráfico de esclavos y, al igual que Makuria, pronto sufrió la interferencia de los mamelucos. Hacia 1500, su capital, Soba, cayó en poder de un pueblo islámico africano conocido como los funyi, quienes posteriormente dominarían todo el centro de Sudán.

FINAL DE AXUM

Los cristianos monofisitas siguieron existiendo en la vecina Etiopía, aunque incluso ahí tuvieron que enfrentarse a muchas dificultades. El peligro más grande no vino de sus cada vez más numerosos vecinos islámicos, sino de una rebelión del pueblo mayoritariamente pagano de los agau, en el siglo X. Estaban dirigidos por una intrépida reina llamada Gudit, que probablemente era miembro de la perseguida minoría judía falasha. El antiguo reino cristiano etíope de Axum, cuyo núcleo estaba en las regiones fronterizas de lo que hoy son Eritrea y Somalia, fue destruido. En consecuencia, el foco de la civilización etíope se trasladó al sur, a una nueva capital en Lalibela.

Durante tres siglos la dinastía Zagüé, fundada por los descendientes ahora cristianos de Gudit, dominó el país. Ésa fue la época en que se hicieron las maravillosas iglesias etíopes excavadas en la piedra. En el siglo XIII, los zagüé fueron derrocados, para ser reemplazados por otra dinastía cristiana. Mientras, el Islam se había extendido por y alrededor del reino etíope. En el siglo XIV, las relaciones entre los cristianos y los musulmanes empeoraron cuando el rey Amde-Siyon

(1314-44) se embarcó en una serie de campañas en un intento por hacer de Etiopía la potencia regional dominante y controlar las rutas comerciales del golfo de Adén. A finales del siglo XV, el equilibrio de poder cambió de nuevo, con el sultanato de Adén, en la costa del mar Rojo, lanzando asaltos ocasionales contra lo más profundo de las tierras altas cristianas.

Esa era la situación general cuando los portugueses aparecieron en escena. Los cristianos les dieron la bienvenida como aliados, mientras los musulmanes buscaban una alianza con los turcos otomanos, quienes se convirtieron en la potencia dominante en la región del mar Rojo tras conquistar el Egipto mameluco.

Arriba: Un punto de atraque en el río Nilo está dominado por una ciudad medieval abandonada en El Jandaq, Nubia.
Debajo: Un molino de tracción animal abandonado en Koha, Nubia, fue utilizado antiguamente para extraer el agua del Nilo y verterla en pozos de riego, como los pueblos del Nilo han venido haciendo desde tiempos prehistóricos.

Un imperio africano en Europa

El desierto del Sahara era una tierra desconocida para los musulmanes de comienzos de la Edad Media, a pesar de los importantes cambios ocurridos allí y en el África occidental subsahariana como consecuencia del contacto con el norte de África islámico. La repentina irrupción del poder almorávide como una poderosa fuerza militar fue una sorpresa para sus vecinos.

Debajo: Detalle de un lavatorio morisco tallado del siglo XI que representa a hombres en combate.

Esos almorávides fueron el primer movimiento islámico del Sahara que fundó un gran estado. Se expandieron desde su tierra natal, en el curso bajo del río Senegal, hacia el sur en dirección al reino de Ghana y hacia el norte en dirección a Marruecos. Los orígenes de los almorávides se pierden entre las brumas de leyendas piadosas. Se dice que el jefe de la tribu berebere de los Gudala, cuyo territorio abarcaba gran parte de la actual Mauritania, realizó la peregrinación obligatoria a La Meca, y a su regreso fue acompañado por un maestro religioso islámico llamado Abdalá Ibn Yasin. La prédica de ese hombre fue tan efectiva que un grupo de voluntarios motivados por la religión fundó una fortaleza ribat cerca de la desembocadura del río Senegal. Existiese o no dicha ribat, los seguidores de Ibn Yasin pronto recibieron el nombre de almorávides. Al igual que otros bereberes del Sahara occidental, vestían un lidam o velo sobre sus caras como protección contra el polvo del desierto. El protector facial de los almorávides era un signo distintivo, y se hicieron conocidos en el norte de África y la península Ibérica como al-mutaladimún, o «los hombres del velo».

Los ejércitos almorávides no tardaron en avanzar hacia el norte, conquistando Marruecos, gran parte de Argelia, y una enorme porción del desierto del Sahara. En 1062, uno de sus dirigentes llamado Yusuf Ibn Tashufin fundó la ciudad de Marrakech, en el sur de Marruecos. Ésta se convirtió en la capital de la dinastía almorávide, que Yusuf también fundó.

MUROS CONTRA LA CRISTIANDAD

En esa época al-Andalus, o la parte islámica del sur de la península Ibérica, se fragmentó entre numerosos jefes locales. Al ser éstos débiles militarmente, se sintieron amenazados por sus vecinos cristianos, así que algunos de aquellos soberanos taifas pidieron ayuda a los almorávides.

1260	**1261**	**1276**	**1277**	**1280**	**1282**	**1291**	**1295**
El nuevo soberano mameluco, Baybars, derrota a los mongoles en Ayn Jalut, Palestina.	El Califato Abasí es restablecido en Egipto bajo protectorado mameluco.	La dinastía merini construye la ciudad de Fez al-Jadid, cerca de la antigua Fez, en Marruecos.	Los mamelucos derrotan a los mongoles en Asia Menor.	La Ruta de la Seda es reabierta por el imperio mongol.	Guerra en el imperio mongol después de que el soberano Ilkan Tegüdür se convierta al Islam.	Los mamelucos conquistan Acre y otras ciudades; fin de los Estados Cruzados.	La dinastía ilkian mongola de Irán se convierte al Islam.

Respondiendo al desafío, los fieros «guerreros del velo» africanos y bereberes de los almorávides infligieron una aplastante derrota a los cristianos en la batalla de Zalaqa en 1086. En el curso de unas pocas décadas, se hicieron con el control de la mayor parte de las provincias islámicas de la península ibérica. El dominio almorávide africano de al-Andalus duraría hasta mediados del siglo XII.

Los almorávides se consideraban a sí mismos un movimiento reformista, y la religión siguió siendo una fuente primordial de motivación a lo largo de toda su historia. Por ejemplo, a sus tropas les gustaba capturar campanas de iglesia mientras luchaban contra los cristianos en Iberia, y algunas de esas campanas fueron luego transformadas en lámparas para las mezquitas. Sus ejércitos también incluían un gran número de negros africanos, cuyo aspecto aterrorizó a los españoles, hasta que se acostumbraron a sus nuevos enemigos. Cuando los propios almorávides luchaban contra los ejércitos del África occidental a lo largo de sus fronteras sureñas, sufrieron numerosas bajas a causa de las flechas envenenadas de sus enemigos, al igual que les sucedió a los portugueses a mediados del siglo XV.

En términos culturales, los almorávides (pese a proceder de una de las regiones más atrasadas y remotas del mundo islámico medieval) contribuyeron en gran medida al acervo musulmán. De hecho, fue bajo el dominio de los almorávides y, posteriormente, de los almohades, cuando la arquitectura del norte de África desarrolló sus características diferenciales. La decoración de superficies se volvió muy suntuosa, y se manifestó una gran fascinación por varias formas elaboradas de arcos. Otras artes eran menos originales, aunque los productos textiles andalusíes y del norte de África eran especialmente refinados.

A principios del siglo XII, otro movimiento reformista islámico, con base en el sur de Marruecos y fuertemente hostil hacia los almorávides africanos, les desafió. Eran los almohades, y la amenaza que plantearon en el norte de África minó la capacidad almorávide para resistir la agresión cristiana en al-Andalus.

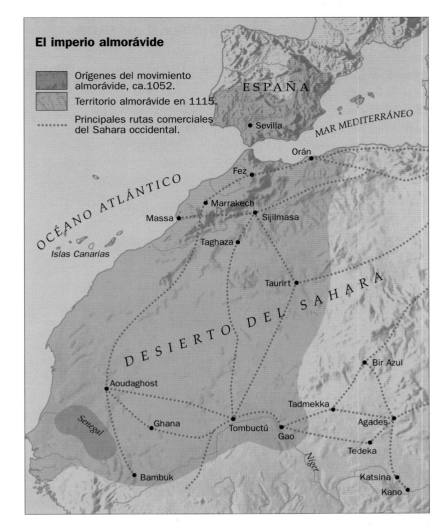

El imperio almoravide

Orígenes del movimiento almorávide, ca.1052.

Territorio almorávide en 1115.

Principales rutas comerciales del Sahara occidental.

ESPAÑA

MAR MEDITERRÁNEO

Sevilla

Orán

Fez

OCÉANO ATLÁNTICO

Marrakech

Massa

Sijilmasa

Taghaza

Islas Canarias

Taurirt

DESIERTO DEL SAHARA

Bir Azul

Aoudaghost

Tadmekka

Senegal

Ghana

Tombuctú

Agades

Gao

Tedeka

Níger

Bambuk

Katsina

Kano

En 1147, el último soberano almorávide de Marrakech fue asesinado, y los almohades pronto cruzaron a la península Ibérica. Allí, los descendientes de uno de los últimos soberanos almorávides se retiraron a las Baleares, donde siguieron gobernando como los Banu Ganiya hasta 1203. Otros regresaron al norte de África, donde lucharon contra los almohades hasta 1236.

Izquierda: Gran Mezquita de Tlemsén, en Argelia, construida por los almorávides en el siglo XII.

El oro de Malí

Tras la caída de los almohades, ninguno de los estados islámicos subsaharianos extendió su dominio sobre Europa. En lugar de eso, se concentraron en controlar las rutas comerciales regionales, las fuentes de riqueza como las minas de oro, y las fértiles tierras que se extendían a lo largo del río Senegal y del curso superior del Níger.

Derecha: Figura humana montada a caballo en madera tallada, colocada sobre un soporte esférico hueco. La figura, que ha sido datada entre 945-1245 mediante el carbono 14, proviene de Yenné, en Malí.

Algunos de los reinos islámicos del Sahara eran sumamente ricos, poderosos y cultos. El más rico era el reino Keita de Malí, que sustituyó a Ghana como potencia dominante en el África occidental. Su primer soberano, Mari Sun Dyata, era un jefe de clan del pueblo Malinka o Mandinka que fue proclamado Mansa o soberano en 1230. Sin embargo, fueron sus sucesores quienes convirtieron al nuevo reino de Malí en un estado poderoso. Al contrario que Ghana, cuyo núcleo central estaba en la zona semidesértica del Sahel,

Arriba: La garganta de Tighanimine, que conecta la costa mediterránea con el interior del Sahara a través de las montañas del Atlas en Argelia, es representativa de los pasos utilizados por los mercaderes islámicos medievales.

al norte del curso superior del río Níger, se cree que la primera capital de Malí estaba en Niani, en una región más fértil al sur del Níger.

La capital de Malí se trasladó en distintas ocasiones a diferentes ciudades, pero el reino desarrolló fuertes vínculos económicos, culturales y diplomáticos con países islámicos más antiguos del norte del Sahara. Éstos no sólo incluían los vínculos tradicionales con el nor-

te de África, sino también una importante conexión con el sultanato mameluco de Egipto. Varios reyes de Malí hicieron el Hajj o peregrinación a La Meca vía Egipto. El de Mansa Musa I, que reinó desde 1312 hasta 1337, fue especialmente famoso debido a la asombrosa cantidad de riquezas que llevaron el Mansa y su séquito, que causaron una fuerte caída del precio del oro en el mercado de El Cairo.

LAS TRADICIONES TRIBALES

La organización de Malí estaba supuestamente basada en la del Egipto mameluco, pero en realidad tenía sus raíces en tradiciones del África occidental. Por ejemplo, gran parte del este estaba gobernado por príncipes de la familia real, al ser éste el corazón de Malí, mientras que gran parte del oeste, hasta la costa atlántica, seguía bajo el control de aristocracias hereditarias locales.

Ibn Batuta, que vivó en África occidental varios años a mediados del siglo XIV (ver pág. siguiente), contaba que el rey de Malí tenía una guardia personal de elite formada por 300 soldados reclutados entre los esclavos. Se cree que aquellos mamluks incluían turcos y otros norteños, quizá incluso algunos europeos.

A pesar de los crecientes vínculos culturales y religiosos con el África del norte islámica y Egipto, el Islam no pasaba de ser un barniz superficial en las zonas rurales de Malí. Los cultos tradicionales animistas estaban muy extendidos, y la forma local del Islam parecía heterodoxa a los ojos de los visitantes procedentes de otras partes del mundo islámico.

El reino Keita de Malí se vio debilitado por varias sucesiones a fines del siglo XIII. Perdió el vital centro económico de Tombuctú y otros territorios a lo largo de la franja desértica del Sahara, y fue amenazado por una nueva potencia en su frontera oriental: los Songhai, quienes hacía poco que se habían convertido al Islam. Privado de sus provincias periféricas, el reino de Malí se redujo hasta sus primitivas fronteras tribales malinké, en lo que hoy en Guinea y el oeste de Malí, donde perduró hasta 1670.

Arriba: La mezquita y el minarete de Chinguetti, en Mauritania, una de las ciudades esparcidas a lo largo de las antiguas rutas comerciales del Sahara occidental.

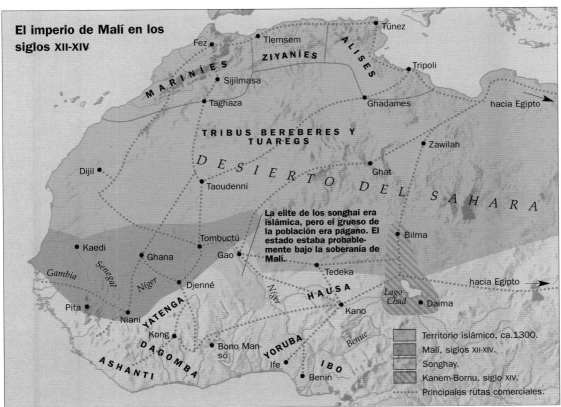

El imperio de Malí en los siglos XII-XIV

Túnez
Fez
Tlemsem
ZIYANÍES
ALISES
MARINÍES
Sijilmasa
Tripoli
Taghaza
Ghadames
hacia Egipto

TRIBUS BEREBERES Y TUAREGS

Zawilah

DESIERTO DEL SAHARA

Dijil
Taoudenni
Ghat

La elite de los songhai era islámica, pero el grueso de la población era pagano. El estado estaba probablemente bajo la soberanía de Malí.

Bilma

Kaedi
Tombuctú
Ghana
Gao
Tedeka

Gambia
Senegal
Níger
Djenné
Níger
HAUSA
hacia Egipto

Pita
YATENGA
Niani
Kano
Lago Chad
Daima

Kong
DAGOMBA
Bono Manso
YORUBA
IBO
Benue

ASHANTI
Ife
Benin

Territorio islámico, ca.1300.
Malí, siglos XII-XIV.
Songhay.
Kanem-Bornu, siglo XIV.
Principales rutas comerciales.

Ibn Batuta, el gran viajero

Ibn Batuta recorrió mayor cantidad de territorio que cualquier explorador anterior, y sólo sería superado cuando Fernando de Magallanes se convirtiera en el primero en circunnavegar el mundo dos siglos después. Realizó meticulosas anotaciones sobre sus viajes, muchas de las cuales fueron publicadas en su libro Viajes.

Abu Abdalá Mohamed Ibn Batuta nació en Tánger, en el extremo norte occidental de África, en 1304. Veintiún años después comenzaron sus extraordinarios viajes, cuando sólo tenía intención de viajar a Medina y La Meca. Llegó mucho más lejos y pasó casi 29 años visitando la mayor parte del mundo islámico medieval.

Ibn Batuta viajó por Oriente Medio, Ucrania, el sur de Rusia, Asia central, India, las Indias Orientales, e incluso China. También recorrió gran parte de la costa este africana y, en 1352, partió en un nuevo viaje a través del Sahara hasta África occidental. Finalmente, en 1354, Ibn Batuta se estableció en la ciudad marroquí de Fez para escribir su excelente obra *Viajes*.

Con la excepción de su viaje al norte de China, casi todos los viajes de Ibn Batuta fueron por el mundo islámico, ya que sentía poco interés por los pueblos «infieles». Así, sus desplazamientos por África se centraron por tanto en la costa este, que había sido colonizada por mercaderes islámicos desde los albores del Islam, y en el África occidental subsahariana, donde el Islam estaba en rápida expansión hacia el siglo XIV.

Derecha: Interior de la Mezquita de Sidi Bumedián, construida en 1338/9 en Tlemsén, Argelia.

Debajo: La arquitectura de adobe del Malí medieval está perfectamente ejemplificada por la Gran Mezquita de Yenné. La primera mezquita fue construida en el siglo XIII por el primer soberano islámico, aunque la mayor parte de su estructura fue fielmente restaurada en 1907. Yenné se convirtió en un centro espiritual para la difusión del Islam.

En 1330, Ibn Batuta navegó hacia el sur por las costas de África oriental hasta llegar a Kilwa, donde contaba que «un mercader me ha dicho que la ciudad de Sofala está a quince días de marcha de Kilwa, y que entre Sofala y Yufi, en la tierra de los Limiin, hay otro mes de marcha... el polvo de oro es traído desde Yufi a Sofala».

Mientras tanto, el Reino islámico de Malí, en África occidental (ver página anterior), era un estado poderoso, que controlaba el extremo sur de las rutas de caravanas transaharianas a lo largo de las cuales el oro circulaba hacia el norte. Malí también desarrolló un singular estilo de arquitectura de adobe que, aunque con raíces en tradiciones africanas locales, produjo mezquitas y otros edificios de extraordinaria belleza, varios de los cuales han sobrevivido hasta nuestros días.

Sin embargo, la expansión del Islam por estas regiones se había debido en gran parte a los pueblos bereberes del desierto del Sahara y a los misioneros de África del norte, muchos de los cuales eran mercaderes. Mansa Musa I de Malí, cuya visita a El Cairo en 1324 causó un gran asombro por la enorme cantidad de oro que transportaban sus sirvientes (ver página anterior), era también el

Los viajes de Ibn Batuta por África y el oeste de Asia; África en el siglo XIV

El mapa no incluye los viajes de Ibn Batuta por Asia central, India, Indias Orientales ni China.

soberano en la época en que Ibn Batuta visitó Malí. Para entonces, las principales ciudades de Malí se habían convertido en centros de enseñanza del Islam y sus leyes, así como en mercados para el comercio transahariano.

METICULOSO CRONISTA

Ibn Batuta permaneció siete meses en Tombuctú antes de ir a Gao, donde permaneció otro mes. Tomaba notas sobre el aspecto y las costumbres de la gente, las características de sus países, sus animales, su agricultura y sus productos. También anotó cuánto se tardaba en viajar de un lugar a otro (normalmente en una caravana de camellos), el estado y la seguridad de las rutas, y la meteorología.

Arriba: Un techo pintado del siglo XIV de la Sala de los Reyes de la Alambra, Granada, España, representa a los cadíes, o jueces islámicos.

Por ejemplo, en Takeda, cerca de la frontera oriental de Malí, Ibn Batuta escribía que la ciudad «exporta cobre a las tierras de los negros infieles (no musulmanes), y también a los Zaghai y al país de Bornu. Hay 40 días de viaje desde Bornu a Takeda, y los habitantes del país son musulmanes. Tienen un soberano llamado Idris que nunca se muestra a su pueblo, sino que habla a sus súbditos desde detrás de una cortina».

Todo esto lo incluyó luego Ibn Batuta en su famoso libro *Viajes*, junto con otras anécdotas. Por ejemplo, se sorprendió de la ferocidad de una tormenta de nieve en el desierto que le recibió a su llegada a la frontera marroquí, escribiendo: «He visto mucha nieve en mis viajes, en Bujara, en Samarcanda, en Jurasán, y en las tierras de los turcos, ¡pero no he conocido nunca una ruta más desagradable que ésta!».

La ciudad-universidad de Tombuctú

El reino de Songhai reemplazó al de Malí como potencia dominante en África occidental a fines del siglo XIV. Los songhai hicieron del Islam un «culto imperial» para reforzar su prestigio entre diversos pueblos vasallos. Y lo que es más importante, Tombuctú se desarrolló como centro cultural y religioso.

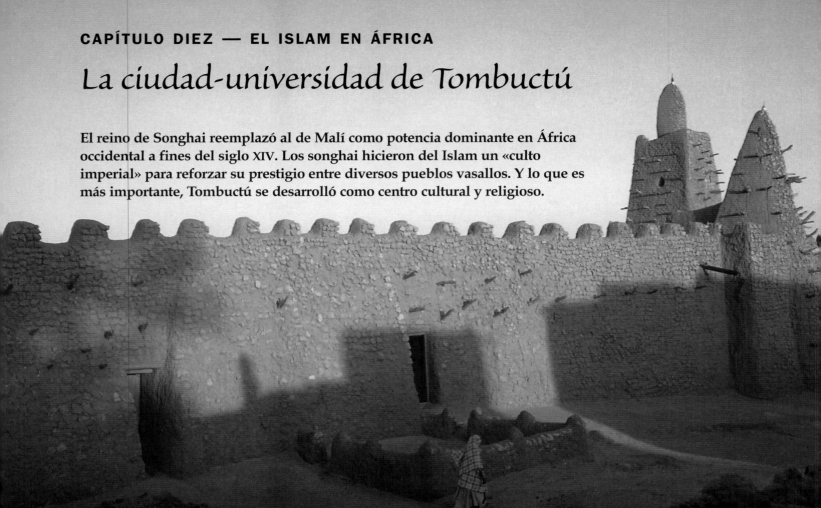

Arriba: La mezquita-madrasa de Sankore, en Tombuctú, construida entre los siglos XIV-XV, se convirtió en una universidad cuya fama traspasó las fronteras de Songhai (ver también plano de la página de enfrente):
A. Mihrab
B. Minarete
C. Patio

La ciudad de Tombuctú hacía mucho tiempo que era una de las más prósperas e importantes terminales sureñas de las rutas de caravanas transaharianas. Los songhai eran antiguamente un pueblo nómada de origen mixto que habitaba en las tierras ribereñas del río Níger, al este de Malí. Eran, quizás, el mismo pueblo que fundó un estado que los geógrafos árabes del siglo IX conocían como Gao.

Aunque puede que la elite dirigente de la zona se hubiera convertido al Islam ya en el siglo XI, la mayoría de la población era aún pagana (según Ibn Batuta) 300 años después. No está claro si los songhai seguían siendo vasallos de Malí, pero en un par de generaciones ya fueron claramente independientes. Bajo el reinado de un soberano conocido como Sonni Alí el Grande, pusieron en pie un poderoso ejército y una notable flota fluvial.

Algunas de las más asombrosas y bellas mezquitas de adobe y guijarros de Tombuctú fueron ampliadas durante este período, incluyendo la Gran Mezquita Congregacional o del Viernes, y la mezquita-madrasa de Sankore. Esta última se convirtió en una universidad, y

su fama se extendió por Sudán, todo el Sahara, y más allá. Ambos edificios se caracterizan por los postes que sobresalen de sus muros. Aún se utilizan como sistema de andamiaje, pues sirven para colocar una nueva capa exterior de barro para repararla tras las lluvias bruscas e intensas típicas de esta zona de África.

La explotación de nuevos terrenos auríferos en la región de Akan, en lo que hoy son los estados de Ghana y Costa de Marfil, aumentó la riqueza de los songhai. También ocasionó un desplazamiento hacia el este de las principales rutas comerciales, y terminó por atraer la atención de los aventureros europeos de la costa. La Ghana actual fue conocida como la Costa del Oro mientras estuvo bajo la soberanía imperial británica.

DIFUSIÓN DE LA CULTURA

Durante una peregrinación a La Meca en 1496-7, el rey songhai Mohamed Ture fue reconocido oficialmente como soberano de todo el Sudán occidental, una vasta región que se extendía desde el lago Chad hasta el Atlántico. El estado songhai se había expan-

El imperio Songhai y las rutas
comerciales del Sahara, ca. 1495

Mezquita-Madrasa (universidad) de Sankore

Debajo: El minarete de la Yinguerber (Gran Mezquita o mezquita para la Congregación del Viernes) de Tombuctú. La mezquita data de principios del siglo XIV, período en que la ciudad se convirtió en el centro religioso y cultural del imperio songhai.

dido a costa de la mayoría de sus vecinos, haciéndose con el control de los oasis del interior del Sahara y de las rutas de caravanas que los unían. Eso hizo que la frontera de Songhai entrara en contacto con la de Marruecos. Sin embargo, la situación política fue cambiando, y un siglo después los songhais fueron conquistados a su vez por un ejército marroquí.

Al este de Songhai se encontraba el reino mucho más longevo de Kanem y Bornu, centrado alrededor del lago Chad. Aquí, el Islam había sido introducido en fecha tan temprana como el siglo XI, y la primera dinastía de quien se tiene noticias afirmaba incluso descender de un soberano pre-islámico del sur de Arabia llamado Sayf Ibn Dhi Yazan. Los vínculos comerciales con Libia y Egipto databan ciertamente de tiempos pre-islamicos, pero fueron grandemente reforzados durante el siglo XII.

A finales del siglo XIV, la dinastía saifí reinante se trasladó de Kanem a Bornu, al tiempo que una familia rival tomaba el poder en Kanem con el nombre de Sultanes Negros. Dominaron el país hasta finales del siglo XV, cuando fueron a su vez expulsados por una familia de soberanos, los Mais, que afirmaban ser descendientes de la anterior dinastía saifí; gobernaron hasta 1846.

CAPÍTULO ONCE

El ascenso de los otomanos

Irrumpiendo en Europa

Enfrente (pág. 163): El puente construido por los selyúcidas sobre el río Batman Su en Silvan, hacia 1147. Muchas de las rutas de Anatolia se encontraban en un estado de decadencia bajo el imperio Bizantino, y fueron revitalizadas por los selyúcidas, quienes construyeron también muchos puentes.

Hacia la época en que había pasado la Primera Cruzada, y los ejércitos imperiales bizantinos concluyeron sus campañas de reconquista en el oeste de Anatolia, el Sultanato selyúcida de Rum había quedado reducido a una pequeña zona alrededor de la ciudad de Iconium. Sin embargo, esa ciudad provinciana, bajo su nombre turco de Konya, se convertiría en la capital de uno de los estados islámicos más exitosos y culturalmente brillantes de la Edad Media.

Sin embargo, durante los primeros años del siglo XII, eran los rivales de los selyúcidas, los igualmente turcos danishmandíes, la principal potencia islámica de Anatolia. Habiendo perdido mucho menos territorio ante la reconquista bizantina, los danishmandíes repelieron una cruzada que, casi pegada a los talones de la Primera, en el verano de 1101, resultó un desastre tal que ni siquiera se conoce una cifra aproximada de bajas.

A mediados del siglo XII, aparecieron dos líneas dinásticas de emires danishmandíes, teniendo la primera de ellas su base en Sivas, y la segunda en Malatya y Elbistan. Su historia sigue sin estar clara, y tienen un papel más destacado en las leyendas folclóricas turcas, como el Danishmand-Name, que el que tuvieron en las crónicas históricas. Sin embargo, en la década de 1170 ambos estados fueron conquistados por los selyúcidas de Rum o Konya.

Mientras tanto, el pequeño estado selyúcida se recuperaba de sus anteriores contratiempos. Al tiempo que mantenía por lo general buenas relaciones con el imperio bizantino, ganaba territorio a costa de los

Los selyúcidas de Rum, siglos XII-XIII

danishmandíes, el reino armenio de Cilicia, y el condado cruzado de Edesa. En 1176, entre las dos campañas que derrocaron a los danishmandíes, los selyúcidas de Rum derrotaron de forma aplastante a un ejército bizantino bajo el mando del emperador Manuel I. Para el Imperio Bizantino, esa batalla de Miryiokephalon fue un desastre de una magnitud similar a la batalla de Manzikert (1071).

La primera mitad del siglo XIII fue testigo del punto álgido de la civilización selyúcida en Anatolia. La mayoría de los magníficos edificios selyúcidas que sobreviven datan de esos años, al igual que muchos productos textiles, estucos tallados, cerámicas, y metalistería. Fue también bajo el mecenazgo de los selyúcidas de Rum cuando surgió en Anatolia un nuevo estilo de arte y arquitectura islámicos.

Las influencias culturales más fuertes procedían, claro está, del Irán islámico y de las propias tradiciones culturales turcas de Asia central, pero los influjos del imperio Bizantino,

y sobre todo de la cultura armenia, son también patentes. Además, esa cultura selyúcida de Anatolia sentó las bases sobre las que se construiría posteriormente la civilización otomana.

Fue un período de asombroso progreso económico, sobre todo en el comercio. Las rutas que habían entrado en decadencia bajo los bizantinos se revitalizaron, y se construyeron muchos puentes junto con una nueva red de khans o caravanserais. Éstos eran como «moteles» fortificados en los que los mercaderes y sus mercancías podían encontrar refugio contra los bandidos y contra el áspero clima de Anatolia. Los más grandes tenían un patio cerrado con una habitación para rezar elevada en el centro, más una entrada, un *hamam* o baño público, talleres, cámaras privadas, establos para los animales, y almacenes para las mercancías. Todo el conjunto entraba dentro de una tradición oriental, presente también en Irán, en Transoxania, y en algunos tramos de las Rutas de la Seda hacia China.

La ocupación por parte de los cruzados de Constantinopla, desde 1204 hasta 1261 permitió a los selyúcidas de Rum expandirse una vez más, llegando tanto hasta las costas mediterráneas como a las del mar Negro. Eso aportó una riqueza aún mayor, a medida que el Sultanato selyúcida de Rum iba controlando una parte cada vez más sustancial del comercio internacional. Sin embargo, en 1243, los mongoles volvieron su atención hacia los selyúcidas, y les derrotaron en la batalla de Köse Dagh. Esa batalla es interesante porque el ejército selyúcida luchó con un estilo prácticamente europeo, y de hecho incluía grandes cantidades de mercenarios europeos en sus filas. Los mongoles utilizaban, por supuesto, la misma clase de arqueros a caballo que se usaban en Asia central, y las tácticas de dispersión empleadas por los selyúcidas 200 años antes.

Durante las últimas décadas de su existencia, el Sultanato selyúcida de Rum fue vasallo de los mongoles ilkanes. A partir de 1307, la Anatolia turca se fragmentó en varios pequeños *beyliks*, uno de los cuales terminaría por crear el poderoso estado otomano.

El Imperio Bizantino de Trebisonda se hace vasallo de los selyúcidas en 1243.

Trebisonda

GEORGIA

Coruh

Köse Dag 1243

Aras

rzican · Erzerum

Murat

Manzikert 1071

Ahlat · Lago Van

Tigrís

M E S O P O T A M I A

A Y U B Í E S

· Mosul

Frontera del estado selyúcida, ca.1243.

Capital provincial selyúcida.

Territorio selyúcida, 1100.

Territorio cristiano, 1240.

Territorio bizantino perdido ente los selyúcidas hacia 1182.

Disputado por selyúcidas, danishamandíes y bizantinos; anexionado por los selyúcidas.

Territorio danishmandí anexionado por los selyúcidas hacia 1180.

Conquista selyúcida de territorio bizantino y de Cilicia, 1182–1240.

Conquista selyúcida de estados vecinos islámicos y Cruzados.

Imperio Bizantino de Trebisonda.

Territorio en posesión de Georgia hasta principios del siglo XIII.

Otros territorios islámicos.

¿Quiénes eran los otomanos?

Los orígenes de los otomanos se pierden en la leyenda. Los primeros probablemente eran nómadas que huían de los mongoles. Desde esos humildes comienzos, el estado otomano se expandió hasta amenazar y finalmente derrocar al maltrecho imperio bizantino.

Los primeros otomanos probablemente eran una de tantas bandas turcómanas que se trasladaron al oeste, hacia la frontera bizantina, tras la invasión mongola de Anatolia a mediados del siglo XIII. El mito más acendrado de todos los que los otomanos tienen acerca de sus orígenes sostiene que un joven guerrero llamado Osmán se enamoró de Maljatún, hija del jeque santo Edebali, pero, al ser pobre, su única esperanza estribaba en obtener fama militar. Eso hizo, pero Osmán sólo consiguió la mano de su amada cuando le contó al jeque un extraño sueño.

En su sueño, Osmán vio a la Luna, que simbolizaba a Maljatún, saliendo del pecho del jeque Edebali y ocultándose en el de Osmán. Entonces, un gran árbol brotaba del corazón del joven guerrero y se alzaba hacia el cielo. De sus raíces brotaban cuatro grandes ríos: el Tigris, el Éufrates, el Nilo y el Danubio. Interpretando ese sueño como una profecía de esplendor imperial, el jeque casó a su hija con el joven conquistador.

Otras tradiciones afirman que los otomanos u otmanlíes descienden del noble clan de los

Patrimonio tradicional de Ertogrul, ca.1280.

Conquistas otomanas:
- Antes de 1300.
- 1300–26.
- 1326–62.
- hacia 1362 (probablemente).
- Imperio Bizantino, ca.1362.
- Otros territorios cristianos, ca.1362.
- → Principales campañas otomanas.
- → Principales asaltos de turcos no otomanos.

Los primeros otomanos en Anatolia, ca.1280–c.1362

SERBIA
MAR NEGRO
Amasra
IMPERIO BIZANTINO
Bósforo
Eraclea
CANDAR-OGULLARI
Ipsala
Constantinopla
Scutari
Gerede
Rodosto
Bolu
MAR DE MÁRMARA
Thásos
Mudurnu
Samotracia
Gallipoli
Cyzicus
Tzympe
Biga
Yenisehir
Bursa
Imbros
Abydos
1347
Dardanelos
Sogut
Ankara
Lemnos
Eskisehir
KARASI (hasta c.1346)
ANATOLIA
Assos
GERMIYAN
Lesbos (Genoveses)
KARAMANÍES
MAR EGEO
Bergama
(Genoveses)
Gordes
SABIH ATA OGULLARI
Focea
SATURAN
Manisa
Qhios (Genoveses)
Esmirna
HAMIDOS
AYDIN
Filadelfia

Qayi, de los turcos Guzz, quienes llevaban una vida nómada en la Anatolia selyúcida desde hacía muchas generaciones. Evidencias más prosaicas sugieren que los otomanos aparecieron en la escena histórica a fines del siglo XIII. El legendario Osmán probablemente nunca existió, pero hay algunas monedas que nombran a Ertogrul, el jefe más antiguo de los otomanos, que datan de 1270. Su diminuto territorio se encontraba en las montañas que rodean Sögüt, e incluía el campo de batalla de Dorileum, donde la Primera Cruzada había derrotado a los turcos selyúcidas en 1097.

Las cosas se aclararon durante el reinado de Osmán Ghazi (1281-1324), el hijo de Ertogrul. Un beylik otomano, o pequeño estado turco, apareció junto con otros tras la fragmentación del Sultanato selyúcida de Rum. Al estar situado en la frontera con el debilitado imperio Bizantino, puede que los otomanos atrajeran ghazis, o guerreros de motivación religiosa que luchaban en defensa del Islam. Sin embargo, en aquellas circunstancias, los enfrentamientos entre los bizantinos y los beyliks eran el resultado del tradicional pillaje turcómano más que de la agresión cristiana.

PODER EMERGENTE

Los otomanos, como otros beyliks fronterizos, fueron conquistando más y más territorio bizantino. A veces, dejaban aisladas ciudades con guarniciones bizantinas que sólo más tarde se rendían a los turcos.

En muchos casos, esas tropas cristianas se ponían al servicio de los turcos-islámicos, a veces convirtiéndose enseguida al Islam, y otras siendo cristianas durante al menos una generación más. Esa absorción de las anteriores élites militares y aristocráticas se convertiría en una característica de la expansión otomana, tanto en Anatolia como posteriormente en Europa. Eso tuvo un tremendo impacto sobre la estructura, las tácticas, el personal, el armamento, y las costumbres de los ejércitos otomanos, así como también en la organización del propio estado turco. Una fusión similar entre lo nuevo y lo viejo, entre cristianos e islámicos, turcos y griegos, o eslavos balcánicos, se manifestaría en el arte y en otros aspectos de la cultura otomana.

Aunque el primer foco de la expansión otomana fue hacia el norte, conquistando lo que quedaba de territorio bizantino a lo largo de las costas asiáticas del mar de Mármara y el Bósforo, los otomanos estaban también en pugna con los beyliks turcos vecinos. Varios de éstos estaban expandiéndose de manera parecida hacia otros territorios bizantinos. En la mayoría de los casos, esos beyliks se encontraron sin ningún lugar adonde ir una vez que alcanzaron la costa egea, así que empezaron a hacer incursiones navales, convirtiéndose en lo que los cronistas europeos llamaron, inapropiadamente, «estados piratas». Uno de éstos era el beylik Karasi, en Anatolia occidental.

La conquista otomana de Karasi a mediados del siglo XIV abrió dos perspectivas estratégicas nuevas. La primera era la que ofrecía la pequeña flota de Karasi, que permitía a los ghazis otomanos hacer incursiones contra las islas y costas bizantinas igual que estaban haciendo otros beyliks. La segunda era emplazar tropas otomanas en la costa asiática de los Dardanelos. Los debilitados soberanos bizantinos ya estaban solicitando a los otomanos y a otras tropas turcas para que les ayudasen en sus autodestructivas guerras civiles.

En 1353, el emperador Juan VI Cantacuceno permitió al soberano otomano Orján (1324-1360) guarnecer el pequeño fuerte de Tzympe (Çimpe), en la península de Gallipoli, en el lado europeo de los Dardanelos. Desde ahí, las tropas otomanas se fueron internando más y más, impusieron la soberanía turca y establecieron una cabeza de puente desde la que el Imperio terminaría por extenderse en gran parte de Europa central y oriental.

Arriba: La mezquita Muradiye, un complejo otomano de 1426 en Bursa, Turquía.

Enfrente (pág. 164): Decoración otomana con azulejos azules y blancos en la mezquita del sultán Murad, ca. 1426, Bursa.

El avance a través de Europa

La conquista del sur de los Balcanes por parte del imperio otomano durante el siglo XIV fue uno de los sucesos más espectaculares de fines de la Edad Media. Hacia el siglo XVII, los soberanos otomanos habían creado un imperio que se extendía desde Marruecos hasta Irán, y desde la costa este africana hasta Hungría y Ucrania.

Derecha: Pintura mural de ca. 1335 de Jupan Peter Brajan y su esposa, de la iglesia del pueblo de Karan, Yugoslavia.

Enfrente (Pág. 167): Una mezquita otomana construida en 1408 en Stara Zagora, Bulgaria.

Debajo: Orta Hamam, baño público otomano, finales del siglo XIV, en Bolu, Turquía.

En las décadas finales del siglo XIV, el imperio bizantino abarcaba sólo Constantinopla y las zonas costeras adyacentes, el sur de Grecia, y algunas de las islas del norte del Egeo. Igualmente, poco quedaba de los Estados Cruzados en Grecia, mientras que Bulgaria se había fragmentado en pequeños reinos que entonces cayeron bajo el dominio otomano. El frágil imperio serbio también se desmoronó cuando los otomanos irrumpieron en el corazón de los Balcanes.

Había demostrado ser imposible que los estados cristianos ortodoxos de los Balcanes se unieran a los cristianos católicos del norte. De hecho, mientras la mayoría de las elites gobernantes buscaban ayuda en el norte, la gente corriente prefería, en apariencia, ser gobernada por los otomanos-islámicos antes que por los húngaros católicos, la única alternativa viable.

Entre los restos fragmentados del imperio Bizantino, la confusión alcanzaba proporciones de epidemia. La mayoría de los emperadores eran ahora vasallos del sultán otomano, y por todas partes había hostilida-des entre los militares y los civiles, entre las elites y el pueblo llano. Además, las revueltas campesinas y los alzamientos en las ciudades habían dejado casi deshabitadas amplias zonas de Tracia y Macedonia, con excepción de algunas ciudades fortificadas.

Por el contrario, la expansión otomana estaba siendo cuidadosamente planeada, y ejecutada con total convicción. La primera capital otomana auténtica había sido Bursa, en Anatolia, pero, tras utilizar quizás la ciudad griega de Didimoteikon como su primera capital europea durante una ocupación temporal a partir de 1358-9, los otomanos hicieron de Edirne (la ciudad grecorromana de Adrianópolis) la base desde la que se consiguieron las mayores conquistas otomanas.

La mayor parte de la lucha era llevada a cabo por ejércitos basados en tres *uc* o marcas fronterizas. La primera avalancha hacia el nordeste a través de Tracia estaba bajo el mando del propio soberano, mientras que la segunda marchó hacia el norte a través de Bulgaria, y estaba al mando de Qara Tîmürtash. La tercera fuerza

avanzó hacia el este, a través de Grecia, bajo el mando de Gazi Evrenos.

FUERZA COLONIZADORA

Durante este período, las llanuras deshabitadas de Tracia y del este de Macedonia fueron colonizadas por pueblos de Anatolia, incluidos grupos nómadas que se convirtieron en los *yürük*, o guerreros-pastores de varias regiones montañosas balcánicas. También fue más importante de lo que generalmente se cree, el papel desempeñado por los derviches Bektashi que acompañaban a los ejércitos otomanos, no sólo como misioneros islámicos, sino como promotores de la colonización y el recultivo de tierras devastadas por la guerra.

Sin embargo, el soberano otomano Bayaceto I pensaba que su posición no era segura, así que en el invierno de 1393-4 convocó a sus súbditos cristianos a una asamblea. En ella, eligió a Stefan Lazarevic de Serbia como su vasallo más fiel. A su vez, el emperador Manuel II estaba convencido de que Bizancio estaba condenado a menos que recibiese ayuda. El resultado fue otra cruzada, que acabó en una aplastante derrota cristiana en la batalla de Nicópolis, en 1396.

Nicópolis fue una victoria total para el ejército otomano, pero pronto se vería empequeñecida por acontecimientos más lejanos y mucho más peligrosos. Inmediatamente a continuación de la batalla, Bayaceto I decidió consolidar las posiciones otomanas en las zonas ya conquistadas.

El pequeño reino búlgaro de Vidin fue incorporado al estado otomano, y toda la orilla sur del curso bajo del Danubio se convirtió en una zona fronteriza o *uc*, donde el grueso de la población pronto se convirtió en musulmana. Por todas partes, las tropas otomanas penetraban al interior de Grecia, mientras Bayaceto reavivaba el asedio de Constantinopla.

La victoria sobre una cruzada conjunta de toda Europa aumentó grandemente el prestigio de los otomanos, y por tanto, administradores y soldados se apresuraron a ponerse a su servicio. Había muchos de aquellos voluntarios, ya que el mundo islámico oriental se encontraba en un estado de práctica anar-

quía como consecuencia de las devastadoras campañas de Tamerlán.

Sin embargo, en 1402 Bayaceto I fue derrotado y capturado por Timur (Tamerlán) en la batalla de Ankara. No obstante, su victoria previa en Nicópolis dio a los otomanos tiempo para consolidarse en el sureste de Europa, y desde allí los sucesores de Bayaceto reconstruirían el estado otomano.

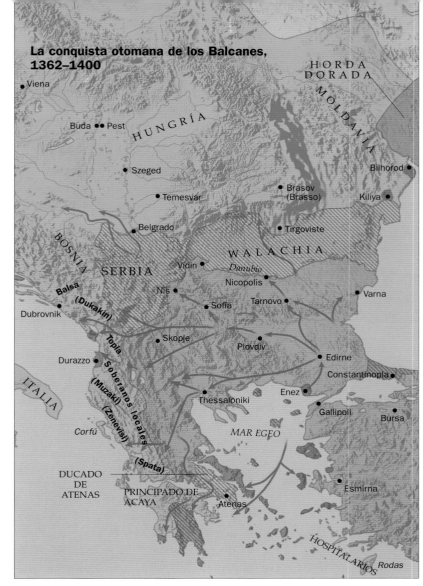

La conquista otomana de los Balcanes, 1362–1400

Imperio Otomano, ca.1400.

Imperio Bizantino (vasallo).

Otros vasallos cristianos de los otomanos.

Otros territorios islámicos.

Otros territorios cristianos.

Territorio veneciano.

Territorio genovés.

Principales líneas de ataque y avance otomanas, 1362–1397.

Edirne, la ciudad joya

Tras su conquista por los otomanos antes de 1366, Adrianópolis fue rebautizada Edirne, y se convirtió en la capital europea del estado otomano. Su febril programa de construcción continuaba mientras la ciudad se convertía en un centro militar.

Puede que la ciudad bizantina de Adrianópolis hubiera caído en poder de los otomanos ya en 1361. Sí es seguro que estaba en sus manos hacia 1366, tras una pequeña pero históricamente importante victoria sobre un ejército bizantino griego y búlgaro entre Babaeski y Pinarhisar. Rebautizada Edirne, la ciudad se convirtió entonces en el foco central desde donde las campañas otomanas iban a extenderse en cuatro direcciones hacia el interior de Europa. Esas líneas de avance iban a lo largo de la costa norte del mar Egeo a través de Tracia occidental hasta Macedonia, remontando el río Maritza contra los búlgaros en lo que hoy son las ciudades de Plovdiv y Sofía, hacia el norte en dirección al extremo oriental de la cordillera de los Balcanes y el curso bajo del río Danubio, y hacia el este a través de Tracia oriental hacia Constantinopla.

Las victorias otomanas atrajeron tanto a eruditos como a soldados a su corte. Bayaceto I ya tenía varias figuras notables en su corte antes de su importante victoria en la batalla de Nicópolis, en 1396, incluido el historiador Ibn al-Yazarí, quien terminó su famoso poema *Historia del Profeta y los Califas* en el campamento militar otomano, tres días después de que los soldados de Bayaceto derrotaran a los cruzados en la batalla de Nicópolis.

Antes de Nicópolis, los soberanos otomanos tenían sólo el título de emires, pero después de la victoria de Bayaceto adoptaron el más prestigioso de sultán. Eso a su vez incitó a otros eruditos a acudir a su cada vez más rica y prestigiosa corte. Naturalmente, Edirne fue pronto adornada con algunos elegantes edificios. La Eski o Mezquita Vieja data de comienzos del siglo XV pero tiene un diseño muy tradicional, al igual que la Mezquita de Murad II, completada en 1435-6.

TESOROS ARQUITECTÓNICOS

La Üç Sefereli o mezquita de los «Tres Balcones» se construyó para el sultán Murad II sólo unos pocos años después, y se considera la primera construcción importante realizada en un estilo arquitectónico auténticamente otomano. Su gran cúpula, de casi 30 metros de diámetro,

no sería superada hasta que Mehmet el Conquistador construyera su mezquita de la Victoria en Constantinopla (Estambul). Los cuatro minaretes de la mezquita Üç Sefereli están cada uno decorados de forma diferente. Uno de ellos tiene 75 metros de altura, con los tres balcones que dan su nombre a la mezquita.

Los altos mandos militares también financiaban la construcción de edificios seculares, como el puente de Gazi Mihail, que data de 1420, o el Orta Imaret, un comedor que servía alimentos a los pobres. Por desgracia, no queda nada de los grandes palacios construidos en Edirne en el siglo XV, pero se construyó un enorme *bedestan* o bazar cubierto a principios del siglo XV.

En 1453, Edirne fue el eje de una gigantesca operación militar, y en consecuencia la ciudad dejó de ser la capital del imperio otomano. En enero de aquel año, grandes contingentes de voluntarios se reunieron en Edirne para el asalto final de Constantinopla. Además de las tropas palaciegas otomanas y las procedentes de Rumelia o de las provincias europeas, había miles de personas siguiéndolas, incluidos mercaderes que suministraban alimentos y artículos de primera necesidad a las tropas.

A principios de 1453, llegó un contingente de vasallos serbios, que estaba formado por 1.500 jinetes cristianos. Los mineros serbios llegaron más tarde. Es interesante observar que, de acuerdo con el cronista italiano Gia-

como Tebaldi, los cristianos del ejército otomano tenían libertad de culto.

Mientras tanto Karaca, el *beylerbeyi* o gobernador de Rumelia, mandó hombres a reparar las rutas que iban de Edirne a Constantinopla, de manera que los puentes pudieran soportar el peso de los enormes cañones otomanos. Cincuenta carpinteros y 200 asistentes reforzaron las carreteras donde hizo falta. No hay noticias de que hubiera resistencia, y en febrero las tropas de Karaca Bey empezaron a conquistar las ciudades bizantinas que quedaban a lo largo de la costa del mar de Mármara y del mar Negro. El siguiente paso de los otomanos fue llevar sus enormes cañones hasta las murallas de Constantinopla, necesitando la mayor de aquellas armas de 60 bueyes para arrastrarla. El asedio final de Constantinopla había comenzado.

Arriba: La mezquita y complejo médico del sultán Bayceto, Edirne.

Enfrente: Decoraciones inusuales en el minarete de la mezquita Üç Sefereli, Edirne.

Edirne y Constantinopla, capitales rivales de «imperios» rivales

Anchialos
Mesembria
Pyrgos

Fortalezas otomanas que controlaban el Bósforo.
Rumeil Hisar, construida en 1452 por el sultán Mehmet en la costa teóricamente bizantina.

Edirne · Vize ·

Anadolu Hisar, construido en la costa oriental por el sultán Bayceto I hacia 1390.

Selymbria
Heraclea
Constantinopla

· Enez

Gallipoli

ANATOLIA

La toma de la Constantinopla

La caída de Constantinopla en 1453 es considerada a veces como el final del Imperio Romano o como la destrucción definitiva de una reliquia obsoleta. En realidad, el asedio y la toma de Constantinopla no fue ninguna de esas dos cosas.

Derecha: Retrato del sultán Mehmet II, atribuido a Constanza da Ferrara, ca. 1470.

L a importancia de la caída de Constantinopla no estriba en la desaparición de algo antiguo, sino en el nacimiento de algo nuevo: el imperio otomano en su forma totalmente desarrollada. El sultán Mehmet y el ejército principal otomano partieron de Edirne el 23 de marzo de 1453, y acampó a 4 kilómetros de Constantinopla. La artillería de Mehmet ya estaba en posición en 14 o 15 baterías, con grupos adicionales de cañones más pequeños al lado o entre las armas de mayor calibre.

El primer asalto otomano se lanzó probablemente el 7 de abril, cuando tropas de soldados irregulares y de voluntarios avanzaron, apoyadas por arqueros y fusileros. Sin embargo, fueron detenidos en la muralla exterior, y obligados a retroceder, con relativa facilidad. De hecho, la artillería bizantina era notablemente eficaz hasta que su mayor cañón explotó, después de lo cual las armas de fuego bizantinas quedaron limitadas mayormente a un papel anti-personal.

Debajo: Panorámica del Cuerno de Oro, en Estambul, visto desde el puente de Galata al atardecer.

A medida que el asedio se prolongaba, Mehmet hizo desmontar los cañones de los barcos otomanos y plantarlos en tierra para bombardear las naves enemigas que estaban defendiendo una barrera que cruzaba el Cuerno de Oro. Fue aquí donde se le atribuye a Mehmet haber diseñado una nueva clase de mortero de largo alcance.

También se aceleraron las obras de construcción de una rampa de madera desde el Bósforo hasta el Cuerno de Oro. Para el 22 de abril ya estaba completada, y bajo el respaldo de un bombardeo artillero, 72 de los barcos otomanos más pequeños fueron arrastrados a través de las colinas antes de ser deslizados en el Cuerno de Oro. Al haber perdido el control de la vía de agua, hubo que retirar tropas de otras zonas para defender ese amenazado sector, y el cerco de Constantinopla se completó.

OLEADAS DE ATAQUES

EL 26 de mayo, Mehmet reunió un consejo de guerra. Al día siguiente, envió heraldos por todo su ejército anunciando que el asalto final tendría lugar el día 29. Se encendieron hogueras de celebración, y a partir del 26 de mayo hubo una fiesta continua en el campo otomano. Los defensores vieron tantos fuegos, que pensaron que el enemigo estaba quemando sus tiendas de campaña antes de retirarse.

Tres horas antes del amanecer del 29 de mayo, se produjo una oleada de bombardeos a cargo de la artillería otomana, y los soldados irregulares turcos avanzaron. Su ataque principal se concentró sobre las maltrechas murallas cerca de la puerta de san Romano. Pese a sufrir terribles bajas, pocos de ellos se replegaron hasta que, tres horas después, Mehmet ordenó una retirada. Los barcos otomanos intentaban igualmente acercarse lo bastante como para lanzar escalas por donde trepar.

Tras un nuevo bombardeo de artillería, llegó el turno de las tropas provinciales. Éstas avanzaban, pero se vieron obstaculizadas por la estrechez de las brechas abiertas en las defensas de Constantinopla. Más disciplinados que los irregulares, a veces se retiraban para permitir que su artillería disparase, y durante uno de esos bombardeos, una sección de la estacada defensiva se vino abajo. Pero ese segundo asalto también fracasó.

Las únicas tropas de refresco que le quedaban a Mehmet eran sus propios regimientos de palacio, incluida la famosa infantería jenízara. Todas las fuentes históricas coinciden en que ésta avanzó con una disciplina terrorífica, lentamente, y sin ruidos ni música. La tercera fase de la lucha duró una hora, hasta que algunos jenízaros descubrieron que una pequeña puerta de servicio no había sido bien cerrada tras un contraataque bizantino anterior. Unos 50 soldados irrumpieron por allí, y alzaron su bandera sobre las almenas. Sin embargo, corrían el riesgo de ser rechazados, cuando los otomanos tuvieron un golpe de suerte.

Giovanni Giustiniani Longo, un soldado italiano que estaba al mando del sector más amenazado de las fortificaciones de Constantinopla, fue herido de muerte. Entonces, cundió el pánico entre los defensores, y los jenízaros tomaron la muralla interior. Se corrió la voz de que los otomanos también habían penetrado por el puerto, y que el último emperador bizantino, Constantino XI, había sido asesinado. A consecuencia de esto, los defensores se vinieron abajo. Hacia el mediodía, el sultán Mehmet el Conquistador, como se le conoció desde entonces, cabalgó a través de la ciudad conquistada hasta la iglesia de Santa Sofía. El edificio fue entonces convertido en mezquita.

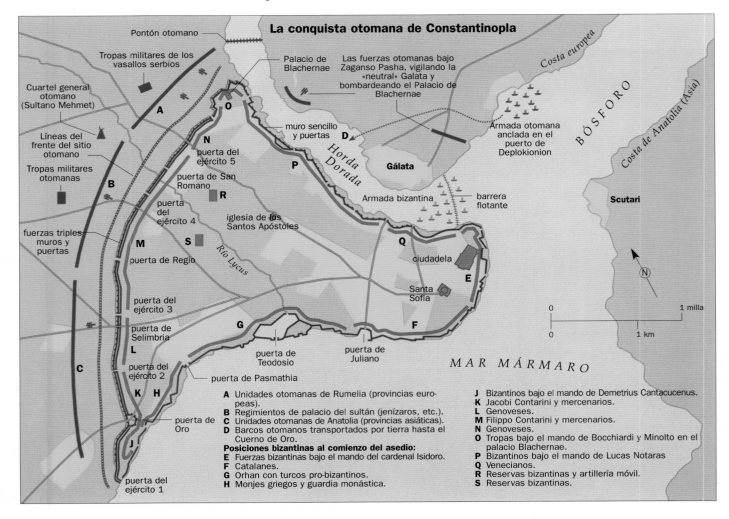

La conquista otomana de Constantinopla

Pontón otomano
Tropas militares de los vasallos serbios
Cuartel general otomano (Sultano Mehmet)
Líneas del frente del sitio otomano
Tropas militares otomanas
fuerzas triples muros y puertas
Palacio de Blachernae
Las fuerzas otomanas bajo Zaganso Pasha, vigilando la «neutral» Galata y bombardeando el Palacio de Blachernae
muro sencillo y puertas
puerta del ejército 5
puerta de San Romano
puerta del ejército 4
iglesia de los Santos Apóstoles
puerta de Regio
puerta del ejército 3
puerta de Selimbria
puerta de Teodosio
puerta de Pasmathia
puerta del ejército 2
puerta de Oro
puerta del ejército 1
puerta de Juliano

Costa europea
BÓSFORO
Costa de Anatolia (Asia)
Horda Dorada
Gálata
Armada otomana anclada en el puerto de Deplokionion
Armada bizantina
barrera flotante
Scutari
Río Lycus
ciudadela
Santa Sofía
MAR MÁRMARO

0 — 1 milla
0 — 1 km
N

A Unidades otomanas de Rumelia (provincias europeas).
B Regimientos de palacio del sultán (jenízaros, etc.).
C Unidades otomanas de Anatolia (provincias asiáticas).
D Barcos otomanos transportados por tierra hasta el Cuerno de Oro.
Posiciones bizantinas al comienzo del asedio:
E Fuerzas bizantinas bajo el mando del cardenal Isidoro.
F Catalanes.
G Orhan con turcos pro-bizantinos.
H Monjes griegos y guardia monástica.

J Bizantinos bajo el mando de Demetrius Cantacucenus.
K Jacobi Contarini y mercenarios.
L Genoveses.
M Filippo Contarini y mercenarios.
N Genoveses.
O Tropas bajo el mando de Bocchiardi y Minolto en el palacio Blachernae.
P Bizantinos bajo el mando de Lucas Notaras
Q Venecianos.
R Reservas bizantinas y artillería móvil.
S Reservas bizantinas.

Sultán y César

Las relaciones entre el Imperio Otomano y los kanatos islámicos turco-mongoles del sudeste de Rusia y de las estepas eran muy importantes. En algunos aspectos, reflejaban las habidas anteriormente entre el Imperio Romano-Bizantino y los estados paganos de las estepas en los comienzos de la Edad Media.

Derecha: Un hamam otomano de fines del siglo XIV o comienzos del siglo XV se alza cerca de la mezquita de Sinan Pachá, en Prizen, región autónoma de Kosovo, Yugoslavia.

Debajo: Una pintura mural de ca. 1500 del exterior del monasterio Moldavo de Voronets, Rumania, representa a unos tártaros de pie junto a unos turcos.

La conquista otomana de Constantinopla en 1453 y el posterior barrido de los restos del imperio bizantino transformaron también la situación económica, política y estratégica de los alrededores del mar Negro. El impacto sobre el propio imperio otomano fue también profundo. La *ghaza*, o lucha contra los estados cristianos vecinos, se centraba ahora en las propias acciones del sultán más que en las de los héroes fronterizos autónomos de épocas anteriores.

Sin embargo, como primera medida, Mehmet reconstruyó su nueva capital. Las fortificaciones fueron reparadas, y Constantinopla (conocida generalmente a partir de entonces como Estambul) fue repoblada con cristianos griegos, turcos musulmanes, y otros. Algu-nos acudían atraídos por exenciones tributarias, pero muchos otros fueron forzados a instalarse en la ciudad casi vacía. Ese rápido crecimiento provocó una escasez de alimentos, lo que a su vez ocasionó la conquista otomana de las regiones productoras de cereales del norte del mar Negro.

Mehmet quería hacer de Estambul un centro multiconfesional para todos los Pueblos del Libro: musulmanes, cristianos y judíos. Esa gran declaración imperial crearía una encrucijada donde podrían encontrarse y

entremezclarse las culturas del este y del oeste, de Europa y de Asia. Además, Mehmet se nombró a sí mismo nuevo César, heredero legítimo de los imperios Romano y Bizantino, con reclamaciones sobre zonas situadas mucho más allá de las fronteras otomanas. Aquello fue mayoritariamente aceptado, no sólo por los súbditos turcos y musulmanes, sino por sabios griegos como Jorge de Trebisonda, quien escribió a Mehmet en 1466: «Nadie duda que sois el emperador de los romanos. Quien sea el poseedor legal de la capital del imperio será emperador, y Constantinopla es la capital del Imperio Romano».

NUEVO EQUILIBRIO DE PODER

La conquista de Constantinopla interrumpió el comercio italiano a través de los Dardanelos y el Bósforo hacia Crimea, y pronto se produjo una migración continua que abandonaba las colonias genovesas del mar Negro. Muchos armenios emigraron a Ucrania o Polonia, algunos artesanos italianos se marcharon a lugares tan lejanos como Moscú, y en poco más de veinte años, las posesiones de Génova de más allá del Bósforo habían caído en poder de los otomanos.

Tras la caída de Constantinopla, otra sucesión de campañas confirmó la supremacía otomana en los Balcanes, aunque un enfrentamiento con Hungría les hizo sufrir un revés cerca de Belgrado. Valaquia fue sometida a la soberanía otomana, e incluso Moldavia fue tributaria en teoría del sultán a partir de 1456. Por otra parte, Stefan el Grande subió al trono de Moldavia al año siguiente, y pasó gran parte de su reinado luchando contra los otomanos por la vecina Valaquia.

La consolidación del dominio otomano había ya cortado el nexo de unión entre la Horda Dorada mongola y el sultanato mameluco de Egipto, teniendo un fuerte impacto sobre ambos. La Horda Dorada estaba en decadencia durante el siglo XV, habiendo sido ya derrotada y prácticamente absorbida por el Kanato de Crimea en 1502. Los propios Kanes Giray de Crimea descendían de Jochi, el hijo de Gengis Kan. Al principio fueron vasallos de la mucho mayor Horda de

Oro, pero a principios del siglo XV alcanzaron la independencia.

A partir de entonces, los kanes de Crimea gobernaron sobre una parte importante de lo que hoy es Ucrania y el sureste de Rusia, así como la propia península de Crimea. Su kanato resultó ser el más duradero de todos los estados que surgieron de la fragmentación del «imperio mundial» mongol.

El kanato de Crimea y el imperio otomano también se hicieron aliados naturales, primero contra la Horda Dorada, y después contra el poder emergente de Rusia. Sin embargo, fue una relación desequilibrada, siendo los sultanes otomanos con mucho la parte más fuerte. Consideraban a los kanes de Crimea sus vasallos, e impusieron la soberanía otomana directa sobre los enclaves costeros que habían pertenecido a bizantinos, a genoveses o venecianos.

Imperio otomano, 1449:
- Territorio otomano.
- Vasallo cristiano.
- Vasallo islámico.

Otros territorios, 1449:
- Islámico.
- Veneciano.
- Cristiano.
- Kanato islámico bajo soberanía de Moscú.
- Principales rutas comerciales.

Los otomanos, el mar Negro y las estepas, 1499.

Khanato de Sibir

MOSCOVIA

SUECIA

Khanato de Kazan

Kazan

Nizhniy Novgorod

Novgorod

Pskov

Khanato de Kazimov

MAR BÁLTICO

Caballeros teutónicos

Moscú

Ryazan

Saratov

HORDA DORADA

Khanato de Astrakhan

Sarai

Astracán

MAR CASPIO

LITUANIA

Kiev

Khanato de Crimea

Soberanos locales

Varsovia

Tana

Derbent

POLONIA

Jassy

Kefe

Estados Georgianos

SACRO IMPERIO ROMANO

Viena

Moldavia

MAR NEGRO

Trabzon

Buda Pest

HUNGRÍA

Walachia

Bucarest

Varna

Ankara

Dulkadir

Ramazan

Sofía

Edirne

Estambul

MAR ADRIÁTICO

Dubrovnik

Thessaloniki

NÁPOLES

(Genoveses)

MAMELUCOS

Cerdeña

Chipre (hacia Venecia)

Damasco

Sicilia

Creta (hacia Venecia)

Los otomanos vuelven hacia el este

Los cronistas europeos se centraron, como es natural, en las rápidas y persistentes conquistas otomanas en el sureste, el este, y el centro de Europa. Sin embargo, durante ese mismo período, otros ejércitos otomanos estaban avanzando hacia el este.

Derecha: Celda derviche en el convento de Mevlana, Konya, Turquía. La figura sentada es un maniquí.

Enfrente (Pág 175) arriba: La mezquita Ahi Evren de los derviches, que data de principios del siglo XVI, Kirsehir, Turquía.

En el este, los otomanos conquistaron zonas gobernadas por dinastías turcas rivales, y penetraron en territorios que habían sido islámicos desde el siglo VII o el VIII. Tras la aplastante derrota de Bayaceto I a manos de Tamerlán en 1405, el estado otomano utilizó sus provincias europeas como trampolín para reestablecer su autoridad en la mayor parte de Anatolia. Sin embargo, pasaron muchos años hasta que los sucesores de Bayaceto pudieron reconquistar sus provincias orientales.

Varios *beyliks* y emiratos turcos habían recuperado su independencia tras la invasión de Tamerlán. Entre ellos, el más poderoso, y el menos de fiar como aliado contra los europeos, era Karaman, en la zona centro y sur de Anatolia. La dinastía Oghullari de Karaman fue derrocada por los otomanos en 1475. Los Ramadan Oghullari de la vecina Cilicia se convirtieron en vasallos otomanos en 1516, mientras que los Dulkadir Oghullari de Maras y Malatya les siguieron cinco años después.

Ya desde los tiempos de los selyúcidas de Rum, Anatolia había sido la cuna de varios movimientos místicos islámicos o sectas *dervsih*. Algunas de ellas reflejaban creencias pre-

islámicas de los propios turcos, incluidas influencias chamánicas y budistas. Otras se debían más bien al misticismo islámico-persa, y varias incluían elementos del cristianismo bastante heterodoxo presente en la Anatolia bizantina antes de la conquista selyúcida.

El Islam chiíta también había sido bastante importante en la primera época de la Anatolia turca, sobre todo entre los *ghazi* o comunidades fronterizas con motivación religiosa. Incluso los propios soberanos otomanos, aunque proclamaban públicamente su ortodoxia sunita, sólo se hicieron musulmanes «convencionales» a fines del siglo XV. Esa ortodoxia se afianzó después de que los otomanos derrotaran a los sultanes mamelucos de Egipto y conquistaran el corazón de la civilización islámica en Oriente Medio.

AMPLIA COALICIÓN

Dos movimientos dervish o sufí desempeñarían un importante papel en la conversión de muchos pueblos balcánicos al Islam. Eran los Bektashia y los Melamia. Es difícil separar la verdad de la leyenda en lo que se refiere a los orígenes de los derviches Bektashi.

Tuvieron una estrecha relación con el cuerpo de elite de la infantería jenízara desde épocas muy tempranas, e incluso se les atribuía la

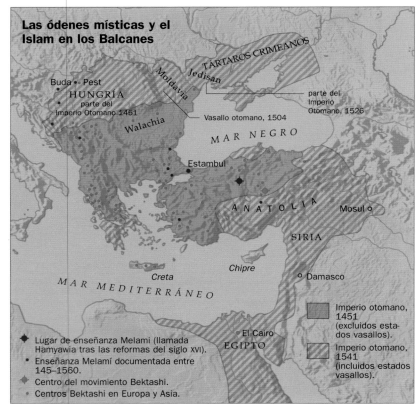

Las ódenes místicas y el Islam en los Balcanes

HUNGRÍA
parte del
Imperio Otomano 1451
Buda • Pest
Moldavia
Jedisan
TÁRTAROS CRIMEANOS
Walachia
Vasallo otomano, 1504
parte del
Imperio
Otomano, 1526
MAR NEGRO
Estambul
ANATOLIA
Mosul
SIRIA
Chipre
Creta
Damasco
MAR MEDITERRÁNEO
El Cairo
EGIPTO

Imperio otomano, 1451 (excluidos estados vasallos).

Imperio otomano, 1541 (incluidos estados vasallos).

• Lugar de enseñanza Melami (llamada Hamyawia tras las reformas del siglo XVI).
• Enseñanza Melamí documentada entre 145–1560.
• Centro del movimiento Bektashi.
• Centros Bektashi en Europa y Asia.

autoría del sombrero blanco de fieltro distintivo de los jenízaros. Los sombreros habían sido una forma de identificación religiosa durante muchos años. Los sombreros rojos que llevaban la mayoría de las primeras tropas otomanas, incluidas las más antiguas y elitistas de los Silahdars, habían sido llevados por sectas revolucionarias chiítas en décadas anteriores.

Con los primeros registros históricos fiables situando su origen en la Anatolia del siglo XIII, los Bektashis eran considerados heréticos por la mayoría de los musulmanes sunitas ortodoxos. Sin embargo, alcanzaron gran predicamento entre las poblaciones recién convertidas, ex-cristianas, y a menudo sólo superficialmente islámicas, tanto de Anatolia como de los Balcanes. La influencia cristiana se observa con claridad en la distribución ceremonial de pan, queso y vino que se realizaba cuando un nuevo miembro era aceptado en la orden. El movimiento Bektashi desarrolló también una notable tradición de poesía lírica.

El centro original del movimiento Melami estuvo, al igual que el de los Bektashis, en Anatolia central, pero tenían *tekkes* o lugares de encuentro en Üsküdar, en la orilla oriental del Bósforo, frente a Estambul, así como en otras ciudades importantes. El rechazo a estar constreñido por las formas externas de la religión era una característica del movimiento Melami, y eso les hizo tener problemas con las autoridades. Quizás por eso, otros centros Melami importantes estaban

cerca de las fronteras del imperio, en Albania, Bosnia, y en Budapest durante el período de tiempo de soberanía otomana sobre Hungría. En siglos posteriores, sufrieron persecuciones y, al igual que los Beltashis, los Melami fueron finalmente disueltos.

Debajo: La sala de oraciones del convento de derviches Bektashi del siglo XIII de Haçi Bektash, Turquía.

CAPÍTULO DOCE

Ocaso en el oeste

Expulsados por la Reconquista

El Emirato de Granada, siglos XIII-XV

Guadalquivir

REINO DE CASTILLA

Guadajoz

Genil

frontera aproximativa al final del siglo XIII

Guadiana

Guadiana Menor

Sevilla

Écija

Córdoba

Jaén

Úbeda
Baeza

Huéscar

Baza

Alcalá La Real

Guadix

Granada

Morón

Loja

EMIRATO DE GRANADA
vasallo del Reino de Castilla

Antequera

Ronda

Málaga

Almuñécar

Almería

Cádiz

Fuengirola

Fronteras del emirato de Granada en:

Finales del siglo XIII.

ca.1480.

⊔ Principales fortificaciones.

Algeciras
Gibraltar

El siglo XIII fue una época de catástrofes para el Islam ibérico. El poder almohade se hundió, para ser sustituido por una tercera época de taifas, cuyos soberanos se demostraron incapaces de detener el avance cristiano. Hacia finales de ese siglo, de todos los estados islámicos sólo quedaba Granada, pero incluso este pequeño emirato sólo lograba sobrevivir pagando un tributo al rey de Castilla, su inmensamente más poderoso vecino español.

Al-Andalus había demostrado ser rica y culta, pero militarmente débil, mientras que su aristocracia prefería el dominio español o portugués al de los almohades. En términos de organización social, el nuevo sistema de clanes no era tan débil como los antiguos lazos tribales. Además, los miembros de esos clanes estaban desperdigados por todo el país, en lugar de dominar una zona concreta. También la riqueza estaba empezando a proporcionar un estatus mayor que el linaje familiar, al tiempo que la sociedad islámica-andalusí se fracturaba en clases sociales enfrentadas.

No obstante, la dinastía de los Nazaríes, que conservó Granada y gobernó ese territorio hasta 1492, descendía de una importante familia de guerreros de frontera. Al principio, los soberanos nazaríes mantuvieron su posición aceptando la soberanía de Castilla y accediendo a suministrar tropas en apoyo de sus señores castellanos, pero mientras que los nazaríes reafirmaron posteriormente su independencia, otros indefinidos seudo estados islámicos, como el Reino de Murcia, no lo hicieron, y fueron pronto absorbidos.

A pesar de ser un estado declaradamente islámico, el Emirato Nazarí de Granada cada vez se iba pareciendo más, en muchos aspectos, a sus vecinos cristianos españoles, y en consecuencia, tenía menos en común con sus correligionarios musulmanes del norte de África. En el ámbito popular, había una importante fusión de las identidades musulmana y cristiana a ambos lados de la frontera. Hubo también largos períodos de relativa calma, que originaron un respeto mutuo, e incluso comprensión, entre las elites militares de los dos bandos.

Esto fue reforzado por la frecuente participación de tropas aliadas de Granada en diversas guerras entre los reyes cristianos. Era cosa habitual que los soldados cruzasen las fronteras y cambiasen de bando, incluso más de una vez, y se forjaban alianzas extraoficiales entre clanes fronterizos supuestamente enfrenta-

dos. Las elites aristocráticas islámicas y cristianas participaban las unas en las festividades de las otras, sobre todo en las que marcaban la mitad del verano, cuando ambas se distraían con una forma particular de torneos a caballo utilizando lanzas de bambú.

LEALTADES DIVIDIDAS

Sin embargo, en otro sentido Granada desarrolló una mentalidad de asedio que hizo que la guerra por motivos religiosos gozara de la simpatía de ciertos sectores de la población, y favoreció la presencia de voluntarios del norte de África. Sin embargo, las mentalidades seguían siendo complejas, siendo a menudo los ghazi norteafricanos muy impopulares, mientras que a escala gubernamental, algunos soberanos de Granada mantenían relaciones más estrechas con la Castilla cristiana que con el Marruecos islámico

Con todo, había una división religiosa fundamental entre los estados cristianos e islámicos, y en segundo lugar, Granada seguía dependiendo grandemente de los soberanos del norte de África para conseguir el trigo con el que alimentar a su numerosa población.

Todas las fuentes confirman la estricta disciplina, las frecuentes revistas de tropas, y las inspecciones regulares de las fortificaciones que caracterizaban al ejército de Granada. En esas revistas, los mejores soldados eran recompensados, mientras que los peores veían reducida su paga. Las principales bases militares eran Granada, Málaga, Guadix y Ronda. Numerosas bases más pequeñas se extendían por las fronteras y la costa. Los voluntarios del norte de África tenían su cuartel general en el castillo costero de Fuengirola.

Además de por su estricta disciplina, los soldados de Granada eran famosos por su sobriedad, su frugalidad y su resistencia física. En campaña, su moral era reforzada por figuras religiosas, tanto ortodoxas como no, y por un prestigioso cuerpo de guías locales, médicos, reparadores de armaduras, y oradores o poetas que subían la moral.

En términos estratégicos, la guerra de Granada estaba condicionada por los pasos que atravesaban la cordillera de montañas circundante. Los asaltos solían tener objetivos económicos, como huertos o

molinos, y ambos bandos desarrollaron refinados sistemas de alerta. En Granada, si se informaba de un asalto enemigo, tropas ligeras locales intentaban obstaculizar el avance del adversario mientras los campesinos se refugiaban en las fortificaciones. Se hacían emboscadas contra el enemigo, y si resultaba necesaria una resistencia más decidida, la infantería granadina utilizaba los accidentes naturales, los huertos, o las acequias de riego para tratar de entorpecer los desplazamientos de la caballería con armaduras del enemigo.

En 1394, uno de esos asaltos comandado por el Maestre de la Orden de Calatrava fue detectado por esas fuerzas de frontera de Granada, que utilizaban arcos, hondas, jabalinas y pistolas. La inclusión de armas de fuego demuestra claramente que Granada intentaba mantenerse al día en los últimos avances tecnológicos.

Arriba: Detalle de un fresco de principios del siglo XIV que representa a unos hombres del ejército de Granada en marcha. La pintura está en la Torre de las Damas de la Alhambra, Granada.

Debajo: Interior del baño público de Ronda, siglos XII-XV.

Súbditos del rey cristiano

La mayoría de las elites dirigentes y militares de al-Andalus se retiraron a Granada o al norte de África tras el hundimiento del poder político islámico-andalusí del siglo XIII. Las comunidades que se quedaron fueron conocidas como los mudéjares.

Derecha: Esta torre de iglesia de estilo mudéjar de Terrer, España, puede que haya sido un minarete reutilizado de la mezquita anterior. El gran minarete/campanario de la catedral de Sevilla es un ejemplo destacable de reutilización cristiana.

Enfrente abajo (pág. 179): Un techo de madera decorada de estilo mudéjar del monasterio de Santa Clara, anteriormente palacio de Tordesillas.

Los mudéjares musulmanes que permanecieron en la península Ibérica, eran famosos por ser industriosos y respetuosos de la ley. Además, algunos eran conocidos por su destreza en importantes artesanías o industrias, que iban desde la cerámica a los productos textiles de seda. En el campo andalusí, sus parientes más humildes seguían siendo los campesinos más trabajadores.

Parte de la elite cultural se quedó, junto con una proporción importante de la población islámica corriente, y hubo claramente una mayor continuidad en el campo que en las ciudades. Por otra parte, una población urbana árabe-parlante permaneció en los suburbios que rodeaban varias grandes ciudades. Otros fueron confinados en guetos por sus nuevos soberanos cristianos. Desde el punto de vista de esos reyes cristianos, las comunidades islámicas eran una valiosa propiedad, y en muchos casos se les describía como «tesoros reales».

El arte y la arquitectura mudéjar era una ramificación muy creativa, o más bien una continuación, de las tradiciones islámico-andalusíes que florecieron dentro de los reinos grandemente ampliados de Aragón, Navarra, Castilla y Portugal. Permaneció esencialmente fiel a los ideales estéticos del Islam occidental, con formas simples combinadas con una abundante decoración de superficies. Esto puede verse en la obra decorativa a base de ladrillo, estuco, madera tallada, marquetería recamada, tejas y mosaicos de cerámica que adorna los palacios de los siglos XIV y XV construidos en estilo mudéjar. Éstos estaban a su vez hechos en gran parte por artesanos mudéjares para sus soberanos cristianos.

FUSIÓN DE CULTURAS

Sin embargo, al mismo tiempo las influencias medievales cristianas o góticas ibéricas penetraban inevitablemente en muchos aspectos del

El Alcázar de Sevilla, siglo XIII; ampliamente reconstruido en 1364

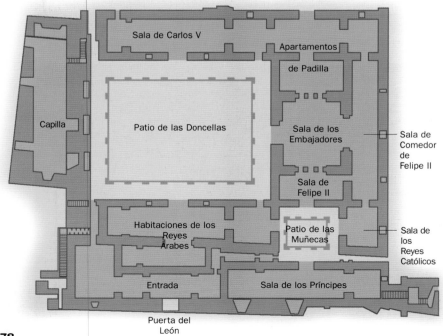

Sala de Carlos V

Apartamentos de Padilla

Capilla

Patio de las Doncellas

Sala de los Embajadores

Sala de Comedor de Felipe II

Sala de Felipe II

Habitaciones de los Reyes Árabes

Patio de las Muñecas

Sala de los Reyes Católicos

Entrada

Sala de los Príncipes

Puerta del León

arte y la arquitectura mudéjar, como las imágenes de caballeros europeos con armadura y la heráldica típica de la Alta Edad Media incorporada en la por otra parte típicamente «morisca» decoración del Palacio de Tordesillas. Llamado en la actualidad Monasterio de Santa Clara, fue construido para el rey Alfonso XI hacia 1350, y contiene incluso un típico *hamam* islámico, o casa de baños comunal.

El ejemplo más famoso de arquitectura mudéjar de España es, sin embargo, el Alcázar de Sevilla. El primer Alcázar fue construido durante el período almohade, pero queda poco de él. No obstante, las partes mudéjares del Alcázar de alguna forma no consiguen crear esa sensación de calma y serenidad esencial en la arquitectura verdaderamente islámica. Por el contrario, el palacio denota aún la presuntuosa agresividad de la civilización europea occidental, a pesar de su abundante decoración geométrica y de arabescos, y de sus delicadas inscripciones árabes.

Como minorías islámicas y «tesoros» de los soberanos gobernantes, las comunidades mudéjares dependían completamente de aquellos reyes para su supervivencia cultural, e incluso quizá, física. Esa es probablemente la razón de que varios de ellos desempeñaran un importante papel militar, sobre todo en el campo técnico. Algunos hombres que habían estado el servicio de reyes cristianos al principio de sus carreras, aparecían posteriormente al servicio de los soberanos de Granada o de otras dinastías islámicas del norte de África.

También hay pruebas de que algunas familias islámicas andalusíes tenían ramificaciones a ambos lados de la frontera religiosa de España. Por ejemplo, el escritor y experto militar más famoso de la Granada del siglo XIV se llamaba Ibn Hudhayl, mientras que una familia llamada también Hudhayl proporcionó a Navarra un Maestro de Ballesteros y un Maestro de la Artillería Real de los castillos navarros aproximadamente hacia la misma época. Ese maestro de la Artillería Real tuvo que ver, de hecho, con las primeras veces que se utilizó artillería en Navarra.

En el Marruecos del siglo XIV y comienzos del XV, la unidad más elitista de la guardia personal del sultán meriní era al parecer un

pequeño regimiento de refugiados andalusíes, algunos de los cuales habían pasado parte de su vida bajo soberanía cristiana en España. Uno de esos hombres fue Alí al-Ishbili, o «Alí de Sevilla», ingeniero y especialista en asedios militares.

Arriba: El patio del Alcázar de Sevilla es un notable ejemplo de arquitectura y ornamentación mudéjar.

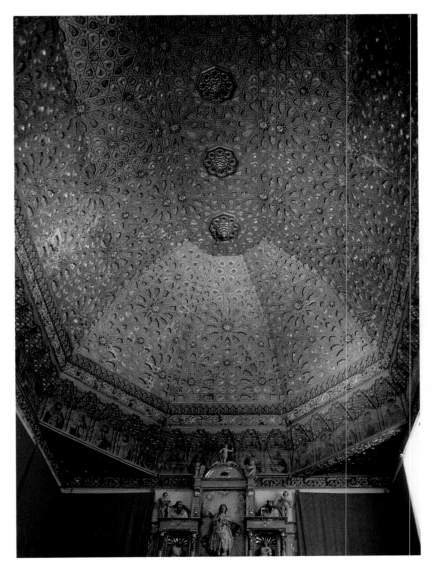

La ciudad amurallada de Fez

Fez, en Marruecos, es una de las ciudades tradicionales mejor conservadas del mundo musulmán, dividida de manera única en una mitad económica/religiosa, y otra ciudad comercial más antigua. Los modos de vida y las formas de comercio tradicionales se siguen desarrollando allí hoy en día.

Debajo: La Ciudad Vieja de Fez en Marruecos se extiende por un valle situado entre sus murallas, como se aprecia desde las tumbas reales meriníes.

A finales del período medieval, la nueva dinastía reinante meriní (1217-1465) hizo de Fez su capital, y en 1276 construyó una ciudad totalmente nueva, Fez al-Jadid o «La Nueva», junto a la ciudad vieja de Fez al-Bali. Cuando las murallas fortificadas de rodeaban Fez al-Jadid estuvieron completadas, el sultán meriní Yaqub Abu Yusuf ordenó que se construyese una gran mezquita en el interior. Ésta sería la mayor mezquita congregacional de la nueva ciudad.

El coste de su construcción se financió con los ingresos de las prensas de aceite de Meknés, otra gran ciudad marroquí. Esas prensas de aceite eran de propiedad *waaf*. Eso quería decir que habían sido donadas por sus dueños originales, fueran individuos privados o un sultán reinante, para que fueran administradas por un departamento gubernamental que había en todos los estados islámicos. Los ingresos de las propiedades *waaf*, ya fueran rentas de casas, beneficios de prensas de aceite, o bienes económicos similares, se reservaban para fines caritativos. Éstos iban desde la construcción o mantenimiento de edificios religiosos, hasta la educación de los niños o la ayuda a los necesitados.

En Fez al-Jadid se construyó un recinto especial en la nueva mezquita en 1280-1 para ocultar al soberano de la vista de la gente corriente durante las oraciones. Al mismo tiempo, nuevas calles comerciales se extendían desde una puerta de la ciudad hasta otra. Asimismo, se construyó un gran *hamam* o baño público. Finalmente, el sultán meriní ordenó que todos sus ministros y altos cargos se construyeran sus casas dentro de las murallas de la nueva ciudad.

Todo el proceso fue una obra de urbanismo cuidadosamente regulada, controlada casi completamente por el gobierno. Fue también documentada con cierto detalle, de manera que al anónimo autor de una obra llamada *Dajirat al-Saniya* pudo escribir toda la historia una generación más tarde.

DISTRITOS Y PROFESIONES

Hacia finales de la Edad Media, cada grupo de artesanos de la ciudad vieja, Fez al-Bali, se concentraba en una zona específica. Su localización generalmente dependía de dos factores.

El primero era una cuestión de prestigio, y los oficios de alto rango, como los abogados, los libreros y los fabricantes de papel (cuyos servicios necesitaban los dos anteriores) estaban cerca de la mezquita. Según escribía a mediados del siglo XIII Leo Africanus, un norteafricano que se convirtió del Islam al cristianismo, había 80 oficinas de abogados entre las que estaban junto al muro de la mezquita principal y las que estaban enfrente. Treinta librerías estaban situadas un poco más al oeste.

El segundo factor que influyó en la distribución de las distintas profesiones en Fez, como en otras ciudades islámicas, fue el acceso al agua, y la cantidad de contaminación que cada oficio tendía a producir. Por ejemplo, los ruidosos mercaderes del cobre y el latón no estaban lejos de la mezquita principal, mientras que los comerciantes de frutas se encontraban fuera de su puerta occidental. Por el contrario, los malolientes tintoreros y molineros estaban más abajo de la corriente de agua que circulaba a través de Fez al-Bali, mientras que los carniceros estaban en el límite mismo de la ciudad, donde la corriente de agua, ahora ya contaminada, salía de la ciudad.

Otro aspecto muy tradicional de la vida urbana islámica medieval era el papel de los ciudadanos en la defensa de sus fortificaciones. Eso era tan cierto en Fez como en la mayoría de las demás ciudades árabe-islámicas. A principios del siglo XIV el cronista marroquí Ibn Abi Zar describía los desfiles militares que dichas milicias urbanas realizaban: «Los hombres de cada *souk* (mercado) salen en direcciones concretas, cada uno con un gran arco, y vistiendo sus mejores ropas. Cada mercado tiene una

bandera con su propio signo distintivo y con un diseño que se corresponde con cada oficio. Muy de mañana, cuando el sultán sale, esos hombres forman en filas y marchan ante él, hasta que se retira a hacer sus oraciones. Cuando regresa, los hombres de los mercados retornan a sus casas».

Las semejanzas entre estas milicias urbanas integradas por artesanos y las milicias medievales italianas formadas por gremios es notable, y demuestra que hubo algún intercambio cultural entre ellas.

Arriba: Tinajas para teñir las pieles en la Ciudad Vieja de Fez. El sultán meriní asignaba a cada oficio su propio sector dentro de la ciudad.

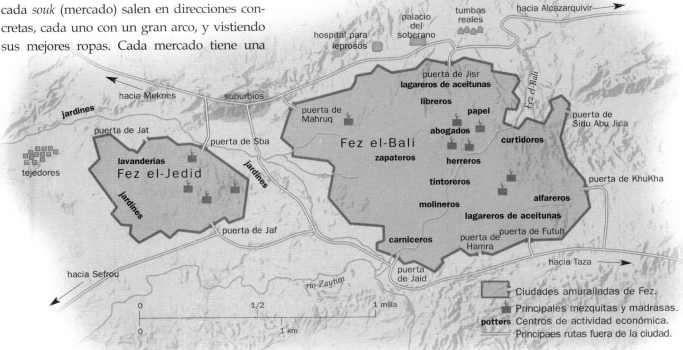

Fez en los siglos XIV-XV

hospital para leprosos
palacio del soberano
tumbas reales
hacia Alcazarquivir

hacia Meknes
suburbios
puerta de Jisr
lagareros de aceitunas
Fez el-Bali
puerta de Sidu Abu Jida

jardines
puerta de Jat
puerta de Sba
puerta de Mahruq
libreros
papel
abogados
curtidores

tejedores
lavanderías
Fez el-Jedid
jardines
Fez el-Bali
zapateros
herreros
tintoreros
alfareros
puerta de KhuKha

jardines
molineros
lagareros de aceitunas
puerta de Futuh

puerta de Jaf
carniceros
puerta de Hamra
hacia Taza

hacia Sefroú
puerta de Jaid
río Zayhm

0   1/2   1 milla
0   1 km

Ciudades amuralladas de Fez.
Principales mezquitas y madrasas.
potters Centros de actividad económica.
Principaes rutas fuera de la ciudad.

El Islam a la defensiva

Los acontecimientos en el norte de África tomaron un rumbo diferente al de la península Ibérica. La caída de los almohades fue seguida de un notable incremento de los asentamientos árabes en Marruecos, mientras el norte del país sufría otro proceso de fragmentación.

La dinastía meriní, que gobernó la mayor parte de Marruecos después de los almohades, nunca fue tan poderosa como sus predecesores. Más al este, la isla tunecina de Yerba fue ocupada por los sicilianos desde 1284 hasta 1335, y el puerto de Sabta (Ceuta) cayó ante un ataque sorpresa de los portugueses en 1415. Entonces, los meriníes fueron incapaces de impedir que los portugueses ocupasen otras partes del norte de Marruecos.

Sin embargo, los ataques cristianos provocaron el desarrollo de movimientos religiosos parecidos a los almorávides de los siglos XI y XII, cuyo propósito inicial era rescatar cautivos. Luego se convirtieron en centros locales de resistencia. Ese proceso estaba también asociado a un resurgimiento del misticismo sufí que condujo a la veneración de santos locales llamados *marabuts*, y a la construcción de *zawia*, o centros religiosos, que sirvieron asimismo como focos de resistencia al asalto de los cristianos.

Debajo: Minarete y muros de la ciudad-fortaleza abandonada de Mansura, Argelia, de 1303-6.

Durante la segunda mitad del siglo XV, los wattasíes derrocaron a los últimos meriníes, pero nunca fueron tan ampliamente aceptados. Los jefes religiosos locales dominaban el extremo norte y el sur profundo de Marruecos. Los del norte afirmaban ser descendientes de los idrisíes, la primera dinastía islámica independiente de Marruecos, mientras los del sur unían sus fuerzas para convertirse en la dinastía de los sadíes, quienes finalmente derrocaron al último y débil soberano wattasí en 1549.

FRENANDO LA EXPANSIÓN CRISTIANA

Para entonces, había habido un flujo constante de refugiados andalusíes desde Granada hacia Marruecos, reforzando grandemente la capacidad del norte para derrotar posteriores invasiones cristianas. Los andalusíes que se establecieron en Marruecos a finales del siglo XIII y principios del XIV conservaron su identidad, y se vieron reforzados por esas oleadas posteriores de refugiados. Siguieron gozando de una posición privilegiada, libres de las lealtades provinciales que dividían a las tribus autóctonas marroquíes.

Mientras los meriníes dominaban Marruecos, los hafsíes controlaban Túnez y gran parte de lo que hoy es Argelia. Habían empezado siendo un fragmento separado del estado almohade cuando éste se resquebrajó. Los hafsíes siguieron manteniendo las tradiciones almohades durante toda su historia.

No obstante, el poder de varias tribus bereberes de lo que hoy son Libia, Túnez y Argelia había sido gravemente socavado por la llegada de las tribus árabes Banu Hilal y Banu Sulaym en el siglo XI. Las tribus árabes del norte de África solían ser también bastante turbulentas y difíciles de gobernar.

Entre los hafsíes de Túnez y los meriníes de Marruecos se extendía el territorio de una tercera dinastía, los ziyaníes, basado en la ciudad de Tlemsen. A causa de su vulnerable posición, los ziyaníes mantenían una alianza con los reyes cristianos de Aragón, en España, pues ambos temían a los meriníes.

Las ballestas fueron haciéndose cada vez más comunes en el Marruecos de fines de la

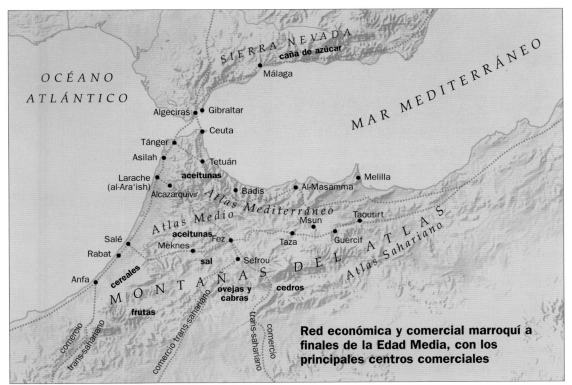

Red económica y comercial marroquí a finales de la Edad Media, con los principales centros comerciales

Edad Media, y la mayoría de los fabricantes de ballestas de Fez en el siglo XV eran de origen andalusí. Eran también famosos por la manufactura de espadas y hachas. Leo Africanus, en su detallada descripción de Fez, afirma que los artesanos que fabricaban fundas de cuero trabajaban en una zona cerca de los que hacían arneses para los caballos, mientras que los artesanos que fabricaban otras armas estaban cerca de la zona de los carniceros.

El siglo XIII fue testigo de un declive del poderío naval norteafricano, aunque posteriormente se produjo un pequeño resurgimiento como respuesta a la piratería cristiana. La fabricación de barcos debió también disminuir, pues en el siglo XIV Marruecos adquiría naves en lugares tan distantes como Egipto. Los hafsíes de Túnez estaban en una posición ligeramente mejor, pues tenían acceso a los bosques del este de Argelia.

Desde fines del siglo XIV, las fuerzas navales hafsíes se volvieron más agresivas, atacando las bases piratas de Sicilia, Malta, y otros lugares. Algunos de aquellos asaltos contaban con el apoyo oficial.

En 1428, un observador portugués facilitaba una interesante descripción de esos navíos hafsíes. La mayoría eran galeras con 25-30 bancos de remos, aunque los soberanos hafsíes tenían también siete «galeones» capaces de transportar un centenar de caballos. Se dice que eran mayores que los «galeones» venecianos. Desgraciadamente, su aparejo no se describe, aunque otras pruebas sugieren que las tradicionales velas triangulares latinas perdieron importancia desde finales del siglo XIII, siendo progresivamente sustituidas por las velas cuadradas, más apropiadas para barcos más grandes.

Debajo: La torre de la fortaleza de Xauen, en Marruecos, se alza sobre la plaza del mercado, recortándose contra las montañas del Atlas.

El crepúsculo dorado

La dinastía Nazarí o Banu'l-Ahmar gobernó en el último bastión de la civilización islámica en la península Ibérica desde 1232 hasta 1492. Se dedicaban tanto a la cultura y al bienestar de su pueblo como a la defensa de sus fronteras.

Derecha: Una sección de un muro exterior fortificado de la Alhambra, visto desde la Torre del Peinador.

El Emirato Nazarí de Granada, a pesar de su vulnerable posición y de la superpoblación provocada por el flujo masivo de inmigrantes procedentes de las regiones conquistadas, prosperó bastante en los siglos XIV y XV. El orden público parece también haber sido mucho mejor que el que había en la parte cristiana de la frontera, y la justicia era administrada estrictamente, incluso con severidad. Los pobres y los débiles se beneficiaban en general de ese sistema, mientras

Arriba: La luz dorada del crepúsculo ilumina el palacio de la Alhambra contra un fondo de cumbres de Sierra Nevada.

que la turbulenta aristocracia árabe-islámica tuvo una existencia menos estable.

El gobierno de Granada estableció hogares para los ciegos, los enfermos y los ancianos, y había varias clases de hospitales, de acuerdo con los problemas mentales o físicos de los pacientes. Al parecer, el emir gobernante visitaba regularmente dichos establecimientos para comprobar su eficiencia, siendo sus visitas de incógnito y sin ninguna ceremonia. Los cronistas hablan también de que varios soberanos nazaríes eran grandes entusiastas de la educación, creando numerosos centros de enseñanza donde se aprendían una gran variedad de asignaturas.

Otro campo importante de las obras públicas, cuyos resultados aún pueden verse en Granada y en otras ciudades que formaron parte del Emirato Nazarí, fue el suministro de agua limpia y potable. Por supuesto, eso entraba plenamente en la antigua tradición islámica y andalusí. Fuentes, baños públicos, acueductos y pequeños canales salpicaban la ciudad y el campo, sobre todo en el área densamente cultivada con huertos y sembrados que rodeaba a todas las ciudades andalusíes. Eso mantenía la añeja fertilidad de los valles, y producía abundantes cosechas.

Sin embargo, en gran parte de la mejor tierra de cultivo se plantaban moreras, que producían alimento para los gusanos de seda, los que a su vez aportaban una gran riqueza a Granada. El emirato no parece haber sido nunca o casi nunca autosuficiente en la producción de alimentos, sobre todo de cereales para pan. Grandes barcos traían los suministros vitales desde los estados islámicos del norte de África. Pero cuando el poderío naval nazarí decayó, y los musulmanes perdieron el control de los mares entre la costa

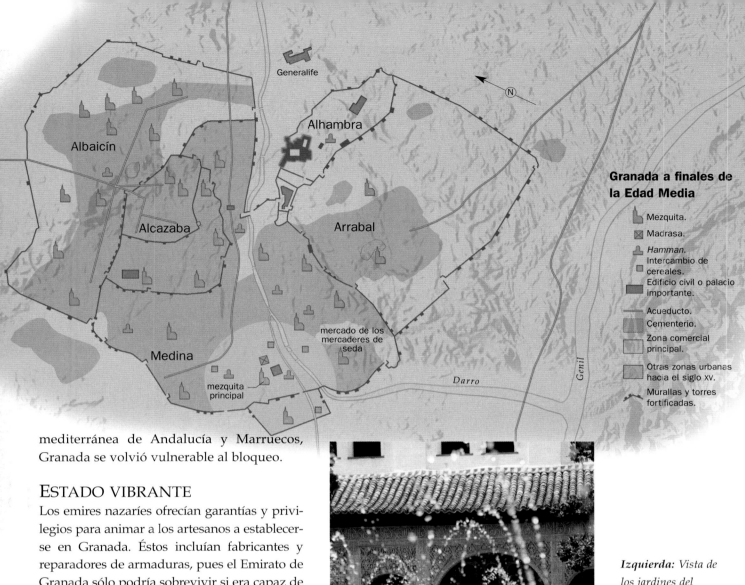

Generalife

Alhambra

Albaicín

Alcazaba

Arrabal

Medina

mercado de los mercaderes de seda

mezquita principal

Darro

Genil

Granada a finales de la Edad Media

Mezquita.

Madrasa.

Hamman.

Intercambio de cereales.

Edificio civil o palacio importante.

Acueducto.

Cementerio.

Zona comercial principal.

Otras zonas urbanas hacia el siglo XV.

Murallas y torres fortificadas.

mediterránea de Andalucía y Marruecos, Granada se volvió vulnerable al bloqueo.

ESTADO VIBRANTE

Los emires nazaríes ofrecían garantías y privilegios para animar a los artesanos a establecerse en Granada. Éstos incluían fabricantes y reparadores de armaduras, pues el Emirato de Granada sólo podría sobrevivir si era capaz de defenderse contra los reinos cristianos españoles. Fuera de las principales ciudades, se fomentaba la cría y doma de caballos por la misma razón. Mientras la producción de textiles se convertía en la principal exportación de Granada, la extracción de oro, plata y otros metales se extendió por las montañas.

A mediados del siglo XIII, empezaron las obras de ampliación, reforzamiento y embellecimiento de la ciudadela de Granada, que se convertiría en el asombroso palacio de la Alhambra. Allí, dentro de una poderosa fortaleza, la tradicional afición islámica y andalusí por los jardines produjo un oasis de tranquilidad, que sigue asombrando a los visitantes actuales pese a los cambios que ha sufrido a lo largo de los siglos posteriores.

La Alhambra contaba con zonas residenciales, mezquitas, baños, y salas de audiencias. Su decoración es a base de estuco y mosaicos de azulejos, aunque incluye también pinturas en paredes y techos. Las primeras parecen haber sido creadas por artistas influenciados por el arte gótico europeo, mientras que las segundas

Izquierda: Vista de los jardines del Generalife, Granada.

entran plenamente dentro de la tradición artística islámica que se remonta al período Abasí, e incluso al Omeya. Palacios similares se construyeron en otros lugares, incluido Málaga, pero prácticamente ninguno ha sobrevivido. Por el contrario, los maravillosos jardines del Generalife, situados sobre una colina que domina la Alhambra, todavía existen. Fueron plantados a principios del siglo XIV, y consisten en una serie de pabellones y jardines alimentados por corrientes de agua que descienden por la colina.

La caída de Granada

En 1492, la ciudad de Granada cayó ante los ejércitos unidos de la reina Isabel de Castilla y del rey Fernando de Aragón. Aquello marcó el final de una campaña de nueve años, que fue a su vez la culminación de un proceso de conquistas cristianas que ha pasado a la historia, de forma un tanto equívoca, como la Reconquista.

La campaña de Granada no fue totalmente unilateral, a pesar de la superioridad de los ejércitos cristianos. También fue interrumpida por guerras civiles en el bando islámico, las cuales provocaron una debilidad política que Fernando e Isabel supieron aprovechar.

En 1479, los reinos cristianos rivales de Castilla y Aragón se unieron bajo la soberanía de Isabel y Fernando, quienes se habían casado diez años antes, cuando ninguno de los dos había ocupado aún el trono. En 1481, el ejército de Granada tomó la ciudad fronteriza de Zahara en represalia por una sucesión de asaltos castellanos. Luego hubo otros ataques y contraataques fallidos, siendo los castellanos derrotados en las afueras de Loja. Entonces, un golpe de estado palaciego en Granada reemplazó al emir Alí Abu'l-Hassan por su hijo Mohamed XII. Éste a su vez fue capturado por los castellanos tras un fallido ataque de los granadinos y Alí Abu'l-Hasan

fue repuesto en el trono, pero los castellanos liberaron a su hijo con la esperanza de dividir la lealtad de los granadinos.

La combinación de maniobras militares y políticas fue una característica típica de la guerra de Granada. Aunque la gente de Granada luchó con fiereza, hacia 1485 la mayor parte del emirato había caído en poder de los españoles. En 1487, cayó Málaga, seguida dos meses más tarde por la mitad oriental del estado. El Emirato Islámico de Granada quedó entonces reducido a la propia ciudad de Granada más algunos territorios de alrededor, la abrupta sierra de las Alpujarras al sur, y una pequeña franja costera que carecía de puertos importantes.

El último capítulo de la historia del último estado islámico independiente de la península Ibérica fue heroico, pero también trágico. El invierno de 1490-91 fue tranquilo, mientras Fernando e Isabel preparaban el asalto final.

RESISTENCIA FINAL

Las protestas del sultán mameluco de Egipto, que comparaba el buen trato recibido por sus súbditos cristianos con la persecución que sufrían los musulmanes en España, no fueron escuchadas. Sin embargo, el sultán no se sentía capaz de hacer nada más, pues los mamelucos

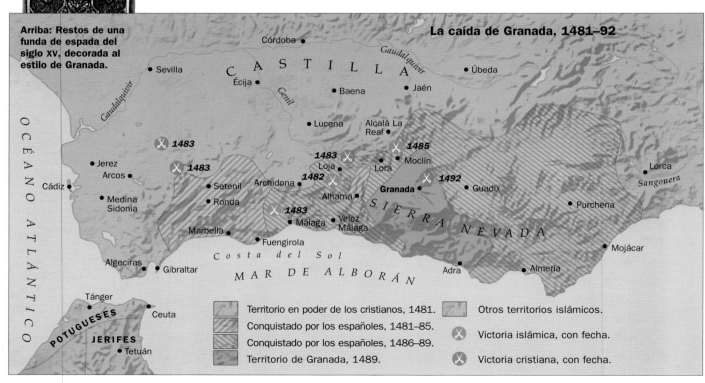

Arriba: Restos de una funda de espada del siglo XV, decorada al estilo de Granada.

La caída de Granada, 1481–92

Territorio en poder de los cristianos, 1481.	Otros territorios islámicos.
Conquistado por los españoles, 1481–85.	Victoria islámica, con fecha.
Conquistado por los españoles, 1486–89.	Victoria cristiana, con fecha.
Territorio de Granada, 1489.	

habían pedido recientemente apoyo naval a los españoles contra los turcos otomanos. Los otomanos estaban ocupados en sus propias campañas en los Balcanes. El llamamiento final de Mohamed al soberano watasí de Fez no obtuvo respuesta, y el soberano de Tlemsén, en el oeste de Argelia, había abandonado ya Granada a cambio de relaciones comerciales con España.

En abril de 1491, un enorme ejército español entró en lo que quedaba de territorio granadino y estableció un campamento al sur de la ciudad. Lo que vino a continuación fue una gran batalla, marcada por momentos de mayor actividad y por una sucesión de duelos individuales entre los caballeros de ambos bandos. Éstos fueron perdidos tantas veces por los caballeros cristianos, que Fernando prohibió a sus nobles que aceptaran ningún desafío más.

Los mayores enfrentamientos llegaron en junio de 1491, cuando Isabel pidió ver el famoso palacio de la Alhambra, aunque fuera desde lejos. Fernando y una gran fuerza la escoltaron hasta el pueblo de La Zubia, que tenía una buena vista, pero el ver tantas banderolas cristianas provocó que los granadinos hicieran una importante salida, remolcando incluso unos cuantos cañones. Sin embargo, esta vez los musulmanes fueron derrotados.

Una vez que los españoles hubieron construido una ciudad permanente llamada Santa Fe para utilizarla como campamento, la suerte de Granada estaba echada. Además, la popularidad de Mohamed XII en Granada había descendido mucho, sobre todo después de que el pueblo se enterase de sus supuestas negociaciones secretas de rendición con el enemigo. El temor a un alzamiento del pueblo de Granada a favor de la resistencia provocó el adelanto de la fecha de la rendición.

Según la leyenda, unos de los mayores héroes del asedio, Musa Abu'l-Gazan, se negó a aceptar las condiciones de los españoles, y al contrario, salió al galope de Granada vistiendo su armadura. Al parecer, se encontró con un grupo de caballeros españoles cerca del río Genil y mató a varios antes de, gravemente herido, lanzarse al río y desaparecer. Desgraciadamente, esto es una leyenda, típica de los mitos heroicos que surgen tras una derrota para mitigar el dolor de los perdedores.

Arriba y debajo a la izquierda: Capa bordada y casco de Boabdil, el último soberano musulmán de Granada. El nombre es una corrupción española de Abu Abadía, el hijo de Alí abu'l-Hassan. Proclamado rey en 1482, fue hecho prisionero en Lucena en 1483, y obtuvo su libertad a cambio de consentir que Granada fuera entregada en tributo a Fernando e Isabel.

Derecha: Un bastión de artillería añadido a las defensas exteriores de Granada a fines del siglo XV.

Moros y moriscos

Tras la conquista cristiana de la España islámica, los musulmanes del país se vieron cada vez más marginados. La mayoría de los que no se convirtieron al cristianismo emigraron, y muchos se establecieron en Marruecos.

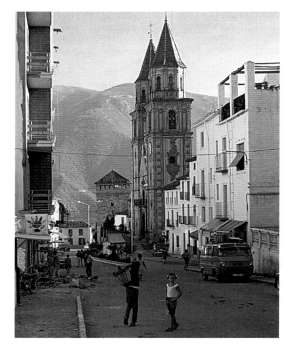

Derecha: Orgiva, en la sierra de Las Alpujarras, fue el centro del último alzamiento mudéjar contra la opresión cristiana en España.

Tras la conquista de Granada, a Mohamed XII, el último soberano islámico (conocido como Boabdil para los españoles) le dieron la sierra de Las Alpujarras, al este de lo que había sido el Emirato de Granada. Así, los castellanos y aragoneses esperaban no tener que conquistar el abrupto terreno de las Alpujarras y sus fieros habitantes. Sin embargo, Boabdil al parecer no pudo aceptar su nuevo y reducido estatus, así que en 1492 o 1493 se marchó a Tlemcén, en Marruecos.

De acuerdo con algunas fuentes, la mujer de Boabdil murió y fue enterrada en Mondújar, pero la *Vida del Cardenal Mendoza* afirma que la mujer y los hijos de Boabdil se establecieron en Madrid, donde se convirtieron al cristianismo. El final de la vida de Boabdil es igualmente confuso, aunque parece que fue asesinado hacia los 80 años de edad, luchando a favor del soberano de Fez contra los rebeldes cheríféis en la batalla de Abu'Aqba, en 1536.

Según el cronista español Mármol, «con él (el soberano de Fez) estaba Muley Alí Abi Abadía el Zogoibi, que había sido rey de Granada... en esa batalla, el Zogoibi murió, lo que fue una burla del destino, pues la muerte le llegó mientras defendía el reino de otro, cuando no fue capaz de defender el suyo propio». Al parecer, algunos de sus descendientes seguían viviendo de la caridad en Fez casi cien años más tarde.

Otros dirigentes islámicos encontraron también inaceptable la vida bajo la soberanía española. Entre ellos estaba Mohamed XIII, llamado el Zagal, quien había sido rival del soberano de Granada durante las guerras civiles que habían debilitado al emirato antes de su hundimiento definitivo. Vendió sus tierras y partió para Argelia, muriendo allí cuatro años después.

Otra narración legendaria de su historia afirma que, tras emigrar al norte de África, el Zagal fue dejado ciego por el soberano de Fez, y pasó los últimos años de su vida como un mendigo, llevando una inscripción que decía: «Este es el desventurado rey de al-Andalus».

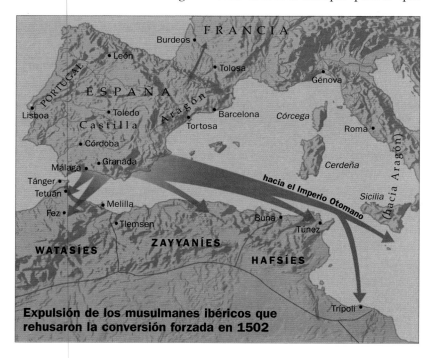

Expulsión de los musulmanes ibéricos que rehusaron la conversión forzada en 1502

1405	1412. Los	1415	1416	1437	1444	1453	1461
El imperio de Tamerlán se hunde a su muerte.	otomanos bajo el mando de Mehmet el Restaurador retoman Asia Menor.	Los portugueses toman Ceuta y desde ahí ocupan el norte de Marruecos.	Los venecianos destruyen una flota turca bajo el mando de Mohamed I en Gallípoli.	El doctor otomano Sinoplu Mumin escribe su enciclopedia médica *Zahire-Muradiye*.	Los otomanos bajo el mando de Murad II derrotan a los cristianos en Varna, Rumania.	Constantinopla cae en poder de los otomanos bajo el mando de Mehmet II el Conquistador.	Con la pérdida de Trebisonda ante los otomanos, el Imperio Bizantino deja de existir.

FOMENTO DE LA EMIGRACIÓN

La anteriormente poderosa familia de los Banu'l-Sarraj se había trasladado a las montañas de Las Alpujarras, pero en marzo de 1493 casi toda la familia emigró al norte de África. Los españoles ofrecían pasaje gratis en el barco a todos los musulmanes que abandonaran Andalucía en los tres años siguientes a la caída de Granada.

A algunos de los que abandonaron España la vida en el norte de África les pareció tan dura que regresaron. Entre los que superaron las dificultades y construyeron una nueva vida en Marruecos estaba un jefe militar de Granada llamado Abd al-Hasan Alí al-Manzari. Llegó con un pequeño número de seguidores a la ciudad de Tetuán para repoblarla, ya que había sido demolida por los invasores portugueses. Fue reconstruida, y se convirtió en un centro importante para los refugiados andalusíes, así como para la resistencia contra la invasión española y portuguesa.

Los refugiados siguieron abandonando lo que había sido el emirato de Granada durante el comienzo del siglo XVI. Esas gentes hablaban español y a menudo tenían conocimientos de técnicas militares europeas avanzadas. Los arcabuceros eran especialmente bien recibidos, y en Marruecos formaron parte del nuevo Jaysh al-Nar o «Ejército de Fuego». Los pacíficos campesinos también fueron animados a instalarse en las regiones fértiles del norte de Marruecos.

Los musulmanes que se quedaban, por lo general tenían que vivir fuera de las murallas de las principales ciudades, como fue el caso tras las espectaculares conquistas cristianas del siglo XIII. Una vez más, era la gente corriente y pobre la que se quedaba, y al principio, el nuevo Arzobispo de Granada trató de incitarles a que se convirtieran al cristianismo usando medios diplomáticos. Hizo una distinción clara entre las creencias islámicas, que no se consideraban aceptables, y las costumbres sociales de los moros, que sí lo eran. También impidió que la Inquisición española operase en Granada.

Desgraciadamente, cuatro años después de la conquista esa política fue cambiada por

el cardenal Cisneros, y la intolerancia religiosa se extendió hasta Granada. A eso le siguió una salvaje represión, que a su vez ocasionó revueltas, y en 1502 los mudéjares o musulmanes de Castilla y León fueron obligados a convertirse al cristianismo o abandonar el país. Pero la tragedia aún no había terminado.

Los moriscos, o moros que se habían convertido al cristianismo pero conservaban varias costumbres sociales árabe-andalusíes, fueron declarados falsos cristianos, que presuntamente practicaban el Islam en secreto. Entre 1609 y 1614, la expulsión en masa de esos moriscos puso el definitivo punto final a la historia del Islam andalusí. Por todas partes más allá de los confines del mundo occidental, el Islam seguiría extendiéndose y prosperando hasta la época actual.

Arriba: Fragmento de un fresco de la iglesia de la Vera Cruz, Segovia, que representa a un moro converso rezando a la Virgen María.

BIBLIOGRAFÍA COMPLEMENTARIA Y MUSEOS

Bibliografía complementaria

La siguiente lista sólo incluye libros en lenguas europeas más el turco.

Ahmad, A., *A History of Islamic Sicily*. (Edinburgh 1975).

Ahsan, M.M., *Social Life under the Abbadis. 170-289 AH. 786-902 AD* (Londres 1979)

Alexander, D. (ed.), Furusiyya: Volumen I. *The Horse in the Art of the Near East* (Riyadh 1996).

Allan, J.W., *Persian Metal Technology 700-1300 AD* (Londres 1979)

Arberry, A.J. (ed.), *The Legacy of Persia* (Oxford 1953).

Baker, P.L., *Islamic Textiles* (Londres 1995).

Bianquis, T., *Damas et la Syrie sous la Domination Fatimide* (Damasco 1986).

Bosworth, C.E., *The New Islamic Dynasties* (Edinburg 1996).

Brett, M. & W. Forman, *The Moors: Islam in the West* (Londres 1980).

Brice, W.C. (ed.), *An Historical Atlas of Islam* (Leiden 1981).

Campi, J.M., & F. Sabaté, *Atlas de la "Reconquista", "La frontera peninsular entre los siglos VIII y XV* (Barcelona 1998).

Creswell, K.A.C., *A Short Account of Early Muslim Architecture* (Londres 1958).

Elbeheiry, S., *Les Institutions de l'Égypte au Temps des Ayyubides* (Lille 1972).

Eliséef, N., Nur al-Din, *un Grand Prince Musulman de Syria au Temps des Croisades* (Damasco 1967).

Ettinghausen, R., & O. Grabar, *The Art and Architecture of Islam 650-1250* (Londres 1987).

Facey, W. (ed.), *Oman, a seafaring nation* (Muscat 1979).

Fahmy, A.M., *Muslim Sea-Power in the Eastern Mediterranean from the Seventh to the Tenth Century AD* (Cairo 1966).

Frye, R.N., *The Golden Age of Persia: The Arabs in the East* (Londres 1993).

Gabrieli, F., *Muhammad and the Conquests of Islam* (Londres 1968).

Glubb., J., *Soldiers of Fortune, The Story of the Mamlukes* (Nueva York 1973).

Grousset, R., *The Empire of the Steppes, a History of Central Asia* (New Brunswick 1970).

Grube, E.J., *The World of Islam* (Londres 1966).

Guthrie, S., *Arab Social Life in the Middle Ages* (Londres 1995).

Hassan, A.Y.al-, & D.R. Hill, *Islamic Technology, An illustrated history* (Cambridge 1986).

Hillenbrand, C., *The Crusades: Islamic Perspectives* (Edinburgh 1999).

Hourani, A.H., & S.M. Stern (eds.), *The Islamic City* (Oxford 1970).

Irwin, R., *The Arabian Nights, A Companion* (Londres 1994).

Irwin, R., *The Middle East in the Middle Ages: The early Mamluk Sultanate 1250-1382* (Londres 1986).

Jandora, J.W., *Militarism in Arab Society: An Historical and Bibliographical Sourcebook* (Westport 1997).

Koçu, R.E., *Yeniçeriler* (The Janissaries) (Estambul 1964).

Kretschmar, M., *Pferd und Reiter im Orient* (Hildesheim 1980).

Lane, E.W., *Arabian Society in the Middle Ages* (Londres 1883, reimpreso en Londres 1971).

Lévi-Provençal, E., *Histoire de l'Espagne Musulmane*, tres volúmenes (Paris 1950-67).

Lewis, B. (ed.), *The World of Islam* (Londres 1976).

Lings, M., *Muhammad, his life based on the earliest sources* (Londres 1983).

Lyons, M.C., & D.E.P. Jackson, *Saladin, The Politics of the Holy War* (Cambridge 1982).

Michell, G. (ed.), *Architecture of the Islamic World, its historical and social meaning* (Londres 1978).

Montgomery Watt, W., *The Majesty that was Islam* (Londres 1975).

Nasr, S.H., *Islamic Science, An Illustrated Study* (Londres 1976).

Nicolle, D., *Medieval Warfare Source Book, Volumen 2: Christian Europe and its Neighbours* (Londres 1996).

Patton, D., *Badr al-Din Lu'lu, Atabeg of Mosul, 1211-1259* (Seatle 1991).

Pitcher, D.E., *An Historical Geography of the Ottoman Empire* (Leiden 1972).

Pryor, J.H., *Geography, Technology and War, Studies in the Maritime History of the Mediterranean 649-1571* (Cambridge 1988).

Roolvink, R., *Historical Atlas of the Muslim Peoples* (Amsterdam n.d.).

Salahi, A., *Muhammad, Man and Prophet* (Leicester 1995).

Saleh, K. al-*Fabled Cities, Princes & Jinn from Arab Myths and Legends* (Londres 1985).

Salibi, K.S., *Syria under Islam, Empire on Trial 634-1097* (Nueva York 1977).

Schacht, J., & C.E. Bosworth (eds.), *The Legacy of Islam* (Oxford 1974).

Shaw, S.J., *History of the Ottoman Empire and Modern Turkey, volumen I: Empire of the Gazis: The rise and Decline of the Ottoman Empire, 1280-1808* (Cambridge 1976).

Sordo, E., *Moorish Spain* (Londres 1963).

Talbot Rice, D., *Islamic Art* (Londres 1965).

Talbot Rice, T., *The Seljuks in Asia Minor* (Londres 1961).

Valeev, F.K., & G.F. Valeeya-Sultanova, *Drevnee Iskusstvo Tatarstana* (El antiguo arte de Tatarstan) (Kazan 2002).

Museos

Alemania
Berlín: Museum für Islamische Kunst en el Staatliche Museum Dahlem: Islamische Museum en el Museum Insel.

Austria
Viena: Kunsthistorisches Museum; Nationalbibliothek.

EE.UU.
Baltimore: Walters Art Gallery
Boston: Fogg Art Museum, Museum of Fine Arts.
Cincinnati: Museum of Art.
Cleveland: Museum of Art.Detroit: Art Institute.
Nueva York: Brooklyn Museum; Metropolitan Museum of Art; Pierpont Morgan Library.
Washington: Freer Gallery of Art; Textiles Museum.

Egipto
Cairo: Museum of Arab and Islamic Art; National Library.

España
Córdoba: Museo Medina Azahara
Madrid: Museo Arqueológico Nacional; Museo del Ejército.

Francia
París: Bibliothéque Nationale; Musée du Louvre.

Irán
Teherán: Museo Islámico bajo el museo arqueológico; Reza Abbasi Museum

Iraq
Bagdad: Museo Nacional Arqueológico

Israel
Jerusalén (Israeli occupied East Jerusalem): Rockefeller Museum.

Italia
Bolonia: Museo Civico Medievale.
Milán: Biblioteca Ambrosiana.
Nápoles: Museo di Palazzo di Capidimonte.
Roma: Instituto di Studi sul Medeo Oriente, Museo; Biblioteca Apostólica Vaticana.

Liechtenstein
Vaduz: Fundación de Arte Furusiyya.

Reino Unido
Londres: British Library; British Museum; Victoria & Albert Museum.
Oxford: Ashmolean Museum; Bodleian Library.

Rusia
San Petersburgo: Biblioteca Oriental; Museo estatal ermitaño.

Siria
Damasco: Museo Nacional

Tunisia
Ruqada: Museo de Estudios Islámicos
Túnez: Museo Bardo

Turquía
Ankara: Museo ArqueológicoBodrum: Castillo museo
Estambul: Museo Askeri; Biblioteca Mollet; Museo de Arte turco e islámico; Biblioteca Suleymaniye; Biblioteca Topkapi & Museo Topkapi.
Konya: Museo Ince Minare Seljuk; Museo de cerámica Karatay Medrese; Museo Mevlana.

Índice